오직 한 생각

· 표지글 '오직한생각'은 종범스님께서 직접 쓰신 글자입니다.
· 표지 문양 은 인도의 아마라바티(Amaravati) 박물관의 불교법륜佛敎法輪을 새롭게 디자인한 것입니다.

한 생각

한 생각 나기 전에
생각이 어디 있었는가?
생각이 난 후에
이 생각이 무엇인가?

一 念 子
一念未生前
念在何處麽
一念既生後
這念是什麽

2561(2017)년 청명절에
通度寺 西鷲庵
惺庵 宗梵

종범 스님 설법집 ①

〈서축암〉

오직 한 생각

한생각

목차

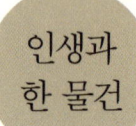
청정도량
겁외춘추

청정도량 겁외춘추_ 016
나의 옛주인_ 030
일상수행 일용입도_ 048
참회懺悔와 삼매三昧_ 060
나의 알맹이[眞實相]_ 074

인생과
한 물건

인생과 한 물건_ 090
사회생활과 수행생활_ 102
불신佛身과 불성佛性_ 116
인생과 수행_ 130
마음공부_ 144

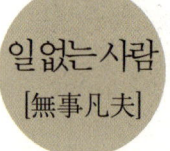
일없는사람
[無事凡夫]

일 없는 사람[無事凡夫]_ 160
도맹道盲으로부터 해탈_ 174
생멸신生滅身과 무형신無形身_ 186
도량불道場佛과 자성청정심_ 200
행복과 마음공부_ 212

속생俗生과 도생道生

속생俗生과 도생道生_ 230

인생 오솔길_ 246

신심信心_ 262

부처님! 부처님!_ 276

생로병사 생사해탈_ 290

심행心行과 심성心性

심행心行과 심성心性_ 306

의식과 불성_ 322

내가 나를 보는 이야기_ 338

중생의 영각성靈覺性_ 352

마음과 인생_ 368

설법집을 펴내면서_ 380

청정도량
겁외춘추

청정도량
겁외춘추

　도량道場은 부처님을 모시는 곳을 말합니다. 그리고 부처님이 말씀하시는 곳을 도량이라고 합니다. 또 수행修行하는 곳도 도량이라고 합니다. 부처님의 말씀인 불설佛說은 각설覺說이라, 깨닫게 하는 말씀입니다. 바로 중생을 깨닫게 하기 위해서 설법하시는 분이 부처님입니다.

　수행修行은 각행覺行이라, 깨닫는 행을 수행이라고 합니다. 이처럼 부처님이 계신 곳, 불설이 항상 이루어지는 곳, 또 깨달음으로 가는 각행 수행이 이루어지는 곳이 도량인 것입니다. 그런데 이 도량은 통속적으로 설명하는 통속通俗 도량과 본원적으로 말하는 본원本源 도량이 있습니다. 통속 도량은 예를 들어 '대한민국 경상남도 양산시 통도사 산내암자 서축암'처럼 구체적인 장소를 말합니다.

그리고 시간에도 통속 시간과 본원 시간이 있습니다. 통속 시간은 예를 들어 '불기 2555년 서기 2011년 10월 16일 오전 11시'처럼 구체적인 시간을 말합니다. 그런데 겁 밖의 시간은 이름을 붙일 수 없습니다. "일념즉시무량겁一念卽是無量劫 무량원겁즉일념無量遠劫卽一念"이라, 일찰나가 무량겁이고 무량겁이 일찰나입니다. 이것이 겁외춘추劫外春秋입니다. 겁외춘추는 겁 밖의 세월입니다.

대개 우리 중생은 통속 장소, 통속 시간만 알고 본원을 모릅니다. 깨달음이라는 것은 근본, 본원으로 돌아가는 것입니다. 다시 말해서 환원하는 것입니다. 일체 중생이 반본환원返本還源하는 것이 깨달음인 것입니다. 일체 중생이 반본환원하면 그 장소가 청정도량이고, 반본환원하면 거기가 겁외춘추입니다.

그래서 '청정도량 겁외춘추'라는 말은 무처처無處處 무시시無時時입니다. 즉 처소 없는 처소, 시간 없는 시간이 우리의 청정 본성입니다. 그 청정 본성은 불생불멸不生不滅입니다. 불생불멸은 무두무미無頭無尾, 머리도 없고 꼬리도 없습니다. 머리 꼬리가 없고, 생멸이 없는 그 본원자성이 바로 청정도량이요 겁외춘추라는 말입니다.

그런데 일체 중생은 그 불생불멸의 본원자성을 그대로 가지고 있으면서, 자기가 지어서 자기가 받는 그 자업자득의 업보로 생사윤회합니다. 생사가 바퀴 돌아가듯이 계속 돌아가는 것이 중생의 생사윤회입니다.

생사윤회를 하면서 불생불멸의 본원자성을 벗어난 일이 없습니다. 그러니까 우리가 불교를 만나는 것은 그 본원자성으로 돌아가는 것입니다. 그것을 깨달음이라고 합니다.

경전에서는 그것을 '옷 속의 보배구슬[衣內明珠]'에 비유했습니다. 자기 옷 속에 귀한 보배구슬을 가지고 있으면서도 그것을 모르고 여기저기 떠돌며 문전걸식을 합니다. 깨달음이라는 것은 늘 남의 집에 가서 얻어먹던 사람이 자기 옷 안에 있는 보배구슬을 탁 알아차리는 것입니다. 그런데 중생들은 그것이 잘 안 됩니다. 왜냐하면 남의 집에 가서 얻어먹던 버릇이 몸에 배어 있기 때문입니다. 이런 것을 '담마기금擔麻棄金'이라고 합니다.

담마기금은 눈앞에 황금이 있는데도 자기 등에 짊어진 삼 덩어리가 아까워서 황금을 버린다는 말입니다. 우리 중생이 보이고 들리는 티끌세계에 마음이 팔려서 자기 본원자성을 모르고 살아가는 모습이, 지금까지 짊어지고 왔던 삼 덩어리가 아까워서 눈앞에 있는 황금을 보고도 그냥 버리는 것과 같다는 것입니다.

그러면 어떻게 하면 우리가 이 자업자득의 생사윤회에서 불생불멸의 본원자성으로 돌아가느냐? 그 본원자성을 믿고 본원자성으로 가고자 하는 각행이 그 자리로 돌아가게 합니다. 깨달음은 근원으로 돌아가는 것이고, 근원으로 돌아가고자 하는 마음을 내는 것이 발심입니다. 그래서 발심이 중요합니다. 그리고 수행이 각행입니다. 어떤 기술을 익히는 것이 수행이 아니라 깨닫는 행위가 수행인 것입니다.

　발심은 이미 한 지 오래된 사람도 있고, 또 지금 하는 사람도 있고, 앞으로 할 사람도 있습니다. 발심은 선후가 있습니다. 그런데 자기 본래 마음을 깨닫는 오심悟心은 선후가 없습니다. 어떤 사람은 이 법문을 듣는 순간에도 깨칠 수 있습니다. 먼 데서 먼 데로 가는 것이 아니라 자업자득의 생사윤회에서 불생불멸의 본원자성으로 가는 것이기 때문에, 옮겨 가는 것이 아니라 그 자리에서 하는 것입니다. 그러니까 망상심妄想心이 하나도 바뀌지 않고 그대로 자성심自性心이 된다는 것입니다.

　중생은 하나도 바꾸지 않고 바로 돌아갑니다. 그래서 그대로 생사윤회하는 마음이고, 그대로 불생불멸하는 마음입니다. 그러니까 중생의 본래 세계로 돌아간다는 것은 털끝 하나 옮겨 가지 않고 그대로 가는 것입니다. 신심이 오롯이 이루어지면 깨달음은 금방입니다. 그래서 발심은 선후가 있지만 깨달음은 선후가 없는 것입니다. 이것이 불교입니다.

　발심을 하면 가장 중요한 것이 참회입니다. 지금까지 문전걸식하듯이 밖으로만 찾아다니면서 생사윤회를 면하지 못했기 때문에, 나의 본래 마음을 찾아야겠다고 참회하는 것입니다. 이것을 신라시대 원효元曉 617~686 대성인께서는 육정참회六情懺悔라고 말씀하셨습니다. 육정이란 안眼·이耳·비鼻·설舌·신身·의意인데, 이 여섯이 전부 밖으로 향하므로 정情이라고 합니다. 이 밖으로 향하는 것을 돌이키는 것이 참회입니다.

눈으로 어떤 것을 보면 보는 것만 좇아가는 것을 정이라고 하는데, 참회는 보는 마음으로 돌아간다는 것입니다. 귀로 들으면 듣는 것만 좇아가는 것을 정이라 하는데, 참회는 듣는 마음으로 돌아가는 것입니다. 이것이 육정참회입니다. 그래서 육정참회는 자성참회입니다. 자성으로 돌아간다는 것입니다.

이 육정참회를 하면 어떻게 되느냐? 불이 다른 것은 다 태워도 태우지 못하는 것이 하나 있습니다. 바로 허공입니다. 불이 아무리 강하고 온 세상을 다 덮어도 허공은 태우지 못합니다. 마찬가지로 중생이 어떤 것을 보고 듣고 수많은 죄를 지어도 자성은 태울 수가 없습니다. 그런데 참회를 하지 않으면 그 청정한 자성을 그대로 가지고 있으면서 한없는 고통을 받습니다.

그것을 원효 성사는 '환호환탄환사幻虎還吞幻師'라고 하였습니다. 환호라는 것은 마술사가 마술로 만든 호랑이를 말합니다. 그런데 이 마술사가 만든 호랑이가 저를 만든 마술사를 잡아먹어 버렸다는 것입니다. 이것을 중생이라고 합니다. 내가 업을 짓고 내가 지은 업으로 내가 죽습니다. 이것이 자업자득이고 중생놀음입니다.

경봉鏡峰 1892~1982 큰스님께서 이런 법문을 하셨습니다.

밥 얻으러 다니는 아이가 어느 집에 가서 "밥 좀 주세요."라고 하니 주인이 "생각하고 있겠다."라고 대답했습니다. 아이는 으레 주겠지 하고 다른 집으로 다니다가 다시 와서 "밥 주세요."라고 했습니다. 그런데 주인이 "밥 없다."라고 거절하였습니다. 아이가 "아까 생각하고 있겠다고 했잖아요?" 하고 따지자, 주인이 "줄 생각을 한다고 한 것이 아니라 안 줄 생각을 한다는 것이었다."라고 대답했답니다. 아이는 그 집에서 틀림없이 밥을 줄 거라고 생각했는데 안 준다고 하니 화가 나고 원망이 생기는 것입니다. 그런데 준다고 생각하라고 한 사람은 없습니다. 자기가 줄 것이라고 생각해서 자기 생각에 자기가 화난 것입니다.

이것이 중생놀음입니다. 자기 생각에 자기가 죽는 것입니다. 자기가 환술로 만든 호랑이한테 자기가 잡혀 먹히는 것입니다. 그러니까 참회해야 하는 것입니다. 자성참회自性懺悔가 육정참회六情懺悔이고 육정참회가 자성참회입니다. 죄는 자성이 없습니다. 마음 따라 일어난 것이니, 그 죄 짓는 마음이 없어지면 죄도 없어져 버립니다. 죄도 없어지고 죄 짓는 마음도 없어지면 그것이 진정한 참회라는 것입니다[罪無自性從心起 心若滅時罪亦亡 罪亡心滅兩俱空 是卽名爲眞懺悔]. 이것이 자성참회입니다.

그래서 종범宗梵이 참회송懺悔頌과 참회문답懺悔問答을 하나 지었습니다. 우리나라 근·현대 큰스님들을 보면 도를 깨달은 오도가悟道歌를 남기셨습니다. 경허鏡虛 1846~1912 큰스님께서 지으신 깨달은 노래, 오도가가 그렇게 훌륭할 수가 없습니다. 죽기 전에 그것 하나 보고 죽는 것도 대단한 복입니다. 또 경봉 큰스님께서는 오도송, 주인공 문답을 남기셨습니다.

그런데 종범은 참회송懺悔頌과 참회문답懺悔問答이라는 것을 지었습니다. 먼저 참회송을 들어 보시겠습니다.

三十年來枉用功 삼십년래왕용공
許多言動盡慙愧 허다언동진참괴
卽色空句身一轉 즉색공구신일전
物物元是古道場 물물원시고도량

삼십여 년 동안 공을 그릇되이 썼더라.
여러 가지 내가 한 말과 행동을 돌아보니 부끄럽다.
색이 공하다는 구절에서 몸이 한번 뚝 떨어지니
모든 것이 다 원래 옛 도량이더라.

이것이 참회송입니다. 어느 날 가만히 누워 있는데 갑자기 색이 공했다는 말이 머리에 스치더니 몸이 뚝 떨어졌습니다. 그리고 나서 색이 공했다는 것이 눈에 보였습니다. '색즉시공色卽是空'이라는 구절에서 몸이 한번 뚝 떨어지니, 마음도 형상도 티끌도 그 모든 것이 다 옛 도량이었습니다.

다음은 참회문답입니다.

問

眞懺悔眞休歇 　진참회진휴헐
眞休歇眞自在 　진휴헐진자재
如何是眞懺悔 　여하시진참회

묻는다.
참으로 참회하는 것은 참으로 쉬는 것이다.
참으로 쉬는 것은 참으로 자유자재한 것이다.
어떤 것이 참다운 참회냐?

答

不改舊時人 　불개구시인
只改舊時行履處 　지개구시행리처
愼之愼之 　신지신지
不犯舊行處 　불범구행처

답한다.
옛날 사람을 바꾸는 것이 아니요
단지 옛날부터 해 왔던 행위를 바꾸는 것이니,
조심하고 조심해서
옛날에 하던 버릇을 다시는 범하지 말라.

問

早是犯如何 조시범여하

묻는다.
벌써 범했으면 어찌할 것인가?

答

愼之又愼之 신지우신지
不離古道場 불리고도량
是眞自在 시진자재

답한다.
조심하고 또 조심하라.
옛 도량을 떠나지 아니하는 것이
참다운 자유자재이다.

　

　이것이 참회문답입니다. 진심으로 참회를 하면 참으로 쉬게 됩니다. 우리의 몸과 마음이 바쁘지 않고 참으로 쉬면 참자재가 됩니다. 갈 때는 가고 올 때는 오는 것이 무가애無罣碍입니다. 의심과 공포가 없어진 기쁨을 무가애라고 합니다. 중생이 본래 고향으로 돌아가지 못하기 때문에 그렇게 의심이 많은 것입니다. 전부 의심뿐이고, 그러다 보니 두려움이 많은 것입니다. 본성으로 돌아가면 의심과 공포가 다 없어집니다.

그러니까 두려움 없이 살아가는 것이 바로 참다운 휴식입니다.

보통 과거를 생각하면 화가 납니다. 받은 것은 다 잊어버리고 못 받은 것만 생각하기 때문입니다. 좋은 것은 다 잊어버리고 나쁜 것만 기억합니다. 그것이 다른 말로 화병이고 노이로제입니다. 그리고 계속 더 받으려고 하는 것이 스트레스입니다. 생긴 대로 보이면 될 텐데 생긴 것보다 더 잘 보이려고 하니까 스트레스가 생기는 것입니다. 아는 것만큼 알아주면 만족해야 하는데 내가 아는 것보다 더 많이 아는 것처럼 보이려 하고, 자기가 한 것보다 더 많이 받으려고 하니까 스트레스가 생깁니다.

스트레스는 다른 말로 하면 걱정근심입니다. 노이로제는 화병 분통입니다. 분통 터지고 화병 나고 걱정하고 근심하는 것이 중생입니다. 이것은 다 불생불멸의 본원자성을 모르고 자기가 만든 업에 자기가 빠져서 괴로워하는 것과 똑같습니다. 자기가 만든 호랑이한테 잡아먹히는 것과 같습니다.

참다운 휴식으로 돌아가고 참다운 자유로움으로 돌아가는 것이 불교입니다. 기도하거나 경 한 번 읽는 것만으로도 대단한 이익이 있습니다. 왜냐하면 마음이 육정을 통해서 밖으로 밖으로만 가기 때문에 결국 거기에서 근심이 생기는데, 기도하거나 경을 읽을 때는 그것을 안으로 불러들이니까 그 녀석들이 제멋대로 활동하지 못하게 만듭니다. 그리고 그것을 깊이 하면 자기 자성으로 돌아가게 됩니다.
　그러니까 첫째는 저 밖으로 헤매는 마음을 불러들이고, 둘째는 자기 자성으로 돌아가게 하니까, 그것이 참으로 대단한 이익이고 대단한 공덕입니다. 그것을 잘 믿어야 합니다. 발심은 선후가 있지만 그 마음을 깨닫는 데는 선후가 없습니다. 조금도 의심하지 않고 자꾸 닦는 것이 우리가 해야 할 중요한 일입니다.

나의
옛주인

　우리 인간은 속는 것이 많습니다. 어디에 속느냐? 흔히 사랑에 속습니다. 사랑에 속아서 애태우는 분들이 참 많습니다. 또 자식에 속습니다. 자식에게 속아서 속상해하는 분들도 굉장히 많습니다. 그리고 젊음에 속습니다. 젊을 때는 그 젊음이 오래갈 줄 압니다. 그래서 젊음을 믿고 생활하다가 젊음이 금방 지나갔을 때 아주 괴로워합니다.

　또한 인생에 속습니다. 한 해 한 해 살다 보면 뭔가 좋은 것이 있을 것이라고 기대합니다. '내년에는 더 좋아지겠지, 내후년에는 더 좋아지겠지, 10년 후에는 더 좋아지겠지, 20년 후에는 더 좋아지겠지.' 그렇게 기대하며 살아가는 사람들이 많습니다. 그런데 20년 후, 30년 후에도 별로 달라지는 것은 없습니다.

『비유경譬喩經』에서는 인생을 인절미 일곱 개에 비유했습니다. 인절미를 먹는데, 처음에 하나 먹어 보니 그 맛이 별로입니다. 그래서 '다음 것은 맛있겠지.' 하고 다음 것을 집어서 먹습니다. 그런데 그것도 맛이 별로입니다. '다음 떡은 더 맛있겠지.' 하고 그 다음 것을 먹어도 별로입니다. 네 번째 것을 먹어 봐도 그렇고, 다섯 번째, 여섯 번째 것을 먹어 봐도 별로입니다. 마지막 일곱 번째 것은 진짜 맛있겠지 기대하고 먹었는데 역시 별로입니다. 그렇게 다 먹었습니다. 인절미 일곱 개를 모두 먹었지만 별 맛을 못 느끼고 다 먹어 버렸다는 것입니다.

인생이란 이와 같습니다. 젊을 때는 미래에는 더 좋아질 것이라고 기대를 합니다. '더 좋아지겠지, 더 좋아지겠지.' 그러다 가는 것입니다. 마지막에 죽을 때는 통곡痛哭만 남습니다. '내가 무엇을 위해서 살았던가? 내가 이 세상에 와서 한 게 무엇인가?' 그래서 인생은 '통곡'입니다. 통곡이란 그냥 우는 게 아닙니다. 눈물을 흘리고 땅을 치면서 우는 게 통곡입니다. 이것이 인생에 속는 것입니다.

그런데 속는 것 중에 가장 크게 속는 것은 무엇보다도 '생각'에 속는 것입니다. 우리는 자기 생각에 속고 있습니다. 누가 나를 괴롭게 하느냐? 내 생각이 나를 괴롭게 합니다. 자기가 자기를 괴롭게 하지, 남이 자기를 괴롭게 하지 않습니다. 자기 생각대로 하면 그게 잘하는 것 같고, 자기 생각대로 하면 그게 옳은 것 같은데 나중에 지나고 보면 아닙니다. 자기 생각에 자기가 속은 것입니다.

통도사가 있는 영축산에 산불이 자주 났었습니다. 제가 1960년대 후반에 통도사에서 학인으로 있었습니다. 그때는 툭하면 산불이 났습니다. 그래서 전 대중스님이 가서 산불을 껐습니다. 그런데 산이 가도 가도 넓었습니다. 그날도 산불을 끄고 내려오는데 문득 '가도 가도 끝이 없는 산이 어찌 내 마음에서 나왔단 말인가? 이상하다. 이 넓은 산이 어째서 내 마음에서 나왔나? 이상하다.'라는 생각이 들었습니다.

『대승기신론大乘起信論』에 '마음 밖에는 법이 없고, 모든 것이 마음에서 나왔다[心外無法 一切心生]. 마음이 생기면 온갖 세계만법이 생기고, 마음이 사라지면 온갖 세계만법이 사라진다[心生法生 心滅法滅].'라고 했습니다.

그래서 늘 가까이 지내던 옆에 있는 스님에게 물었습니다. "우리가 지금 『대승기신론』을 배우고 있는데, 논論에서 모든 것이 마음에서 나왔다고 했습니다. 그런데 이 넓은 산이 어떻게 내 마음에서 나왔을까요? 이상합니다. 뭔가 잘못 말한 게 아닐까요?" 그분은 신심이 대단한 분이었습니다. "나도 잘 모르긴 하지만 설마 경론經論에서 잘못 말했을까? 더 공부를 해 봐야 하지 않겠습니까? 내가 모를 뿐이지, 경론에서 말한 것이 틀릴 리가 없습니다."라고 단호하게 말씀하였습니다.

그 후 40여 년이 지났는데, 바로 이 문제입니다. 자기 생각에 헤매고 자기 생각에 속습니다. 그러면 근본이 어떻게 잘못됐느냐? 첫째, 중생은 각지覺知로 살아갑니다. 중생이 살아가는 생각의 기본이 견문각지見聞覺知입니다. 눈으로 보고 귀로 듣는 것이 견문見聞입니다. 각覺은 코로 느끼고, 혀로 느끼고, 몸으로 느끼는 삼식三識입니다. 그 다음에 의식意識으로 많은 것을 압니다. 그 아는 것을 분별分別이라고 합니다. 그래서 견문각지, 즉 보고 듣고 느끼고 아는 것을 줄여서 각지라고 합니다. 이 각지하는 이가 중생입니다.

각지는 분별을 합니다. '저것은 산이고, 이것은 내 몸이다. 이것은 크고, 저것은 작다.'라고 분별합니다. 그런데 '산이다.'라고 분별하고, '크다.'라고 분별하는 것은 각지로서의 산이지 산이 아니고, 각지로서의 큰 것이지 큰 것이 아닙니다. 내 스스로 '이것은 산이다, 이것은 크다.'라고 분별하는 생각입니다. '마음은 내 몸 안에 있고, 내 몸 밖에는 넓은 세상이 있다.'라고 분별해 놓습니다.

'이 조그마한 몸 안에 있는 작은 마음이 어떻게 그 크고 넓은 산을 만들어 냈을까? 이상하다.' 이렇게 분별해 놓은 것입니다. 그래서 내 생각에 내가 혼란에 빠집니다. '내 몸은 작다. 마음은 내 몸 안에 있다. 산은 크다. 작은 것 속에서 어떻게 큰 것이 나올까?' 이런 것들이 순전히 자기 분별이고 자기 생각입니다. 이렇게 하면 좋아질 것이라고 생각했는데, 자기 각지일 뿐, 결과는 나빠졌습니다.

이처럼 전부 자업자득自業自得이고 자심자박自心自縛입니다. 자기 마음이 자기를 얽어매는 것입니다. 그래서 자기 생각에 속습니다. 생각대로 살면 결과가 좋아져야 하는데 결국에는 통곡뿐입니다. 이렇게 다들 속습니다.

『삼국유사三國遺事』에 '유서표풍柳絮飄風'이라는 말이 있습니다. 서로 사랑을 굳게 언약했는데, 이것이 회오리바람에 버들솜처럼 날아가 버렸다는 뜻입니다. 유서柳絮는 버드나무 가지에 핀 버들솜을 말합니다. 이게 얼마나 가볍습니까? 회오리바람에 버들솜이 날아가 버리는 것과 같은 것이 사랑의 약속입니다. 사랑을 하면 남자가 여자에게 잘못하는 경우도 있고 여자가 남자에게 잘못하는 경우도 있습니다. 요즘 표현으로 사랑 따라 갔다가 멍든 사람 많습니다.

강화도 어느 절에 가면 여자가 발가벗고 법당 기둥 위에 앉아 있는 상이 있습니다. 보기에도 민망하고 애처로울 정도로 바람을 맞으면서 허구한 날 앉아 있습니다. 왜 이런 상을 세웠을까요?

옛날에 법당을 짓는 대목수가 있었습니다. 그 대목수가 어느 여자와 사랑에 빠졌습니다. 그런데 그 여인이 사랑을 받기만 다 받고 중간에 도망가 버렸답니다. 이런 경우를 인터넷 용어로 먹고 튄다고 '먹튀'라고 합니다. 그래서 대목수가 너무 괘씸하고 허망하고 야속해서 '너는 평생 법당이 다할 때까지 벌을 받아라.' 하는 마음으로 발가벗은 여인의 모습을 조각해서 법당 밖에 세워 놓았다고 합니다. 이런 것이 사랑에 속는 것입니다.

또 『삼국유사三國遺事』에 보면 '홍안교소紅顏巧笑'라는 표현이 있는데, 고운 얼굴과 예쁜 웃음이 바로 젊음입니다. 고운 얼굴과 예쁜 웃음은 '초상지로草上之露'라, 풀끝의 이슬처럼 금방 사라집니다. 그런데 사람들은 다 그런 것들을 좇아갑니다. 그러니까 속을 수밖에 없습니다. 젊음에 속는 것입니다.

이런 무상한 것에 속지 말고 옛 주인을 찾아야 합니다. 옛 주인이란 무슨 말인가? 현재 우리 몸의 주인은 따로 있습니다. 가장 중심이 되는 주인은 어머니와 아버지입니다. 우리는 이 주인도 모르고 살고 있습니다. 중심 주인은 어머니, 아버지입니다. 만약 내가 나라에 큰 공을 세우고 죽으면 그 보상금을 누가 타겠습니까? 반은 아버지가 타고 반은 어머니가 탑니다. 주인이기 때문입니다. 할머니는 못 탑니다. 할머니가 손자의 보상금을 탔다가 어머니에게 다시 내 준 일도 있었습니다. 그게 법입니다. 할머니가 손자를 낳은 것이 아니니까 착각하면 안 됩니다. 손자 손녀를 돌보아 주기는 하되, 주인은 어머니와 아버지입니다.

그러면 어머니와 아버지만 이 몸의 주인이냐? 아닙니다. 매일같이 먹어서 이 몸에 물이 꽉 찼으니 물이 주인입니다. 이 뼈대가 전부 흙에서 왔습니다. 숨 쉬는 것은 공기에서 오고, 체온은 불에서 왔습니다. 주인들이 전부 밖에서 왔습니다. 현재 이 몸의 주인입니다. 어머니, 아버지, 지地·수水·화火·풍風이 다 나의 주인인데, 이것은 현재의 주인입니다.

그러면 나의 옛 주인은 누구인가? 옛 주인은 다른 말로 하면 본주인 本主人입니다. 나의 본주인이 바로 옛 주인입니다. 옛 주인이 수시로 우리에게 권고하는 말씀이 있습니다.

해는 지고 저문 날에 몸단장하고 어디를 가오.
기쁨 좇아가시려거든 이 내 한 말을 듣고 가오.
가는 곳은 꽃밭이요, 나의 집은 연못이라.
꽃과 나비는 봄 한철인데 물과 고기는 사시사철.
꽃과 나비는 봄 한철인데 물과 고기는 사시사철.

해가 다 지고 날이 저물었습니다. 늙어서 남은 세월이 얼마 안 남았습니다. 그런데 살아가는 모습은 항상 밖으로 꾸미는 것뿐이고, 기쁨과 이익을 찾아서 밖으로 나가는 것뿐입니다. 인생이 다 늙어 가는데 몸단장하고 어디를 가느냐는 말입니다.

기쁨을 좇아서 밖으로 헤매고 나가려면 옛 주인이 현재 우리 몸에게 내 말을 듣고 가라고 합니다. 여행을 간다든지, 음식을 먹는다든지, 누군가를 만난다든지 하는 것은 재밌습니다. 재밌으니까 가는 것입니다. 그러니까 가는 곳은 꽃밭입니다. 옛 주인의 본래 집은 연못입니다. 기쁨 좇아가서 잠시 즐기는 것은 순간입니다. 본주인을 찾는 것보다 중요한 일은 없습니다. 그래서 이 몸 죽기 전에, 이 몸 버리기 전에 본주인 찾아보고 죽는 것이 가장 잘 사는 것입니다. 그러면 사랑에 속은 회한도 없고, 인생에 속은 회한도 없습니다. 일체 회한도 없고 기쁨뿐입니다.

경봉鏡峰 1892~1982 큰스님의 『일기』라는 책이 있습니다. 거기에 보면 경봉 큰스님께서 37세 되던 해인 1928년 4월 13일에 '주인공 문답'이라는 시를 지으셨습니다.

> 咄咄無情我主公 돌돌무정아주공
> 至今逢着豈多遲 지금봉착기다지
>
> 애달프다 애달프다 무정한 나의 주인공아
> 지금에야 만났으니 어찌 그리 오래도록 늦었는가?

이렇게 주인공한테 묻습니다. 그러니까 주인공이 대답합니다.

> 呵呵我在君家裡 가가아재군가리
> 汝眼未睛如此遲 여안미정여차지
>
> 우습다 우습다 내가 그대의 집 속에 있었건만
> 네 눈이 밝지 못해 이렇게 늦었다네.

이것이 '주인공 문답'입니다. 여기서 중요한 것을 배워야 합니다. 주인공을 찾았다는 이야기는 옛 주인을 만났다는 소리입니다. 이 몸은 주인이 많아서 어머니 아버지도 주인이고, 물도 주인이고, 바람도 주인인데, 그 주인 말고 본주인을 만났다는 것입니다.

본주인을 만났는데, 어째서 이렇게 오랜 세월이 지나서야 만났느냐고 묻습니다. 주인공이 "참 우습다. 내가 너의 집에 있었다. 너의 집은 우리 몸에 있었다. 그런데 네 눈이 밝지 못해 이렇게 늦었다."라고 대답합니다. 본주인이 이 몸을 떠나 있는 것이 아니고 이 몸에 있다는 말입니다.

그러면 이 몸 어디에 있는가? 모두가 본주인을 떠나지 않고 있는데, 가장 중요한 것은 그 한 생각 한 생각 전부 거기에 주인이 다 있습니다. 산을 볼 때도 있고 물을 볼 때도 있고 사람을 만날 때도 있고 전부 거기에 주인이 있습니다. 느끼고 아는[覺知] 거기에 주인이 있는데, 느끼고 알 뿐이지 그 주인을 모르는 것입니다.

중생은 느끼고 아는 것만 알지, 거기에 주인이 있는 줄 모른다는 말입니다. 그래서 여기 가면 이렇게 느끼고 이렇게 알고, 저기 가면 저렇게 느끼고 저렇게 압니다. 느끼고 알고 느끼고 알고, 각지覺知로만 헤맵니다. 이것이 생사윤회입니다.

그러면 이 각지에서 본주인을 만나려면 어떻게 해야 하는가? 핵심은 반야바라밀般若波羅蜜입니다. 반야바라밀은 중생이 본주인을 만나려는 노력입니다. 본주인을 찾는 것이 반야바라밀입니다. 반야般若로써 본주인에게 가는 것입니다. 지혜로 가는 것입니다. 바라밀은 '간다.'는 뜻이고, 반야는 지혜입니다. 그러면 이 반야로써 본주인에게 어떻게 가느냐?

『반야심경』에 보면 관세음보살이 반야바라밀다를 행하실 때[行深般若波羅蜜多時] 하신 일이 있습니다. 그 하신 일이 '조견오온개공照見五蘊皆空 도일체고액度一切苦厄'이라고 했습니다. 일체의 고액을 다 벗어났다는 것은 본주인을 찾은 이후의 세계이고, 본주인을 찾는 노력이 조견오온개공입니다. 오온五蘊은 우리 몸입니다. 우리 몸이 다 공함을 조견照見하는 것이 바로 반야바라밀입니다. 그것이 본주인을 찾는 노력입니다.

공이란 무엇이냐? 『반야심경』에서 설명하기를 제법이 공한 상은 육불공상六不空相이라고, '아닐 불不' 자가 여섯 번 나옵니다. 이것이 공상입니다. 불생불멸不生不滅 불구부정不垢不淨 부증불감不增不減, 이것이 공입니다. 공이 다른 게 아닙니다. 이 몸이 불생불멸이요, 불구부정이요, 부증불감임을 딱 비추어서 보는 것이 반야바라밀행이고, 나의 본주인을 찾는 노력입니다. 이처럼 본주인을 찾는 것은 조견, 즉 딱 비춰 보는 것입니다. 그것이 반야바라밀입니다. 딱 비춰 보는 것이 본주인을 찾는 방법인 것입니다.

그러면 이 조건이 얼마나 중요하냐? '보리살타 의반야바라밀다菩提薩埵依般若波羅蜜多'에서, 보리살타는 다른 것이 아닙니다. 반야바라밀다에 의지하는 자가 보리살타입니다. 보리살타를 줄이면 보살입니다. 반야바라밀다에 의지해서 마음에 걸림이 없고[故心無罣碍] 걸림이 없기 때문에[無罣碍故] 두려움이 없고[無有恐怖] 전도몽상을 멀리 여의고[遠離顛倒夢想] 구경열반했다[究竟涅槃]는 것입니다. 그러니 반야가 없는 보살은 없습니다.

보살은 전부 반야바라밀다를 실행하는 분들입니다. 제법공상을 조견하는 분들입니다. 또 삼세제불도 전부 이 반야바라밀에서 나온 것입니다. 아뇩다라삼먁삼보리, 즉 위없는 정각을 얻었는데, 반야바라밀다에 의지해서 얻었습니다[三世諸佛 依般若波羅蜜多 故得阿耨多羅三藐三菩提]. 그래서 조견을 하면 보살이 구경열반을 얻고, 조견을 하면 바로 부처님이 무상보리를 얻는다는 것입니다.

그러면 누가 조견하는가? 각지로 살아가는 중생이 조견하는 것입니다. 그래서 중생이 발심을 해서 조견 수행을 하면 보살이 되고 부처님이 됩니다. 그것이 본주인을 찾는 노력입니다.

어떻게 조견을 하는가? 경봉 큰스님께서 이 주인공이 내 집에 있었다고 말씀하셨습니다. 보는 데 불생불멸, 불구부정, 부증불감인 것입니다. 듣는 데 있고, 느끼는 데 있고, 분별하고 아는 데 다 있습니다. 그런데 우리는 밖으로 좇아가서 헤맬 뿐입니다. 그래서 이놈을 싹 돌이키면 되는 것입니다. 이 돌이키는 것이 본주인을 찾는 것입니다. 본주인을 찾는 것이 바로 보리심菩提心입니다.

해는 지고 저문 날에 기쁨 좇아서 돌아다니던 사람이 '아! 나의 본주인을 찾아보자!' 하고 마음을 내는 것이 보리심을 일으키는 것입니다. 그 본주인을 찾으려면 보고 듣고 생각하고 느끼는 그 실체를 내가 봐야 합니다. 그러려면 어떻게 해야 하는가?

첫째가 내 마음을 되가져 오는 것입니다. 내 마음은 항상 과거에 겪었던 사람, 지금 누구, 미래의 누구, 이렇게 사방팔방 과거, 현재, 미래에 가 있습니다. 그런 것을 다시 가져온다는 것입니다. 슬픔이든 기쁨이든 걱정이든 내 마음이 다른 데 있기 때문입니다.

사람이 슬플 때 그 슬픔을 참으려고 하면 안 됩니다. 그 슬픔을 가져와서 안으로 거둬들여야 합니다. 자기 마음 되가져 오는 것을 섭심내조攝心內照라고 합니다. 마음을 거두어서 안으로 본다는 뜻입니다. 마음을 가져와 버리면 아무것도 없습니다.

누군가 한없이 미울 때 억지로 참으려고 하면 참아지지 않습니다. 그런데 마음을 안으로 거둬들여 버리면 깨끗해집니다. 슬픈 마음도 그냥 참으려고 하면 안 되고 슬퍼하는 마음을 안으로 거둬들여야 합니다. 슬플 때는 대상이 있습니다. 내 신세가 슬프든 자식이 슬프든, 그 대상에 머물러 있기 때문에 마음이 슬픈 것입니다.

자기가 지극정성 돌봐 주던 반려견이 죽었다면 엄청 슬픕니다. 강아지도 사랑을 많이 쏟았으면 부모님 돌아가신 것보다 더 슬프기도 합니다. 슬픔이라는 것은 자기 사랑과 애정에서 나오는 것입니다. 애정과 사랑이 없으면 슬프지 않습니다. 어디에 가 있든지 내 마음이 머물러 있기 때문에 슬픈 것입니다. 그 슬픈 마음을 거둬들이면 이것이 바로 섭심내조입니다.

또 '내 마음 되돌아보기'가 있습니다. 이것은 자심반조自心返照, 즉 자기 마음을 돌이켜 보는 것입니다. 보고 듣고 생각하고 말하는 모든 것이 무엇인지 돌이켜 보는 것, 그것이 '내 마음 되돌아보기'입니다. 저 대상에 헤매고 떠돌아다니는 것을 거둬들이는 것이 내 마음 되가져 오기이고 내 주인 찾기입니다. 이것이 반야바라밀입니다. 그래서 경전에서 말하는 반야바라밀을 실제화시키면 내 마음을 내가 바라보는 것입니다.

혹 누군가가 미울 때는 '이 미운 마음이 무엇인가? 이것을 어떻게 해야 하나?' 들여다봅니다. 어디를 가서 한다든지 무슨 준비를 하고 한다든지 하는 것이 아니라 일용日用 중에 하는 것입니다. 그래서 이것을 일용공부라고 합니다.

일용이란 일상생활을 뜻합니다. 매일 밥 먹고 옷 입고 왔다 갔다 하는 전부가 일상생활입니다. 일상생활 속에서 그냥 하는 것입니다. 이야기를 하면서도 '이 이야기를 하는 것이 무엇인가?', 일을 하면서도 '일하는 이것이 무엇인가?' 들여다봅니다. 어떤 것을 준비하고 애를 쓰고, 벼르고 하는 것이 아닙니다. 그냥 그 자리에서 '이것이 무엇인가?' 하는 것입니다.

아주 쉽습니다. 그렇게 되면 그 본주인과 내가 만나게 됩니다. 그것을 조달照達이라고 합니다. 조견해서 맞닥뜨리는 경지가 조달입니다. 그래서 처음에는 조견을 하고, 닦으면 조달을 합니다. 『금강경金剛經』에 '무아법을 통달한다[通達無我法].'고 했습니다. 무아법을 통달하면 무아를 확실히 알게 됩니다. '나 없는 나'가 본주인입니다. 무아의 세계가 '아뇩다라삼먁삼보리'이고, '무유공포 원리전도몽상 구경열반'의 경지가 본주인과 내가 만난 경지입니다.

본주인과 내가 만나면 사는 것이 완전히 달라집니다. 무아법을 통달한 보살은 근심걱정이 전혀 없습니다. 왜냐하면 주기만 하고 받을 생각을 안 하기 때문입니다. 근심걱정은 받을 생각을 하는 데서 생깁니다. 받을 생각을 뚝 떼어 놓으면 근심걱정이 없습니다.

만약 어떤 사람이 나를 떠나려고 한다면 "안녕히 가십시오!" 하고 가는 사람 가게 하면 됩니다. 아무 문제가 없습니다. 또 보살은 자기를 떠났던 사람이 다시 돌아오려고 한다면 "어서 오십시오!" 할 것입니다. 이처럼 흐르는 물과 같은 것이 조견개공照見皆空한 보살의 삶입니다. 주기만 하지 받을 생각이 없습니다.

그러면 왜 주느냐? 줌으로 해서 나의 지혜가 자꾸 넓어집니다. 그래서 모든 보시바라밀布施波羅蜜이나 공덕바라밀功德波羅蜜은 결국 남 잘되게 해 주는 것이 아니라 나의 지혜를 키우는 것입니다. 공덕을 많이 쌓으면 내 지혜가 자꾸 넓어지고, 지혜가 넓어지면 나의 본주인과 만나서 구경열반의 세계에 들어가고 아뇩다라삼먁삼보리를 이루게 됩니다.

그때가 되면 우리의 마음은 각지覺知가 아니라 적조寂照가 됩니다. 고요한 상태에서 보지 못하는 것이 없습니다. 각지가 적조로 변하게 되는 것입니다. 이것이 보리심菩提心입니다. 그런 보리심의 삶을 살다 보면 정말 멋진 삶이 됩니다.

그러니까 나의 본주인 찾는 것을 꼭 기억하셔서 '아, 이 몸 죽기 전에 본주인을 찾아서 멋진 삶을 한 시간이라도 살아 보고 죽자.' 하는 마음을 가지시길 바랍니다.

일상수행 일용입도

매일 똑같이 반복되는 일상생활 속에서 수행하는 것이 일상수행日常修行입니다. 자기 집에 가는 것이 도에 들어가는 것[入道]입니다. 가고 오고 일하는 모든 것이 다 일용인데, 그 순간에 진짜 자기 집에 가는 방법이 일용입도日用入道입니다.

그러면 집이란 무엇인가? 경전이나 어록 등에서 집은 '법성토法性土'라고 했습니다. 하늘·땅·사람 등 일체 만법에 다 통하는 본성을 법성이라고 합니다. 만법의 본성인 법성의 세계를 법성토라 하고, 그 법성토가 진정한 나의 집입니다. 그리고 항상 즐거운 고향인 상락향常樂鄕이 나의 집입니다. 우리는 법성토 상락향에 들어가지 못했기 때문에 여러 가지 고뇌가 따릅니다. 항상 즐거운 법성세계에 들어가지 못하면 방황하는 나그네처럼 고뇌가 따릅니다.

의상義相 625~702 스님의 「법성게法性偈」에 '무연선교착여의無緣善巧捉如意 귀가수분득자량歸家隨分得資糧'이라는 구절이 있습니다. 무연선교로 여의를 잡게 되면 집에 돌아가서 자기 능력, 자기 노력에 따라서 자량을 얻는다는 뜻입니다. 자량은 양식이고 이익입니다. 우리가 법성토에 들어가면 어떤 좋은 점이 있는가? 법성토의 집, 상락향의 집에 돌아가면 자기 분수대로 자량을 얻는데,『화엄경』「이세간품」에서는 그 자량을 2,000가지로 설하고 있습니다.

어떻게 하면 집에 돌아가는가? '무연선교착여의'로 갑니다. 연緣이란 반연攀緣인데, 자꾸 밖으로만 밖으로만 좇아가는 것을 말합니다. 연은 분별입니다. 그리고 추구입니다. 밖으로 분별하고 밖으로 추구하는 것을 연이라고 합니다. 눈으로 보는 것을 좇아가고, 귀로 듣는 것을 좇아가고, 코로 냄새를 좇아가고, 혀로 맛을 좇아가고, 몸으로 촉감을 좇아갑니다. 이것을 반연이라고 합니다.

또 마음으로 보고 듣고 냄새 맡고 맛보고 느낀 이것을 과거 것도 좇아가고, 현재 것도 좇아가고, 미래 것도 좇아갑니다. 과거·현재·미래에 다 통합니다. 이렇게 보고 내지 생각하고 하는 것이 항상 밖으로 밖으로만 좇아가고 있습니다. 이렇게 식심 의식만 좇아가면 영원히 나그네가 되어 영영 자기 집에 돌아갈 수 없습니다. 그리고 제7식第七識은 제8식第八識을 집착해서 '이것이 나다.' 하고 제8식을 좇아갑니다. 제8식은 반연 안 하는 것이 없습니다. 이 8식 식심이라는 것이 자기 집은 비워 놓고 항상 밖으로만 나갑니다. 고약하게도 자기 자체에는 관심이 없습니다. 반연만 하지 자기를 모르는 것이 식심입니다.

이런 반연하는 마음이 없이[無緣] 좋은 노력[善巧]으로 부처님의 가르침[如意]을 딱 잡으면, 집에 돌아가서 자기 분수에 따라서,『화엄경』「이세간품」에서 말하는 2,000가지 이익을 얻습니다. 이것이 '무연선교착여의 귀가수분득자량'입니다.

오늘날 살기 어렵다고들 하는데, 제가 태어난 1940년대에도 어려웠습니다. 그러면 60년 후는 괜찮은가? 60년 후에도 어렵습니다. 왜냐하면 집에 돌아가지 못한 중생은 항상 고뇌가 따르기 때문입니다. 그래서 고해苦海라고 합니다. 그러면 언제 끝이 나는가? 항상 즐거운 고향[常樂鄕], 만법의 법성 세계[法性土]로 돌아가기 전에는 늘 보는 데 걸리고 듣는 데 걸리고 온갖 경계에 걸려서 고뇌가 없을 수 없습니다. 수행을 하지 않고 중생심으로만 살면 중생심은 참 고약합니다.

요즘 인터넷상에서 한창 떠드는 용어 중에 '깔때기'라는 말이 있습니다. 깔때기는 기름집 등에서 사용하는데, 위는 동그랗고 넓고 밑은 좁은 것을 병 주둥이에 꽂고 위에서 기름을 부으면 기름이 병에 들어갑니다. 그 붓는 기구가 깔때기입니다. 깔때기에 모래를 부어도 내려가고, 물을 부어도 내려가고, 곡식을 부어도 내려갑니다. 무엇을 붓든지 다 내려가게 되어 있습니다. 위로 올라오지는 않습니다.

마찬가지로 사람들도 말을 하든지, 행동을 하든지, 무엇을 하든지 결국은 자기를 이롭게 하는 것입니다. 그래서 말하는 것도 따라가다 보면 저 좋게 하고, 행동하는 것도 따라가다 보면 저 좋게 합니다. 그래서 깔때기라고 합니다.

집안에서도 중생은 다 깔때기니까 결국은 저 좋게 합니다. 시어머니가 하라는 대로 하면 결국은 시어머니 좋게 하는 것이고, 며느리가 하자는 대로 하면 결국은 며느리가 좋아지는 것입니다. 남편이 하자는 대로 하면 결국은 남편 좋은 쪽으로 가고, 아내가 하자는 대로 하면 결국은 아내가 좋은 쪽으로 갑니다. 결국은 다 깔때기입니다.

그런데 중생이 자기 좋은 쪽으로 계속 했는데, 어떻게 되는가? 자기 자신을 위해서 돈 벌고, 사람 사귀고, 권력 얻고, 명예 얻고, 건강 얻고, 이렇게 자기 좋은 쪽으로만 깔때기로 했는데, 그러다가 갑자기 죽는 날이 왔을 때는 여태까지 사귄 사람도 소용없고, 쌓아 놓은 권력도 소용없고, 돈도 소용없고, 명예도 소용없습니다. '나는 어디로 가는가?' 이런 고민만 남습니다. 아주 영리하면서도 흉악한 바보가 바로 중생입니다.

만약 내가 1분 후에 죽는다면 지금 할 일이 무엇이겠습니까? 돈 버는 것도, 사람 사귀는 것도, 권력을 얻는 것도, 운동해서 건강해지는 것도 아닙니다. 당장 필요한 것은 '내가 죽으면 어디로 가는가?'입니다. 죽는 순간에 하는 일은 지금까지 해 온 일이 아니라는 말입니다. 평생 장사한 사람이 죽는 순간에 장사하겠습니까? 평생 아이들을 위해서 노력한 사람이 아이들을 위해서 노력하겠습니까? 아닙니다. 그렇게 평생 노력했는데 자기를 위해서는 아무것도 한 일이 없습니다. 완전히 헛똑똑이입니다.

만약 내가 한 시간 후에 죽는다고 해도 돈 벌러 나가겠습니까? '내가 죽어서 어디로 갈까. 내가 죽으면 무엇이 될까.'를 걱정할 것입니다. 그런데 죽기 전에는 이것을 생각하지 못합니다. 이것이 우리의 인생살이입니다.

정말로 영리한 사람은 그런 것들을 하면서도 '나는 무엇인가?'라는 자기 자신에 대한 성찰이 있어야 합니다. 평생 자기 성찰 없이 살다가 죽음이 임박해서 '나는 어디로 가는가?'를 고민한다면 이미 늦습니다. '나는 어디로 가는가?' '나는 누구인가?' 성찰하는 것이 정말 중요한 일입니다.

수행은 깔때기가 아닙니다. 수행은 마중물입니다. 옛날에 수도시설이 없을 때 펌프로 지하수를 끌어올려서 쓰던 시절이 있었습니다. 그런데 펌프를 오랫동안 사용하지 않다가 펌프질을 하면 물이 올라오지 않습니다. 물을 다른 데서 한 바가지 떠서 펌프에 붓고 펌프를 누르면 물이 올라옵니다. 한 번 물이 올라오기 시작하면 계속 올라옵니다. 이 한 바가지 붓는 물을, 물을 마중한다고 해서 마중물이라고 합니다.

  수행도 이와 같습니다. 밖으로 밖으로만 향하던 그 마음을 안으로 돌이켜서 '나는 무엇인가?' '나는 누구인가?' 반조返照를 하면 문이 열립니다. 문이 한 번 열리면 거기에 『화엄경』에서 말하는 2,000가지 이익이 그냥 올라옵니다. 사시사철, 미래겁이 다하도록, 중생계가 다할 때까지 그냥 올라옵니다.

  이처럼 중생심은 깔때기, 수행은 마중물에 비유합니다. 그 마중물 한 바가지만 부으면 됩니다. 그러면 수행은 무엇이냐? 일상수행, 즉 항상 복과 지혜를 닦는 것입니다. 복은 나도 기쁘고 남도 기쁘고 다 기쁜 것입니다. 지혜는 내가 나를 찾는 것입니다. 나라는 것은 결국 보고 듣고 맛보는 것이 나입니다. 이것을 떠나서 나는 없습니다.

  그러면 보고 듣고 느끼고 맛보고 생각하고 움직이는 이것이 무엇인가? 이것을 그냥 놔두면 밖으로만 나가서 억만 년이 지나도 알 길이 없습니다. 돌아봐야 알 수 있습니다. 돌아보지 않으면 모릅니다. 사람 생각, 물질 생각, 무슨 무슨 생각하는 의식을 가만히 점검해 보면 전부 보았던 것, 들었던 것, 지금 보고 듣는 것들만 좇아 다닙니다. 보고 듣는 것, 이것이 무엇인지는 꿈에도 모릅니다.

  이 보는 것을 알고, 듣는 것을 알면 도에 들어가는 문이 환히 열립니다. 그러려면 우선 저 밖으로 나갔던 마음을 되가져와야 합니다. 모든 근심걱정이 밖에서 생깁니다. 그래서 저 사람 때문에 걱정되고, 물질 때문에 걱정되고, 죽을 것 때문에 걱정됩니다. 죽음이 무엇인지 모르면서 죽는 것을 걱정합니다. 이것이 우리 인생살이입니다.

슬프면 그 슬픔을 어떻게 피할 수 있는가? 절대 피할 수 없습니다. 슬픈 그 환경에서 슬픈 그 마음을 되가져 와서 '슬픈 이 마음이 무엇인가?' 하고 되돌아보면 없어집니다. 밖에서 헤매는 마음을 되가져 와야 합니다. 만약 '그 사람이 보고 싶어 못 살겠다.'라고 느낀다면, 그것은 그 마음이 그 사람한테 있기 때문입니다. 되가져 오면 끝나 버립니다.

'아이고, 돈 손해 본 것 때문에 억울해 못 살겠다.'라고 한다면, 그것은 돈 손해 본 것에 마음이 있기 때문입니다. 거기에서 마음을 가져와야 합니다. '아, ○○에게 망신당한 것 때문에 못 살겠다.'라고 한다면, 그것은 망신은 과거에 당했는데 지금까지 마음이 거기 눌러 붙어 있기 때문입니다. 거기에서 마음을 가져와야 합니다. 이렇게 하는 것이 '내 마음 되가져 오기' 수행입니다.

지금 보고 듣고 하는 것이 나인데, 이 나를 되돌아본다는 것입니다. 이것이 바로 일용입도日用入道입니다. 일상생활 속에서 '이것이 무엇인가?' 하면 거기 도의 길이 있습니다. 다른 데 길이 있는 것이 아닙니다. 다른 데 가서 찾으면 전부 반연뿐입니다. 반연으로는 따라갈 뿐이지 집에는 갈 수 없습니다. 나그네 생활만 하는 것입니다. 자꾸 보는 대로만 좇아가면 따라갈 뿐입니다. 그런데 '보는 이것이 무엇인가?' 하면, 그것이 바로 일용입도입니다.

그래서 '견문언사見聞言思 시개심마是箇甚麽', 즉 보고 듣고 말하고 생각하는 이것이 무엇인가? 보면 보는 이것이 무엇인가? 들으면 듣는 이것이 무엇인가? 그러면 바로 자기 자신을 볼 수 있기 때문에 법성法性을 볼 수 있습니다. 보통 우리가 보는 것은 법상法相이고, 전부 식심識心이 하는 일입니다.

남의 얼굴 보면 얼굴 모습 시비할 일이 아니라 보는 이것이 무엇이냐? 이렇게 되돌아보는 것이 일용 속에서 도에 들어가는 일용입도입니다. 어디 간다고 되는 것이 아닙니다. 간다고 하는 것은 반연입니다. 무엇을 한다고 되는 것이 아닙니다. 하는 것도 반연입니다.

의상 스님 법문에 '무연선교無緣善巧'라고 했습니다. 밖으로 달려가지 않고 안으로 좋게 노력하는 이것이 자심반조自心返照입니다. 자기 마음을 돌이켜보는 자심반조가 무연선교입니다. 부처님이 가르치신 해탈, 열반, 성불, 반야바라밀, 아뇩다라삼먁삼보리, 이 법문을 딱 잡아서 '무엇인가?' 하면, 그냥 거기 법상에서 법성을 보는 것입니다. 법상을 떠나서 보는 것이 아니라 법상에서 법성을 보는 것입니다. 얼음을 떠나서 물을 보는 것이 아니라, 얼음이 물인 것을 보는 것입니다.

우리는 상相에 집착하다 보니 성性을 몰라서 고생합니다. 상만, 얼음만 좇아가고 물을 모르니 참 큰일입니다. 법상에서 법성을 보는 것을 견성見性이라고 합니다. 견성에 대한 게송을 하나 적어 보았습니다.

目前明明無疑惑 목전명명무의혹
心心寂寂性圓照 심심적적성원조
昨夜牛腹成牛事 작야우복성우사
今朝依舊造人圖 금조의구조인도

눈앞에 분명하고 분명해서 의혹이 없다.
마음 마음이 고요해서 본성이 둥글게 비춘다.
어젯밤에는 소 배 속에 들어가서 소 일을 하더니
오늘 아침에는 예전처럼 사람 그림을 그리더라.

성性이라는 것은 먼 데 있는 것이 아니라 눈앞에 밝게 나타나므로 의혹이 하나도 없습니다. 이것이 법성法性입니다. 그런데 법성을 보는 마음은 어떠냐? 마음이 고요해서 그 본성이 둥글게 비춥니다. 둥글게 비춘다는 것은 무엇이냐? 유식에서는 대원보조大圓普照, 즉 크게 둥글고 넓게 비추는 것이 우리의 본성이라고 합니다. 이것을 알면 상락향이고 법성토인데, 이것을 모르면 보는 대로 억만년을 좇아가도 영원히 나그네입니다. 백천만겁 끝이 없습니다. 돌이키면 금방인데 좇아가면 한이 없습니다.

그런데 이 법성이 가만히 있느냐? 그렇지 않습니다. 불수자성수연성 不守自性隨緣成이라, 자성을 지키지 않고 인연 따라 이루어집니다. 어제 저녁에는 소 배 속에서 소 일을 했는데, 오늘 아침에는 예전처럼 사람 그림을 그린다는 것입니다. 이것이 법성을 본 소식입니다.

그런데 들어도 잘 모릅니다. 그 모르는 것도 법성입니다. 알고 모르는 데 하나도 차이가 없습니다. 모르면 모르는 죄로 죄짓고 고뇌 받는 것이 중생놀음입니다. 전부 깔때기가 되어 온갖 죄를 지었는데, 그 깔때기 마음으로 이익 본 것은 다 없어져 버렸습니다.

사람을 사귀려고 애썼는데 사람은 다 떠나가고, 세력을 얻으려고 노력했는데 세력도 다 떠나가고, 건강을 얻으려고 애썼는데 건강도 다 없어지고, 재산을 모으려고 애썼는데 재산도 다 없어졌습니다. 자기가 모아 놓은 것은 다 없어졌는데, 모으면서 지은 죄는 하나도 없어지지 않습니다.

몸을 만들어 몸짱이 되려 하고, 또 얼굴을 고쳐 얼짱이 되려고 무진 애를 썼는데, 그 과정에서 거짓말도 많이 하고 죄를 많이 지었습니다. 그런데 얼굴도 몸도 다 없어지고, 만드느라 지은 죄만 수두룩하게 남아서 내 발목을 잡습니다. 이것이 인생입니다. 그러니까 부처님 법을 만나서 이런 이치를 알고, 일상 속에서 입도入道해야 합니다.

일하고 돈 벌고 사업하면서 '돈 버는 이것이 무엇인가?' 싸움을 하면서도 '싸움하는 이것은 무엇인가?' 웃고 놀면서도 '웃고 노는 이것은 무엇인가?' 그것이 입도입니다. 그것을 하지 않으면 자기를 깨달을 수 없습니다. 왜냐하면 자꾸 밖으로 밖으로만 반연해 나아가기 때문입니다. 일상 속에서 '나는 무엇인가?' 하고 나를 찾는 노력을 계속하는 것이 복과 지혜를 닦는 중요한 수행입니다.

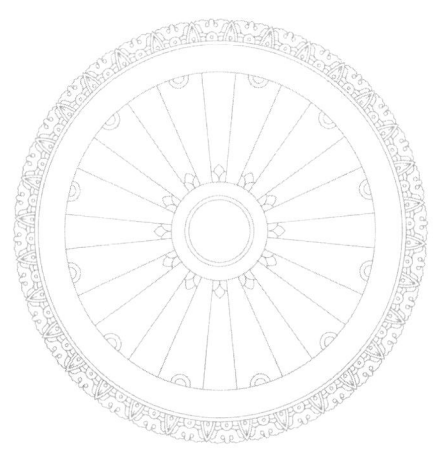

참회懺悔와 삼매三昧

　석가모니 부처님은 인생을 생로병사生老病死와 우비고뇌憂悲苦惱라고 보셨습니다. 태어나서 열심히 살아가는데 늙고 병나고 아픈 것이 인생입니다. 그런데 이 생로병사의 과정에서 근심하고 슬퍼하고 괴롭고 걱정되는 우비고뇌를 느낍니다. 그러면 이것을 어떻게 해결할 것인가? 그 방법은 생로병사 우비고뇌에서 완전히 벗어나는 길밖에 없습니다. 바로 해탈입니다. 생로병사에서 해탈하고, 우비고뇌에서 해탈하는 것만이 벗어나는 길입니다.

　그러면 무엇으로 생로병사 우비고뇌에서 해탈하는가? 그것은 아뇩보리[無上正覺]와 마하반야[大智慧]를 통해서 해결할 수 있습니다. 그런데 우리는 인생 문제를 해결하는 데 물질적인 것만 확보되면 해결되는 것으로 착각합니다. 그래서 평생 돈 벌다가 결국 생로병사를 맞이할 때 근심걱정이

턱을 받치니까 울면서 죽습니다.

  그런데 물질적인 것으로는 생로병사 우비고뇌를 제대로 해결할 수 없습니다. 대부분은 마음으로 해결해야 할 부분입니다. 걱정근심도 마음입니다. 그래서 이 마음으로 해결해야 하는데 우리가 사는 것을 보면 그것을 모르고 살아갑니다. 오직 돈을 벌기 위해 노력합니다. 그런데 인생 문제가 돈 버는 것만으로는 해결이 안 되니까 죽을 때 우는 것입니다.

  인생 문제는 깨달음을 통해 해결할 수 있습니다. 인생이 생로병사인데 그 깨달음이 열리는 순간 불생불멸不生不滅이 보입니다. 생로병사 우비고뇌를 불생불멸에 대한 깨달음과 상락아정常樂我淨의 깨달음으로 말끔히 해결하는 것이 바로 부처님의 무상보리이고 부처님의 마하반야입니다. 불생불멸만 얻으면 생로병사에서 단박에 벗어나고, 상락아정만 얻으면 우비고뇌는 단번에 해결됩니다. 이것이 불교입니다.

  낮에는 밝고 저녁에는 어둡고, 움직이기도 하고 안 움직이기도 하며, 그 속에서 생활합니다. 그런데 아무리 어두워져도 어두워지지 않는 게 있고 아무리 밝아져도 밝아지지 않는 게 있고, 아무리 움직여도 움직이지 않는 게 있고 아무리 고요해도 고요하지 않은 게 있습니다. 명암동정明暗動靜에 전혀 상관없는 것이 허공입니다.

  아무리 밝아도 허공은 밝은 게 아니고, 아무리 어두워져도 허공은 어두운 게 아닙니다. 아무리 시끄러워져도 허공은 시끄러운 게 아니고, 아무리 고요해도 허공은 고요한 게 아닙니다. 왜냐하면 허공은 자체가 없기 때문입니다. 어두울 때는 그냥 어두운 것뿐이지 허공은 어두운 일이 없습니다. 밝을 때는 밝은 것뿐이지 허공은 밝은 일이 없습니다. 이것이 불생불멸입니다.

생로병사의 인생에 불생불멸이 있는데 오직 모를 뿐입니다. 안다고 생기고 모른다고 해서 없어지는 것이 아닙니다. 알아도 그뿐이고 몰라도 없어지지 않습니다. 꿈에서 온몸에 종기가 나고 등창이 나서 말할 수 없이 아프고 괴로웠는데 딱 깨니까 종기도 등창도 아프고 괴로운 것도 없는 것과 같습니다. 그냥 본래의 나, 그것뿐입니다. 그것이 상락아정입니다. 그러면 분명히 있는데 모를 뿐이라면 어떻게 아느냐? 지혜로 압니다. 지혜는 어디서 생기느냐? 깨달음에서 생깁니다.

불교는 모든 것이 깨닫기 위한 방법입니다. 지혜를 얻으려면 깨달아야 하고 깨달으려면 닦아야 하는데, 어떻게 닦아야 하느냐? 불교는 전부 깨달음으로 인생 문제를 해결하기 때문에 깨닫는 법 외에 다른 것을 가르치지 않습니다. 그래서 다른 것을 구하라고 하지 않습니다. 다른 것을 구해 봤댔자 구한다고 어렵고 지킨다고 어렵고 잃어버려 괴롭습니다. 이것을 생사업生死業이라고 합니다.

이 세상에 다른 어떤 것도 생로병사 우비고뇌를 해결해 주지 못합니다. 그런데 구할 때는 구한다고 굉장히 힘들고, 구하고 나면 지킨다고 힘들고, 잃어버리거나 빼앗기고 나면 억울하고 분하기 짝이 없습니다. 이것이 또 인생입니다. 그래서 구하는 게 없는 것이 깨달음입니다. 구하기 위해서는 누군가에게 도움을 받아야 하는데, 석가모니 부처님은 누구한테도 의지하지 않고 스스로 깨달음을 해결했습니다.

우리는 부처님한테 귀의하지만 부처님은 귀의하지 않습니다. 왜냐하면 깨달음으로 모든 문제가 해결되기 때문에 부처님은 귀의하지 않습니다. 하늘에도 의지하지 않고, 땅에도 의지하지 않고, 사람에게도 의지하지 않고, 물질에도 의지하지 않습니다. 어떤 조직과 권력, 세력에도 전혀 의지하지 않습니다. 이런 것들은 구한다고 힘들고 지킨다고 힘들고 잃어버려서 힘들고, 인간에게 고통을 줍니다.

또 몸에만 의지해서 사는 사람도 먹이고 보살피느라 힘듭니다. 죽을 때도 보통 힘든 게 아닙니다. 그러니까 몸에 의지해도 안 됩니다. 요즘 사람들은 다 몸종교를 믿습니다. 그런데 그 몸종교를 믿어 봐야 나중에 영험은 없고 하루하루 늙어 갈 뿐입니다. 그러니까 다른 것을 구해서는 생로병사 우비고뇌를 해결할 수 없습니다.

깨달음을 강조하는 것이 불교입니다. 그러면 어떤 방법으로 깨닫느냐? 첫째, 물질로 보시를 하는 것입니다. 물질을 보시하면 그것이 물질로 깨닫는 방법입니다. 물질을 보시하면 마음이 지혜로워지고 편안해지고 깊어집니다. 둘째, 몸으로 계율을 지키는 것입니다. 계법을 몸에 잘 지니면 그것이 몸으로 깨닫는 것입니다. 보시를 하는 것은 물질로 깨닫는 방법이고, 계법을 잘 지키는 것은 몸으로 깨닫는 방법입니다.

그 다음에 마음으로 깨닫습니다. 이것이 전부 요즘 말하는 수행입니다. 마음으로 깨닫기 위해서는 불생불멸이 있고 상락아정이 있다고 믿는 신심信心이 있어야 합니다. 확고한 신심을 바탕으로 '나도 불생불멸과 상락아정을 체험해야겠다. 내 것으로 만들어야겠다.'라는 원력願力을 세워야 합니다. 그리고 '나는 왜 지금껏 모르고 헛되게 살았을까?' 하고 참회懺悔해야 합니다. 반드시 이 신심, 원력, 참회의 세 가지가 있어야 합니다. 지금까지 그렇게 살지 못한 데 대한 반성과 참회가 있어야 합니다. 신심, 원력, 참회를 기본으로 깨달아야 합니다.

『화엄경』「여래출현품如來出現品」에서는 다음과 같이 말씀하고 있습니다.

여래의 지혜는 이르지 못하는 데가 없다. 왜냐하면 한 중생도 여래의 지혜를 갖추지 않은 이가 없기 때문이다. 다만 망상과 전도된 집착 때문에 증득하지 못한다. 만약 망상을 여의면 일체지, 자연지, 무애지가 바로 나타난다[如來智慧 無處不至 何以故 無一衆生 而不具有如來智慧 但以妄想顛倒執著 而不證得 若離妄想 一切智 自然智 無礙智 則得現前].

모두가 여래지혜를 다 가지고 있다면 지금 어디 있느냐? 보고 듣고 느끼고 생각하는 이런 의식 생각이 모두 여래지혜입니다. 중생심이 여래지혜입니다. 그런데 거기에 망상집착이 끼어들어서 모르는 것입니다. 그러니까 멀리에서 우리 집을 찾는 것이 아니라 망상집착만 내려놓으면 끝납니다.

망상을 여의면 세 가지 지혜가 나타난다고 했는데, 일체지一切智·자연지自然智·무애지無礙智입니다. 일체지는 모든 것을 다 헤아리는 지혜입니다. 망상집착을 여의면 거기에서 일체지가 그대로 나타납니다. 자연지는 저절로 아는 지혜고, 무애지는 일체 걸림 없는 지혜입니다.

그러면 망상집착이란 무엇이냐? 망상은 '이것은 좋은 것이다, 저것은 나쁜 것이다. 이것은 괴로운 것이다, 저것은 즐거운 것이다.' 등으로 분별하는 것입니다. 말하자면 허공을 둘로 나누는 것과 같습니다. 허공을 둘로 나누려면 괴롭기만 하고 아무 대가도 없습니다. 이것이 망상입니다. 또 집착이라는 것은 애구애취愛求愛取, 즉 밖으로 구하고 밖으로 취하는 것입니다.

불생불멸 상락아정의 지혜를 가지고 있음에도 불구하고 '좋다, 나쁘다.'라고 분별하고, 좋은 것만 좋은 것만 자꾸 따라가고, 나쁜 것은 버리려고 하는 집착 때문에 모릅니다. 그래서 그 망상집착을 내려놓으면 일체지, 자연지, 무애지가 바로 나타난다는 말입니다.

그러면 망상집착을 내려놓는 방법이 무엇이냐?

첫째, 육정참회六情懺悔입니다. 육정은 안眼 · 이耳 · 비鼻 · 설舌 · 신身 · 의意로서, 눈 · 귀 · 코 · 입 · 몸 · 생각 등에 전부 좋다는 감정과 나쁘다는 감정이 붙어 있습니다. 이것을 육정이라고 합니다. 업장참회業障懺悔는 불전에 가서 하면 되는데, 육정참회는 스스로 해야 합니다. 그동안 밖으로만 밖으로만 갔던 것을 돌리는 것이 참회하는 것입니다. 어리석고 번뇌가 많아서 밖으로 밖으로만 구하던 내 눈의 감정, 귀의 감정, 코의 감정, 몸의 감정 등을 다 참회하는 것이 육정참회입니다. 저 밖으로 나갔던 사람이 자기 집으로 돌아오는 것과 같습니다.

그러면 어떻게 참회하느냐? 몽관법夢觀法으로 합니다. 부처님 법문을 듣거나 보고 듣고 맛보고 생각하는 것이 꿈인 것과 같습니다. 이것이 몽관수행夢觀修行입니다. 꿈속에서 돌아다니는 것은 의미가 없고 꿈에서 깨는 것이 의미가 있기 때문에 몽관삼매夢觀三昧를 닦으라고 했습니다. 저 하늘도 내가 꿈속에서 보는 하늘이니까 저 하늘을 따라가면 안 된다는 말입니다. 몸도 꿈속에서 보는 것이니까 자꾸 따라가면 안 됩니다. 이것이 몽관수행입니다.

이러한 삼매로 생로병사가 없는 지혜를 얻습니다[由此三昧 得無生忍]. 그러니까 몽관삼매란 꿈에서 무엇을 보든지 꿈 깨면 없는 것처럼, 지금 내 생각으로 느끼지만 지혜를 얻는 순간 없는 것입니다. 그래서 몽관삼매를 자꾸 닦으면 무생인, 즉 생멸 없는 것을 아는 지혜를 얻습니다.

무생인無生忍이라는 게 참 중요합니다. 우리가 태어나면서부터 수없는 생각을 하고, 또 수없는 생각이 사라졌습니다. 그런데 아무리 많은 생각이 생겼어도 그대로고, 아무리 많은 생각이 없어졌어도 그대로입니다. 생각이 일어난 자체가 불생이고, 생각이 사라진 것 자체가 불멸입니다. 불생불멸을 확실하게 알면 그것이 무생인無生忍입니다.

생각해 보면 얼마나 많은 생각들이 일어나고 또 사라졌습니까? 생각을 할 때는 굉장히 심각했지만 나중에 보면 좋은 생각이나 안 좋았던 생각이나 다 사라지고 없습니다. 이것이 불생불멸입니다. 무슨 소리인지 어떻게 보면 알 것 같고 어떻게 보면 모를 것 같고, 이것은 망상집착 때문입니다. 부처님 법이 어려운 게 아니라, 내가 망상집착을 하기 때문에 그렇다는 것을 알 수 있습니다. 그래서 그 망상집착을 하지 않는 것이 육정참회이고, 그것이 몽관삼매입니다. 몽관삼매를 닦으면 망상집착에서 돌아옵니다.

육정참회는 신라시대 원효元曉 617~686 큰스님께서 하신 법문입니다. 또 중국 선종사에 큰 가르침을 주신 하택신회荷澤神會 684~758 선사라는 분이 있는데, 그분은 육진삼매六塵三昧를 이야기했습니다. 눈으로 형상[色塵]을 보고, 귀로 소리[聲塵]를 듣고, 코로 냄새[香塵]를 맡고, 혀로 맛[味塵]을 보고, 몸으로 촉각[觸塵]을 느끼고, 생각으로 과거·현재·미래의 법[法塵]을 느끼는데, 이 색·성·향·미·촉·법의 육진六塵에서 삼매를 얻습니다. 이것이 육진삼매입니다.

눈으로 형상을 보되 형상에 분별과 구하는 마음을 일으키지 않으면 분별심을 일으키지 않고, 구하는 집착을 하지 않으면 보이는 것 그대로가 삼매요, 선정입니다. 그러니까 보여서 번뇌가 일어나는 게 아니라, 내가 분별하고 구하기 때문에 번뇌가 일어납니다. 망상은 분별이고, 구하는 것은 집착입니다.

그래서 내가 보되 구하지 않고, 내가 보되 좋다 나쁘다 분별하지 않으면, 보는 것 그대로 선정입니다. 색진삼매色塵三昧가 됩니다. 눈 감고 헤아리는 것이 아니라, 분별하지 않고 '저것을 내 것으로 만들어야겠다, 저것을 빨리 버려야겠다.' 하고 취사取捨 집착을 하지 않으면 그냥 그대로 삼매입니다.

소리를 듣되 그냥 듣고 말면 그냥 그대로 성진삼매聲塵三昧가 되고, 냄새를 맡더라도 그냥 냄새를 맡으면 냄새 맡는 데는 허물이 없습니다. 좋은 냄새다 나쁜 냄새다 분별하고 좋은 것은 계속 구하려고 집착합니다. 이런 망상집착만 일으키지 않으면 보는 게 그대로 색진삼매이고, 듣는 그대로 성진삼매이고, 냄새 맡는 그대로 향진삼매香塵三昧입니다.

망상집착을 일으키지 않으면 과거에 무슨 생각이 났든 내버려 두면 됩니다. 지나간 것은 다 허망하니까 따라갈 필요가 없습니다. 만약 "지금도 그 생각만 하면 치가 떨린다."라고 할 경우, 생각이 일어나는 것이 문제가 아니라 그 생각에 좇아가기 때문에 치가 떨리는 것입니다. '앞으로 어찌 살아갈까?'라고 생각만 하면 걱정이 돼서 잠이 안 옵니다. 생각이 일어나서 잠이 안 오는 게 아니라 거기 따라가서 자꾸 걱정을 더하니까 잠이 오지 않는 것입니다.

이 육진삼매를 거쳐야 참선이 됩니다. 색·성·향·미·촉·법의 육진에 좇아가니까 참선이 안 되는 것입니다. 왜 집을 비우느냐? 밖으로 헤매니까 집을 비우는 것입니다. 밖으로 헤매지 않고 돌아와 버리면 됩니다. 그래서 이 보고 듣고 맛보고 생각하는 여기에 매이지 않고 장벽처럼 보되 보기만 합니다. 일하되 일만 하고, 먹되 먹기만 합니다. 그냥 바라만 봅니다. 거기 좇아가는 분별 망상, 내 것으로 만들려는 집착만 하지 않으면 보는 것이 그대로 삼매이고, 듣는 것이 그대로 삼매입니다.

'피하려고 하지 말고 망상집착을 하지 말라.' 조사선祖師禪이 여기서 나왔습니다. 없애려고 하는 게 아니라 안 하는 것입니다. 망상집착하지 않는 육진삼매를 한마디로 말하면 무념선無念禪입니다. 생각이 분별 집착이니까 생각하지 않으면 끝납니다. 분별하고 추구하는 것을 멈추고 무념으로 돌아가면 참선이 안 되려야 안 될 수 없습니다. 도道도 구하고 색·성·향·미·촉·법도 구하려고 하니 안 되는 것입니다. 육진삼매로 해야 합니다.

무엇을 구해도 내 인생 문제에는 도움을 주지 못합니다. 구한다고 힘들고 지킨다고 힘들고 잃어버려서 힘들고, 마지막에 남는 것은 고통뿐입니다. 그래서 그냥 하기만 하고 집착은 하지 않는 것이 수행입니다. 그런데 중생들은 하지는 않고 집착만 합니다. 이것을 전도顚倒라고 합니다. 그래서 육진삼매를 닦아서 밖에 집착을 하지 않으면 확실히 돌아옵니다. 자꾸 밖으로 나가기만 하기 때문에 안 되는 것입니다. 두 가지를 구하니까 안 됩니다. 참선이 어려운 게 아니라 구하는 게 많아서 안 되는 것입니다.

여기에다 앞서 말씀드린 '불생불멸 상락아정'을 갖다 붙이면 안 됩니다. 내가 지혜를 얻었을 때 체험하는 것이지 생각으로 그러지는 게 아닙니다. 불생불멸을 확실히 보고, 상락아정을 확실히 얻기 위해서는 육정참회, 육진삼매를 닦아 나가야 합니다. 삼매가 깊어지면 깨달을 수 있습니다. 깊어지지 않아서 못 깨닫는 것입니다.

그래서 이 방법을 동아시아에서는 종지체용宗旨體用으로 설명했습니다. 보되 보는 데 따라가지 않고 듣되 듣는 데 따라가지 않는 것이 무념無念인데, 이 무념으로 주종主宗을 삼습니다. 보는 대로 분별하고 보는 대로 집착하면 될 리가 없습니다. 여기서 지旨는 의지라는 말과 통합니다.

다른 것으로 내 문제를 해결하려고 해서는 안 됩니다. 부자가 되어서 인생 문제 해결하겠다든지, 세력을 얻어서 해결하겠다든지, 얼굴을 잘 만

들어서 해결해 보겠다든지 하는 것은 안 됩니다. 그러니까 밖에서 구하는 것 가지고는 안 된다는 것을 알아서, 취함이 없는 것으로써 뜻을 삼는 것이 좋지입니다. 무념으로 종을 삼고, 취함이 없는 것으로써 주지主旨, 즉 중심이 되는 의지로 삼습니다.

그리고 체體는 청정淸淨입니다. 청정으로 체를 삼습니다. 불생불멸·상락아정의 공덕이 나와도 그 자체는 푸른 것도 아니고 검은 것도 아니고 흰 것도 아니고 청정합니다. 개념을 붙일 수도 없고, 남자도 아니고 여자도 아니고, 보이는 것도 아니고 안 보이는 것도 아닙니다. 이것이 본체요, 청정입니다.

그런데 그 지혜로 변화작용을 삼습니다[以智爲用]. 그 청정한 몸에서 지혜작용이 무궁무진하게 나옵니다. 이것이 여래의 신통이고 여래의 힘이고 온갖 묘용입니다. 그래서 자기를 찾아갈 때는 무념無念 무취無取, 즉 다른 것을 생각하고 다른 것을 구하려고 하지 말아야 합니다. 일은 일대로 하고 그 일에 집착하지 말아야 합니다.

옛날에 경봉鏡峰 1892~1982 큰스님께서 하신 법문입니다. 어떤 사람이 명주 바지를 하나 구해서 그것을 아끼고 집착하다가 잃어버렸습니다. 그래서 점을 보는 사람에게 가서 누가 명주 바지를 가져갔는지 점을 쳤더니 그 사람이 '갈 지之' 자 네 개를 써 주었습니다. 그런데 이것을 해석할 수가 없어서 어떤 사람에게 가서 물었더니, "명주 바지 입지 말지."라고 하더랍니다.

그것 하나 포기하면 만사 해결인데 집착해서 그런다는 말입니다. 그러니까 구하지 않으면 끝날 것을 내가 구해서 내가 괴로운 것이 바로 인생입니다. 그러니까 사소한 것에 매달리지 말고 내가 나를 찾아야 합니다.

그래서 이 생로병사 우비고뇌는 불생불멸과 상락아정을 깨닫기 전에는 해결이 안 됩니다. 그러니까 자꾸 사소한 것에 매달리지 마십시오. 또 물질도 보시를 하면 그것이 물질로 깨닫는 방법입니다. 몸으로 자꾸 수행하면 그것이 몸으로 깨닫는 방법입니다. 마음으로 보되 보는 데 집착하지 않고 '내가 누군가?' 하면, 그것이 육진삼매이고 그것이 자성참회입니다.

나의 알맹이
[眞實相]

　제가 그동안 여기저기서 받은 표창장, 임명장, 감사패 같은 것들이 굉장히 많았습니다. 그런데 가만히 보니까 나에게는 아무짝에도 필요가 없는 것이었습니다. 그 당시에는 필요에 의해서 받았고, 그것을 준 기관이나 단체에서도 줄 필요가 있어서 주었을 텐데, 학교 소임을 그만두고 보니까 저한테는 아무 소용이 없었습니다. 그래서 다 없애 버렸습니다.

　그리고 나서 보니까 전부 가명이고 가상입니다. 전부 껍데기입니다. 무슨 이름을 붙여 주고, 무슨 격을 갖추고, 어느 조직에 들어가고, 어느 형식을 갖추는 등 조직과 형식에 매여 살아갑니다. 거기서 자기가 무엇을 하고 어떤 혜택을 누리고 사는데, 그것이 전부 껍데기입니다. 전부 가명상입니다. '나의 껍데기'입니다.

그러면 '나의 알맹이', 나의 진실한 모습은 무엇인가? 이 진실상에는 껍데기가 없습니다. 그게 본래 나입니다. 껍데기가 없는 진실상이 무엇인가? 우리가 항상 독송하는 의상義相 625~702 스님의 「법성게法性偈」 첫머리가 '법성원융무이상法性圓融無二相 제법부동본래적諸法不動本來寂'입니다. 법의 성품은 원융하여 두 모습이 없고, 모든 법은 움직이지 않아 본래 고요합니다.

천지만법이 법입니다. 하늘도 법이고, 땅도 법이고, 사람도 법입니다. 그런데 그 법의 진실상에 성性이 있는데 근원적인 성을 법성法性이라고 합니다. 이 법성은 원융해서 둘이 없습니다. 색·수·상·행·식이 전부 법입니다. 『반야심경』에서 제법諸法이 공상空相이라고 했습니다. 색·수·상·행·식이 제법이고, 안·이·비·설·신·의도 제법입니다. 또 색·성·향·미·촉·법도 제법입니다. 십팔계[六根·六境·六識], 천지만법이 다 제법입니다. 여기서 움직이지 않는다는 말은 변하는 것이 아니라는 것입니다. 근본이 적멸寂滅입니다. 형상이 없는 적멸입니다. 이것이 의상 스님의 법문입니다.

그러니까 제법도 우리 자신이고 법성도 우리 자신인데, 법성은 둘이 없고 제법은 본래 적멸입니다. 나고 죽는 생멸이 본래 적멸이라는 것입니다. 또 일체 천지만물이 둘이 없습니다. 왜냐하면 법에는 각자 자성이 없기 때문입니다. 물에는 물의 자체 성질이 없고, 돌에는 돌의 자체

성질이 없고, 사람에게는 사람 자체 성질이 없다는 것입니다. '법무자성法無自性 이타위성以他爲性'이라, 법에는 자성이 없고, 다른 것으로써 자성을 삼습니다. 이것이 근본입니다.

의상 스님이 계속 강조하신 것처럼, 우리 몸이 자체가 없고 전부 다른 것으로 이루어졌습니다. 물, 불, 온갖 생각, 전부 다른 것이 모여서 된 집성체입니다. 흩어지면 그만입니다. 그래서 사는 것도 삶의 요소들이 모이면 살고, 죽는 것도 죽는 다른 요소들이 모이면 죽습니다. 전부 모여서 죽고 모여서 사는 것입니다. 죽을 수 있는 것들이 모이면 죽고, 살 수 있는 것들이 모이면 삽니다. 이것이 법입니다.

그런데 생겨도 자성이 없기 때문에 다른 것에 의해서 생기는 것이니까 생긴 것과 안 생긴 것이 둘이 아닙니다. 흩어지는 것도 다른 것에 의해 흩어지니까 흩어지는 것과 흩어지지 않는 것이 둘이 아닙니다. 그래서 한없이 생긴 것이 그대로 생기지 않은 것과 하나도 다를 것이 없습니다. 생긴 것은 생긴 것대로 자성이 없고 생기지 않은 것은 생기지 않은 것의 자성이 없어서 법성이 둘이 없습니다. 법의 본성이 둘이 없고, 제법이 본래 적멸이라는 것이 우리의 진실상입니다.

그래서 항상 이것 자체가 본래 적멸입니다. 생기지 않은 것과 똑같습니다. 왜냐하면 생긴 것은 자성이 없고 전부 다른 것에 의해서 생겼기 때문입니다. 또 없어지는 것도 자성이 없고 전부 다른 것에 의해서 없어지니까 생기지 않은 것과 생긴 것이 그대로 적멸입니다. 보이는 것과 보이지 않는 것이 그대로 둘이 없습니다.

'부동본적不動本寂 원융무이圓融無二'를 다 보는 것이 자기 진실상을 보는 것입니다. 나는 누구냐? 원융무이가 나입니다. 나는 누구냐? 부동본적이 나입니다. 이것이 나의 진실상입니다. 나머지는 전부 껍데기입니다. 늙는다 · 죽는다, 남자다 · 여자다, 잘났다 · 못났다, 공을 세웠다 · 못 세웠다 이런 것은 전부 가명상假名相, 껍데기입니다. 억만년을 살아도 껍데기로 사는 것입니다. '원융무이 부동본적'이 나의 진실상眞實相입니다.

그런데 요즘 사람들을 보면 고민을 많이 합니다. 지금만 고민을 하는 것이 아니라 과거 끝없는 세월 동안 우리 조상들도 고민을 했습니다. 또 다음에 이 세상에 태어날 사람들도 고민을 할 것입니다. 밝은 세상 좋은 세상을 만들기 위해 노력하고 애를 많이 쓰는데, 물론 그것도 중요합니다. 하지만 어떤 세상이 와도 인생의 고민은 있습니다. 배가 고파서 고민, 하고 싶은 것을 못 해서 고민, 행복하지 못해서 고민, 이렇게 고민의 형태만 바뀔 뿐입니다.

인간은 왜 고민하느냐? 껍데기로 살기 때문입니다. 나의 이름, 나의 모양, 나의 소속, 나의 신분 등 이름 하나 얻으려고 별짓을 다 합니다. 그런데 이것은 다 소용없습니다. 가장 중요한 것은 건강과 행복입니다.

병원에서 아이가 태어나는 순간에 그 어머니가 아이를 품에 안고 "공부 잘해서 좋은 학교에 가고, 좋은 데 취직해서 돈 많이 벌어라."라고 말하는 경우는 없습니다. "제발 건강하게만 자라라. 제발 행복하게 살아라." 이것이 기본입니다.

그런데 아이가 자라면서 부모님들이 다른 껍데기를 자꾸 아이한테 덮어씌웁니다. 그런 부모님이 하라는 대로만 하면 인생 망칩니다. 그러니까 행복해지려면 부모님 말을 듣지 말아야 합니다. 왜냐하면 자꾸 학벌이나 직업 같은 껍데기만 아이한테 씌우기 때문입니다.

인간은 건강하고 행복한 것이 중심이고, 나머지는 전부 껍데기입니다. 그런데 건강도 행복도 또한 껍데기입니다. '원융무이 부동본적'은 불행하려야 불행할 수 없습니다. 그러니까 행복하려면 거기에 불행할 수도 있다는 전제가 붙습니다. 그런데 아예 불행할 수 없는 것을 찾아내면 걱정할 필요가 전혀 없습니다. 원융무이 부동본적, 이것이 우리 진실상입니다.

석가모니 부처님은 인간의 알맹이, 인간의 진실상을 깨달아서 모든 껍데기로부터 벗어났습니다. 공포의 껍데기, 불안의 껍데기, 괴로움의 껍데기, 전부가 가짜고 허명虛名입니다. 평생 가짜의 모습을 위해서 살아갑니다. 요즘은 더 심합니다. 얼마 안 있으면 늙고 죽을 몸인데, 얼굴 고치고 몸매를 만들려고 애를 씁니다. 얼짱 껍데기, 몸짱 껍데기는 얼마

못 갑니다. 그보다는 영원히 건강하고 행복한 나의 진실상을 찾는 원융무이 부동본적, 이것이 정말 필요합니다.

요즘 수명이 길어지면서 노인 인구가 늘었습니다. 노인삼고老人三苦라고 해서 세 가지 고통이 있습니다. 첫째, 병고病苦입니다. 나이가 들면 병이 자꾸 찾아와서 온몸이 종합병원입니다. 늙으면 병이 오게 되어 있습니다. 노병老病, 즉 늙는 것 자체가 병입니다. 둘째, 빈고貧苦입니다. 늙으면 돈을 많이 벌지 못해서 가난한 고통이 있습니다. 셋째, 독고獨苦입니다. 젊은 사람들은 나이 많은 사람을 좋아하지 않습니다. 왜냐하면 늙으면 새로운 정보가 없어서 늘 옛날 이야기만 하기 때문입니다.

그러니 젊은 사람들에게 옛날 이야기를 자꾸 하려고 하지 마십시오. 그러면 자꾸 더 도망갑니다. 젊은 사람들은 새로운 정보 새로운 지식을 추구하는데, 한국전쟁 때 고생한 이야기만 한다면 누가 좋아하겠습니까? 새로운 것을 추구하는 젊은 사람들에게 쓸모없는 이야기일 뿐입니다. 연애 대상도 아니고, 새로운 정보도 없고, 가끔 용돈이나 많이 주면 그것으로 그만입니다.

인터넷에 어떤 아이가 '우리 할머니 개똥'이라고 글을 올렸습니다. 그 이유가 자기가 세뱃돈으로 5만원을 받고 싶었는데 5천원만 줬기 때문이랍니다. 아이가 할머니한테 바라는 것은 용돈뿐입니다. 이것이 노인의 고독입니다.

그러면 젊은 사람은 고통이 없느냐? 청년육고靑年六苦라는 말이 있습니다. 첫째, 취직하지 못하는 고통입니다. 취직을 못하니까 젊은 사람이 돈이 부족합니다. 돈이 없으면 연애도 못하고 결혼도 못합니다. 그리고 아이도 낳을 수 없고, 자기 집도 살 수 없습니다. 그리고 마지막으로 장래 희망이 없습니다. 이것을 청년육고라고 합니다. 노인보다 고통의 숫자가 많습니다. 더 많아지고 있습니다.

이런 고독과 고통이 전부 어디서 오는가? 다 나의 껍데기에서 옵니다. 생사가 본적本寂이고 법성이 원융圓融이라는 진실상에 들어가지 못하니까 이런 껍데기를 좇아서 살 수밖에 없습니다. 그러니까 이런 고통을 당할 수밖에 없습니다.

그러면 실제로 어떻게 해야 되느냐? 껍데기로 살면 괴롭습니다. 청년이나 노인이나 할 것 없이 가장 중요한 것이 자립自立입니다. 스스로 서는 힘이 있어야 합니다. 따라가면 안 됩니다. 부모님 따라가고, 친구 따라가고, 세상 사람들을 따라가면 항상 껍데기만 좇게 됩니다. 이처럼 자립이 안 돼서 우왕좌왕하면 항상 껍데기로 살아갑니다.

다음은 자성自成, 즉 스스로 이루어야 합니다. 따라가서 힘을 빌려서 하니까 안 되는 것입니다. 그 다음에 자락自樂, 즉 스스로 즐겨야 합니다. 스스로 서고 스스로 이루고 스스로 즐기고, 이런 힘이 있어야 행복할 수 있습니다. 누가 이것 한다고 따라가고, 누가 저것 한다고 따라가고 그러면 언제나 껍데기만 좇는 것입니다. 그러면 허망虛妄해집니다.

그런데 자성自成을 하려면 자기가 자기를 고용해야 합니다. 내가 나를 고용해서 하고자 하는 목적사업을 하면 자락自樂입니다. 누가 시켜서 하는 게 아니라 내가 나를 고용하는 것입니다. 그러면 내가 고용주가 되고 내가 고용인이 되니까 고용주와 고용인이 딱 들어맞습니다. 분쟁이 생길 것도 없고 임금 협상할 것도 없으니까 얼마나 좋습니까?

그래서 다른 사람 따라가지 않고, 내가 하고자 하는 일을 하는 것입니다. 이와 같이 죽을 때까지 죽은 후에라도 스스로 서고, 스스로 이루고, 스스로 즐깁니다. 스스로 즐기는 게 중요합니다. 이루면서 즐기고 즐기면서 이루고, 이것은 자기가 아니면 안 됩니다.

요즈음 행복이 자꾸 멀어지고 있는 이유가 무얼 하기만 하고 즐길 줄 모르고, 즐기기만 하고 하지 않기 때문입니다. 하는 것과 즐기는 것이 분리되어 있기 때문에 괴롭습니다. 하는 것이 즐거움이고 즐거운 것이 하는 것이어야 합니다.

그러면 내가 나를 고용합니다. 취직하기 힘든데 나한테 취직합니다. 좋은 사람 뽑기 힘든데 나를 뽑습니다. 내가 하고자 하는 일을 나를 고용해서 그냥 하는 것입니다. 또 즐깁니다. 내가 나를 고용해서 하니까 얼마나 즐겁겠습니까? 하고 즐기고, 즐기고 하고, 이렇게 하면 나의 알맹이, 진실상에 접근하게 됩니다.

『천자문』에 '운등치우雲騰致雨 노결위상露結爲霜'이라는 말이 있습니다. 구름이 올라가서 비를 이루고, 이슬이 맺혀서 서리가 된다는 뜻입니다. 여기서 구름·비·서리·이슬 네 가지를 이야기했습니다. 이 네 가지에는 공통점이 있습니다. '운우상로雲雨霜露가 상상수상相相水相이라', 모양 모양이 물 모양입니다. 이것이 진실상입니다.

구름은 떠돌아다니고, 비는 내리고, 이슬은 맺히고, 서리는 업니다. 이것이 전부 껍데기입니다. 진실상은 물 하나뿐입니다. 물로 돌아가는 것이 진실상입니다. 구름 보고 따라 올라가려고 하고, 비 보고 뛰어 내려가려고 하고, 이슬 보고 방울방울 맺히려고 하고, 서리 보고 꽁꽁 얼려고 하는 것이 전부 껍데기로 사는 것입니다.

구름이 되든 비가 되든 이슬이 되든 서리가 되든, 아무 상관없는 것이 부동不動이고 본적本寂입니다. 서리가 된 물이나, 구름이 된 물이나, 이슬이 된 물이나, 하나도 다를 게 없습니다. 이슬이 본래 물뿐이기 때문에 본래 적멸입니다. 이것이 바로 '법성원융무이상 제법부동본래적'입니다.

옛날 선지식들은 이것을 깨달아서 멋지게 살다 가셨습니다. 그런데 우리는 껍데기만 좇다 보니까 온갖 근심걱정 다하며 살아갑니다. 울면서 태어나고 죽을 때까지 웁니다. 울면서 와서 울면서 갑니다. 왜냐하면 '구심구사求心求事는 의진배각依塵背覺이라', 구하는 마음으로 구하는 일은 티끌에 의지해서 자기 본각本覺을 등지는 것이기 때문입니다.

'돈각돈휴頓覺頓休는 무주성각無住性覺이라', 바로 깨달아서 몰록 쉬면 머무는 데 없이 본각 본성으로 돌아갑니다. 진실상은 머무는 데가 없습니다. 물은 인연 따라 이슬에도 머물지 않고, 서리에도 머물지 않고, 비에도 머물지 않고, 구름에도 머물지 않고, 머무는 곳이 없습니다. 껍데기를 좇는 마음에서 본각 본성으로 돌아가면 바로 쉴 수 있습니다. 그런데 인간은 욕망 때문에 쉬지 못합니다. 구하다 죽고, 찾다가 죽습니다.

구하는 마음은 차별이 없습니다. 한 살짜리도 구하고 백 살 되어도 구합니다. 그 구하는 마음이 스트레스입니다. 자꾸 잘 보이려고 하니까 노인도 떱니다. '나이 들어서 왜 떠느냐.'고 하는데 그것은 인생을 잘 모르는 소리입니다. 늙으면 좋아하는 마음이 없어집니까? 그 마음은 나이와 상관없이 똑같습니다. 잘못 보이면 어쩌나 해서 떠는 것입니다. 구하는 마음으로 구하는 일은 티끌에 의지해 본각을 등집니다. 몸도 티끌이요, 물질도 티끌이요, 명예도 티끌입니다. 그래서 본래 자기 진실상을 등지게 됩니다.

의상 스님은 인간의 진실상은 지금까지 한 번도 이탈한 적이 없다고 하셨습니다. 그 구하는 마음, 껍데기 찾아가는 마음으로 스스로 등지면서 살 뿐입니다. 그런데 그 진실상은 구름이 되어도 물뿐이고, 구름의 자체상이 없습니다. 비가 되어도 물뿐이고, 이슬이 되어도 물뿐이고, 서리가 되어도 물뿐입니다. 서리와 물은 절대 다른 것이 아닙니다. 그런데 비가 서리가 되려고 하고, 서리가 구름이 되려고 하고, 모양만 따라서 돌다 돌다가 물이라는 진실상을 까맣게 모르고 윤전輪轉, 즉 바퀴 돌듯이 돕니다. 이것 좋아하다가 이것 좋아지면 또 딴 것 구합니다.

그러니까 "꼭 행복하게 해 주겠다."는 소리에 절대 속지 마십시오. 왜냐하면 인간은 못 가진 것을 가지려고 애쓰지만, 처음 설렘이 없어지면 똑같기 때문입니다. 인간은 적응하면 끝납니다. 적응하기 전까지만 좋습니다. 3,000원짜리 짜장면을 먹다가 6,000원짜리 짜장면을 먹으면 서너 번 먹을 때까지만 좋을 뿐 익숙해지면 더 비싼 만 원짜리를 찾습니다. 이것이 인간입니다.

인간은 항상 구하고 쉴 줄 모릅니다. 구하다 죽습니다. 이것을 똑바로 알아야 합니다. 무엇을 구해도 만족하지 못하는 그 마음을 번뇌라고 합니다. 그런데 "나는 너만을 행복하게 해 줄 수 있다."라고 하는 것은 인생을 몰라도 너무 모르는 것입니다.

의상 스님은 이것을 '행행본처行行本處 지지발처至至發處'라고 하셨습니다. 가도 가도 본래의 곳이고, 이르러도 이르러도 출발한 곳입니다. 법성이 원융무이하고 제법이 부동본적입니다. 깨달으면 가도 가도 내 집입니다. 이것이 부처님의 가르침이고 역대 선지식의 가르침입니다. 이것이 인간의 알맹이로 사는 배경입니다.

그러면 우리는 어떻게 해야 하는가? 지금 해야 할 일 하는 것도 좋은

데 거기다가 '나는 무엇인가? 지금 생각하는 이것은 무엇인가? 움직이는 이것은 무엇인가?' 이렇게 자기 자신은 과연 무엇인가를 생각해야 합니다. 이것이 자기 진실상으로 돌아가는 아주 중요한 길입니다.

 좇아가고 좇아가면 끝이 없고, 좇아가는 나를 돌아보면 거기에 문이 열립니다. 저 사람을 미워하고 미워하면 끝이 없고 미워하는 그놈을 딱 돌아보고 '미워하는 이놈은 무엇인가?', 무서운 것을 계속 무서워하면 끝이 없고 '무서워하는 이것은 무엇인가?', 좋아하면 좋아하는 대로 계속 따라가면 끝이 없고 '좋아하는 이것은 무엇인가?'라고, 내가 나를 돌아볼 때 길이 열립니다. 내가 다른 데로 좇아갈 때는 길이 없고 윤전輪轉이 있을 뿐입니다. 좇아가면 바퀴 돌듯이 돌 뿐이고, 돌아보면 열립니다.

 '보고 듣는 이것이 무엇인가? 생각하는 이것이 무엇인가?' 이것이 전부 하나입니다. 보는 것, 듣는 것, 생각하는 것, 움직이는 것 하나뿐입니다. 오늘부터 생각하고 움직이는 이것이 무엇인가를 돌아보십시오. 좋은 일 다 하고, 해야 할 일 다 하면서는 못 고칩니다. 몸만을 위해서 그냥 계속 앉아 있으면 몸을 수련하는 것이니, 그것도 좇아가는 것입니다. 무엇을 하든지 '하는 것 이것이 무엇인가?'를 돌아보십시오. 돌아보면 열립니다.

인생과
한 물건

인생과
한 물건

 인생에는 미혹이 있습니다. 인생에는 집착이 있습니다. 인생에 미혹이 있다는 것은 어리석다는 말입니다. 인생에 미혹은 무엇인가? 승상견사繩上見蛇라, 새끼줄에서 뱀을 보는 것입니다. 새끼줄을 그냥 새끼줄로 보면 아무 일이 없는데 거기서 뱀을 봅니다. 그래서 일 없는 가운데 일이 생깁니다.

 그러면 새끼줄은 무엇이고 뱀은 무엇인가? 새끼줄은 우리 그대로입니다. 우리 자성自性, 나의 근본 그대로입니다. 여기에 명칭과 형상을 붙입니다. 높은 사람 낮은 사람, 남자 여자 등등 명칭이 많습니다. 그 이름 하나 얻으려고 평생 고생하는 사람도 있습니다. 또 어떤 모습이냐, 어떤 지위냐, 이 때문에 인생이 다 갑니다. 명상名相은 허망한 것이어서 새끼줄에서 보는 뱀과 같습니다. 새끼줄이지 뱀은 없는데, 잘못 보면 새끼줄이 뱀처럼 보입니다. 그래서 새끼줄은 못 보고 항상 뱀만 보고 살아가는 것이 인생의 미혹이라는 말입니다.

인생에 집착이 있다는 것은 매달린다는 말입니다. 자기가 보는 명칭, 자기가 보는 형상, 자기가 이룬 위상, 지위 등에 집착을 합니다. 자기 생각, 자기 견해, 자기 성취에 집착을 합니다. 그래서 자기 본래 근원 자성을 항상 외면하고 살아갑니다. 이것을 '담마기금擔麻棄金'이라고 합니다. 삼 덩어리를 짊어지고 금덩어리를 버린다는 뜻입니다.

금덩어리가 나타나도 금덩어리인 줄 알면서 지금까지 지고 왔던 삼 덩어리가 아까워서 못 버리고 금덩어리를 포기합니다. 항상 자기 습관대로, 자기 생각대로 살아가는 것이 인생의 집착이라는 말입니다. 이것이 인생입니다. 인생이란 새끼줄을 뱀으로 착각하고 살아가는 것과 같아서, 허상·허세에 살아갑니다. 또 자기 짐을 지고, 좋은 것을 받아들이지 못하고 사는 것이 인생입니다.

그러면 '한 물건'이란 무엇인가? 한 물건은 깨달음입니다. 깨달음은 미혹과 집착에서 자유로워지는 것입니다. 그래서 해탈이라고 합니다. 미혹으로부터 해탈하고, 집착으로부터 해탈하는 것을 깨달았다고 합니다.

경허鏡虛 1846~1912 큰스님은 1912년에 입적하셨는데, 근세 도인이 전부 경허 스님으로부터 영향을 받아서 태어나신 분들입니다. 그만큼 중요한 분입니다. 경허 스님은 깨달음을 "맛 좋은 복숭아, 감은 먹지 않고 산에 올라가서 시디신 돌배 따서 먹는 것"이라고 말씀하셨습니다. 그런데 저는 쉽게 '몽중개오夢中開悟', 꿈속에서 딱 깨어나는 것이라고 하겠습니다. 꿈을 한참 꾸다가 꿈속에서 딱 눈을 뜨고 깨어나는 것이 깨달음입니다. 깨달으면 모든 것에서 해탈합니다. 온갖 곳에서 자유로워집니다.

그래서 『열반경涅槃經』에서는 '빈사복장貧舍伏藏'이라고 했습니다. 가난한 집에서 늘 먹고살 걱정을 하며 사는데, 정작 뜰 밑에는 금은보화가 숨겨져 있다는 것입니다. 가난한 집 뜰 밑에 보물창고가 숨겨져 있습니다. 그것을 파내면 가난은 곧 사라집니다. 가난은 우리가 명칭과 형상에 속아서 근심걱정하는 것입니다. 숨은 금은보화는 우리의 본래 마음, 자성自性을 말합니다. 이 명상名相, 즉 이름과 형상에 속아서 늘 걱정하다가, 우리 본래 자성을 깨닫는 순간에 모든 근심걱정에서 자유로워집니다. 가난한 사람이 자기 집 뜰 밑에 숨어 있는 금은보화를 찾으면 가난이 다 해결되는 것과 같습니다.

그러면 그 금은보화와 같은 본래 자성이 무엇이냐? 경허 스님은 그 마음을 '대포사계大包沙界 소입미진小入微塵'이라고 표현했습니다. 크게는 삼천대천세계를 다 포용하고, 작게는 작은 티끌 속에 들어간다는 뜻입니다. 마음이 크게는 항하恒河의 모래알 수와 같은 삼천대천세계를 다 포용하고, 작게는 보이지도 않는 작은 티끌 속에 들어갑니다. 이것을 실증하는 것이 깨달음입니다. 그것을 명칭과 형상으로 나타낼 수 없는데, 이름을 통해서 이름에서 자유로워지게 하기 위해서 이름 붙인 것이 마음입니다.

마음이라는 말을 쓰는 것은 이름을 통해서 이름으로부터 자유로워지라고 붙인 것입니다. 이 마음이 어디에 있고, 어디에 없느냐? 마음은 어디에나 다 있습니다. 어떻게 다 있느냐? 예를 들어 그릇 속에는 그 그릇을 만든 사람의 마음이 있습니다. 그릇을 만들 때 그 사람이 마음을 써서 만들었기 때문에, 여기에는 그릇만 있는 게 아니라 만든 사람의 마음이 있습니다. 그런데 그릇만 보이고 마음은 보이지 않습니다. 보이지 않는다고 그릇을 만든 사람의 마음이 없는 것은 아닙니다. 분명히 있는데 보이지 않는 것이 마음입니다. 또 그릇은 보는데 이것이 그릇이라고 보는 자기 마음은 보지 못합니다. 그것이 문제입니다. 누가 봐도 그릇이라고 알지만, 그릇이라 보는 내 마음은 모릅니다.

죽는다는 것만 알지 죽는다고 보는 내 마음은 보지 못합니다. 죽음도 내가 죽는다고 보기 때문에 느껴지는 것이고, 삶도 내가 산다고 보기 때문에 느껴지는 것입니다. 그러니까 죽느냐 사느냐 그것이 문제가 아니고, 죽는다고 보고 산다고 보는 그놈이 문제입니다. 이것을 전도몽상顚倒夢想이라고 합니다. 내가 보고 내가 거기에 빠지는 것입니다.

그림을 그려 놓고 자기가 좋다고 하고 자기가 싫다고 하는데, 내가 그려 놓은 그림입니다. "못 살겠다."는 말을 종종 하는데, 못 살겠다고 하는 밖에서 보이는 것만 중요하게 여깁니다. 못 살겠다고 보는 내 마음은 모릅니다. 이것이 미혹입니다.

『화엄경』「야마천궁게찬품夜摩天宮偈讚品」에 '일체유심조一切唯心造'의 법문이 있습니다. '화가가 그림을 그리는데 화가의 마음속에 그림이 없고, 그림 속에 화가의 마음도 없다. 그러나 그림을 떠나서 화가의 마음이 있는 것은 아니다.'라는 내용이 있습니다. 그림에 화가의 마음이 없지만, 그림을 떠나서 화가의 마음이 따로 있는 것은 아닙니다. 그림 속에 마음이 붙어 있습니다.

예를 들어 오늘 아침에 머리를 손질하고 나왔습니다. 눈에는 머리 모양만 보이지만, 스스로 꾸미고 만진 그 마음이 붙어 있습니다. 모양을 떠나서 마음이 있는 것이 아니고, 마음을 떠나서 모양이 있는 것이 아닌데 보이지 않습니다. 사람들이 산이 높다면서 산만 보고, 산이 높다고 보는 자기 마음은 모릅니다. 저 해가 밝은 것만 보고 해가 밝다고 보는 마음은 모릅니다. 저 사람이 멋있다고 볼 줄만 알았지 멋있다고 보는 자기 마음은 모릅니다. 그래서 해에 매이고 사람에 매이는 것입니다.

얼마 전에 연애학을 강의하는 사람이 똑같은 이야기를 하는 것을 들었습니다. 연애에는 A급 연애가 있고 B급 연애가 있답니다. 전화 오면 받고, 만나자면 만나고, 싫으면 그만인 심플한 연애가 A급 연애입니다. 그런데 '왜 연락이 안 올까? 내가 찾아가 볼까? 내가 잘못한 게 없나?' 늘 그 사람에게 얽매여서 딸려 가는 연애가 B급 연애입니다. 딸려 가면 B급이고 딸려 가지 않으면 A급입니다.

몇 십 년 살다가도 가면 "안녕히 가시오." 하고, 갔다가 다시 오면 "어서 오십시오." 하는 것이 A급입니다. 그러니까 이렇게 자유로운 것이 좋습니다. 자기가 간다는데 왜 내가 못 가게 하며, 자기가 또 그리워서 오겠다는데 못 오게 하겠습니까? 마음이라는 것이 이런 것입니다. 크게는 대천세계를 감싸고, 작게는 가는 티끌에 들어갑니다.

어떤 분이 『화엄경』 '일체유심조' 법문을 가지고 "마음이 모든 것을 만든다고 하는데, 마음은 누가 만들었습니까?"라고 물었습니다. 그 질문에 대해 제가 평하는 말을 한마디 하겠습니다.

"마음은 누가 만들었느냐?"라는 질문이 평범한 질문은 아닙니다. 아주 기특한 질문입니다. 그러나 이 마음에서 보면 '마음은 누가 만들었습니까?'라는 질문 한마디에 "허물이 허공에 가득할 만큼 많다."라는 평을 드립니다. '마음은 누가 만들었습니까?'라는 질문이 기특하기는 기특합니다. '죄과만천罪過滿天'이라, 그 허물이 하늘에 가득합니다.

한 물건이라고 하는데, '한 물건'이 무엇이냐? 한국불교 전문강원에서

교과서로 사용하는 『금강경오가해金剛經五家解』에 한 물건이 있다고 했습니다. 그런데 한 물건이라는 게 명상名相이 끊어졌습니다. 만약 끊어졌다는 말은 없다고 하면 없는 형상이 있고, 있다고 하면 있는 형상이 있는데, 없는 형상과 있는 형상이 다 끊어져 버렸습니다. 그리고 거기에는 역사가 끊어졌습니다. 과거도 아니고 현재도 아닙니다. 한 티끌에 있지만 온 우주를 다 에워쌉니다[處一塵 圍六合].

그러면 평소에 어디 있느냐? '소소어부앙지간昭昭於俯仰之間하고, 은은어시청지제隱隱於視聽之際라', 우리가 오고 가고 앉고 서고 하는 거기에 항상 밝아 있습니다. 보고 듣는 사이에 은은히 다 있습니다. '선천지이무기시先天地而無其始하고 후천지이무기종後天地而無其終이라', 천지보다 먼저 있어서 시작이 없고, 천지보다 뒤에까지 있어서 끝이 없습니다. 이것이 한 물건이고, 우리의 근원입니다. '참나'는 이런 것입니다.

참나는 하늘보다 먼저 있어서 시작이 없고, 하늘보다 뒤에까지 있어서 끝이 없습니다. 참나가 무엇이냐? 이것이 딱 보이면 바로 한 물건입니다. 이것을 명상으로 보면 그릇인데, 한 물건으로 보면 하늘보다 먼저 있고 하늘보다 뒤에 있는 이치입니다. 명칭이나 형상을 떼어 놓고 보면 팔 한 번 드는 것이 하늘보다 먼저 아주 태고적 역사이고, 또 팔 한 번 드는 것이 하늘보다 뒤에까지 있는 아주 최후적 역사라는 말입니다.

태고와 최후, 명상이 끊어진 그 한 물건은 오고 가고 앉고 눕는 데 그대로 나타나는 것입니다. 이 한 물건은 오고 가는 데 분명 분명하고, 보고 듣는 데 아주 은은합니다. 그런데 우리가 오직 모를 뿐입니다. 그래서 이 미혹에서 우리 참나, 한 물건으로 돌아가는 것이 마음공부입니다. 수심공부修心工夫, 즉 마음 닦는 공부입니다.

　마음을 닦는다는 것은 어디서 무엇을 가져오는 것이 아니라, 쓸데없는 망상집착이 자기 생각을 뒤덮고 있는 그놈을 뚫고 나가는 것을 말합니다. 그래서 마음을 닦으면 모든 것이 깨끗합니다. 우리가 설거지를 하고 청소를 할 때 물로 하는데, 깨끗한 물로 씻어야 그릇이 깨끗하지 흙탕물로 그릇을 씻으면 그릇이 더러워집니다.

　우리가 보고 듣고 하는 데 깨끗한 마음을 가지고 보고 들으면 동작 하나하나가 태초의 세계요 태고의 세계입니다. 우리가 태고, 태초, 만고 강산 속에 있는데 미혹 집착이 앞을 가려서 꿈속에서 헤매는 것처럼 살아가고 있습니다. 이것을 중생이라 하고, 못 깨달았다고 합니다.

　깨달음은 어려운 것이 아닙니다. 망상집착에서 한 마음이 번개처럼 일어나면 바로 깨달음입니다. 털끝 하나도 움직일 필요가 없습니다. 불교는 깨달음의 종교이지 따로 무엇을 하는 것이 아닙니다. 조작이 아니고 크게 깨닫는 대오大悟입니다. "아하!" 하는 작은 깨달음은 백년 깨달아도 소용없습니다. "악!" 하면 끝나는 것입니다. "악!" 하면 일체 명상名相이 다 끊어집니다. 죽는다·산다, 있다·없다, 이런 것은 전부 자기 생각이 만들어 내는 것입니다.

그러면 무엇이 끝나느냐? 깨닫는 순간에 본래 미迷한 일이 없었다는 것을 보니까 깨달았다·미했다는 것이 다 쓸데없습니다. 바로 깨달으면 그만인데 그것이 안 되니까 방편으로 마음공부를 시킵니다.

마음공부는 첫째, '불취외상不取外相'이니, 밖의 모양에 자꾸 따라가지 않아야 합니다. 중생이 항상 밖의 모양에 따라가서 망합니다. 둘째, '섭심내조攝心內照'이니, 마음을 거둬들여서 안으로 살펴야 합니다. '보고 듣는 이것이 무엇인가?' 살피는 이것이 섭심내조입니다. 셋째, '무상무념無相無念'이니, 공부가 깊어지면 어떤 형상을 보더라도 그 형상에 끌려가지 않습니다. 모든 상에서 상을 여의면 됩니다. 어떤 생각이 일어나도 그 생각에 매이지 않는 것이 무념입니다. 생각이 일어나지 않는 게 아니라 생각이 일어나도 매이지 않는 것입니다. 형상을 보지 않는 것이 아니라 보아도 형상에 빠지지 않습니다. 이것이 무념무상입니다.

그 다음에 넷째, '원통자재圓通自在'가 됩니다. 무상무념하면 원통자재가 되는데, 그 원통이 무엇이냐? 관자관타觀自觀他입니다. 나도 보고 다른 이도 볼 때 친색친공親色親空, 즉 색이기도 하고 곧바로 공입니다. 색은 생로병사生老病死 생주이멸生住異滅입니다. 생겼다, 머물렀다, 서서히 달라졌다, 없어지는 것이 생주이멸인데, 그것이 그대로 불생불멸不生不滅입니다. 공이란 불생불멸입니다. 그대로 색이면서 공인 이것이 원통이고 원통자재가 마음공부입니다.

우리 본래 모습이 그런 모습입니다. 한 물건의 모습입니다. 미혹하고 집착해서 헛고생하고 있으니, 마음을 조금 더 지혜롭게 써서 사는 법을 배워야 합니다.

우리는 돈 벌 줄만 알지 인생 사는 법을 모릅니다. 언제나 벌다가 벌다가 죽습니다. 벌 줄만 알지 살 줄을 모릅니다. 생존을 위한 투자가 돈 버는 것입니다. 그런데 이런 세상에서 기쁨을 위한 투자도 있어야 합니다. 기쁨은 그냥 얻어지는 것이 아닙니다. 늘 벌어서 쌓기만 하고 기쁨을 위한 투자를 하지 않으면 다른 사람에게 인기도 없습니다. 사회적 투자를 해야 자기 존재가 인식됩니다. 여러 곳에서 기쁨을 얻으려면 기쁨을 위한 투자를 해야 합니다.

그리고 자기 혼자만의 행복을 위해서도 투자를 해야 합니다. 이것이 도 닦는 것입니다. 행복하려면 자기 자신에게 투자하십시오. 그것이 도 닦는 것이고 마음공부입니다.

사회생활과
수행생활

사회社會라고 하는 것은 '모일 사社' '모일 회會', 즉 모여 있으면 사회가 됩니다. 중생사회는 지옥세계 · 인간세계 · 천상세계 등이 있습니다. 고통이 많은 중생이 모여 있는 세계를 지옥이라 하고, 사람이 모여 사는 세계를 인간人間이라고 합니다. 인간은 천상과 지옥 사이에 있는 세계입니다. 사람이 사는 공간이라는 뜻입니다. 그리고 천상세계가 있습니다. 지옥세계는 고통이 많고, 천상세계는 즐거움이 많습니다. 인간세계는 즐거움과 괴로움이 반반씩 있습니다.

우리가 인간으로 태어나서 사회생활을 하는 데 아주 중요한 것이 있습니다. 가장 훌륭한 인간사회는 도덕道德이 지배하는 사회입니다. 도덕 사회는 자유와 정의가 있고, 항상 물질이 넘쳐나 부족한 것이 없습니다.

물 한 잔도 도덕적으로 마시면 여러 사람이 나눠 마셔도 남습니다. 왜냐하면 다른 사람을 먼저 생각하는 것이 도덕이기 때문에 마시라고 줘도 입만 갖다 대고 마시지 않습니다. 몇 백 명이 나눠 마셔도 물은 그대로입니다. 이것이 풍요로운 사회입니다.

우리가 물질을 적게 생산해서 모자라는 것이 아니라, 도덕이 부족하기 때문에 모자랍니다. 만약 비도덕적으로 마시면 아무리 많이 주어도 끝에 가서는 모자랍니다. 반면 목마른 사람이 많아도 물 한 바가지로 나눠 마셔도 남는 것이 도덕입니다. 그런데 도덕을 잃어버리면 아무리 물이 많아도 뒷사람은 항상 마시지 못합니다.

도덕 다음에 상식이라는 것이 있습니다. 도덕사회의 밑 단계가 상식이 지배하는 사회입니다. 상식은 곧 정의인데, 정의는 간단합니다. 많이 일한 사람은 많이 갖고 적게 일한 사람은 적게 갖고, 내 것은 내가 갖고 네 것은 네가 갖는 것입니다. 그것뿐입니다. 그런데 이것이 통하지 않으니까 법률이란 것을 만듭니다. 상식이 안 통하니까 법을 만드는 것입니다. 그러므로 상식으로 해결하지 않고 법으로 해결하려고 하는 나라는 좋지 않은 나라입니다. 소송이나 분쟁이 많다는 것은 상식이 모자란다는 이야기입니다. 항상 법으로 해결하려고 하는 사회가 제일 수준이 떨어지는 사회입니다.

상식과 도덕이 있는 사회가 제일 좋은 사회입니다. 도덕이 있으면 모자람이 없습니다. 인색한 사람을 뜻하는 자린고비라는 말이 있는데 여기서 고비考妣는 부모를 뜻합니다. 그런데 이분이 평소에 안 먹고 모아서 어려울 때 다 남에게 나눠 줍니다. 그래서 자비롭고 인자한 부모[慈仁考妣]라고 한 것입니다. 그런데 이것이 잘못 전해져서 지독한 구두쇠를 자린고비라고 합니다. 사실은 도덕을 실천한 분입니다.

'흉년이 든 해에 부자는 절대 땅을 사지 말라.'는 것도 도덕입니다. 흉년 드는 해는 땅값이 내려갑니다. 그때 땅을 사면 제값을 주지 않고 사는 것이기 때문에 안 됩니다. 그리고 '부자 동네에서 백 리 안쪽에는 굶어죽는 사람이 없도록 하라.' 이것도 도덕입니다. 나는 잘 먹고 사는데 옆에서 자꾸 굶어 죽는다면 문제가 있는 것입니다. 이런 것이 도덕입니다. 잘 사는 사회를 만들려면 상식이 통해야 하고, 도덕이 자꾸 늘어나야 합니다. 오늘날에도 도덕적인 삶을 사는 사람들이 많지만 잘 알려지지 않았을 뿐입니다.

옛날 부모님들은 아들과 딸을 많이 차별하셨습니다. 우리 어머님도 마찬가지였습니다. 제 위에 누님이 한 분 계시는데, 그 누님이 백일기침을 앓았는데 조금 있다가 저도 기침을 시작했답니다. 어머님이 늘 하시는 말씀이 "네 누나 백일기침은 쳐다보지도 않고 너만 계속 돌보았다."였습니다. 아들이나 딸이나 똑같이 보살펴야 당연한 것인데, 자식들이 아프면 아들만 죽기 살기로 보살피고, 딸은 그냥 내버려 뒀습니다. 만에 하나 누님이 잘못되었다면 평생 동안 얼마나 부담을 가지고 살았겠습니까? 아들에게도 못할 짓이고, 딸한테도 못할 짓입니다.

제가 중앙승가대학교 중간 관리자 소임을 볼 때, 감동받은 일이 있었습니다. 그때 석주昔珠 1909~2004 큰스님이 학장이셨는데, 학교에서 한 달에 15만원씩 월급을 드렸습니다. 그런데 그 급여를 수령하는 통장이 학교 서무과 사무실에 있었습니다. 그 이유를 물어보니 한 푼도 안 찾아가신다는 겁니다. 회계상으로 월급이 지급되면 고스란히 장학금으로 내놓으신 것입니다. 완전히 봉사만 하셨습니다. 이런 것이 도덕입니다. 도덕은 상식보다 위에 있습니다. 이런 도덕적인 사람이 많을수록 훌륭한 사회입니다. 적어도 상식이 통해야 살 만한 사회입니다.

우리나라 선거를 들여다보면 상식이 통하지 않는 경우가 많습니다. 어느 동네는 항상 찍는 당만 찍습니다. 잘한 정당은 지지하고 잘못한 정당은 심판해야 하는데, 아무리 잘못을 해도 심판을 안 합니다. 이렇게 잘못했는데도 심판을 하지 않는 경우가 많은데, 잘잘못을 따져서 지지와 심판이 잘 이루어지는 것이 상식입니다. 또 젊은이들의 투표율이 낮다고 하는데, 요즘은 많이 달라졌습니다. 서울의 젊은이들이 투표에 대거 참여하니까 서울시장도 바뀌고, 시에서 운영하는 시립대학교의 등록금이 절반으로 줄었습니다. '아, 우리가 참여하면 세상이 바뀌는구나!' 하는 것을 아셔야 합니다. 이것이 상식입니다.

그러면 왜 이런 상식이 안 통하는가? 중생의 어리석음 때문입니다. 중생이 경계를 좇아가면 자신이 만족하리라고 생각합니다. 그 다음은 경계를 취하여 자신이 가지면 행복하리라고 생각하는 어리석음입니다.

불나방은 불을 보면 좋아 보여서 그 불 속에 뛰어듭니다. 그러면 그 결과가 어떻게 됩니까? 여름에 불 밑에 보면 불나방이 수북하게 죽어 있습니다. 중생도 불나방과 마찬가지로 어떤 것 하나를 얻으면 걷잡을 수 없이 따라갑니다. 그런데 그것이 좋은 게 아닙니다. 좋은 줄 알고 따라갔는데 좋은 게 아니고, 좋은 줄 알고 따라갔는데 또 좋은 게 아니고, 항상 따라가다가 죽습니다. 구해도 구해도 만족할 줄 모르고, 좇아가고 좇아가도 멈출 줄 모릅니다. 이것이 혹경惑境·취경取境, 생사윤회, 중생고통입니다.

혹경·취경, 즉 경계에 미혹해서 경계를 취한다는 것이 생사윤회입니다. 그러면 해결책이 무엇이냐? 탐욕을 다스려야 하는데 자꾸 경계로만 경계로만 가니까 다스려지지 않습니다. 그래서 탐욕을 다스리는 방법을 수행이라고 합니다. 수행을 통해서 그런 상식을 지키는 것은 말할 것도 없고, 인생 문제를 근본적으로 해결하게 됩니다.

그러면 수행이란 무엇이냐? 수행은 비동시성非同時性에서 동시성을 보는 것입니다. 동시성이 아닌 것에서 동시성을 본다는 것은 역사학에서 많이 쓰는 말입니다. 예를 들면 신라시대가 있고 조선시대가 있고 현대가 있습니다. 이 시대들이 전부 다르니까 비동시성입니다. 그런데 거기에 변함없이 통하는 것이 있습니다. 이것을 동시성이라고 합니다. 비동시성 속에 동시성이 있습니다. 신라시대에도 상식이 안 통한다고 호소했고, 조선시대에도 상식이 안 통한다고 호소했고, 오늘날에도 상식이 안 통한다고 많은 하소연들을 합니다. 시대는 다르지만 부정적인 것은 똑같습니다. 조금 더하고 덜한 차이는 있어도 근본적으로는 개선이 안 됩니다. 이것을 비동시성의 동시성이라고 합니다.

부처님의 가르침으로 보면 과거·현재·미래의 삼세가 있는데, 이것이 비동시성입니다. 그리고 삼세에 다 통하는 동시성이 있습니다. 그런데 이 비동시성에서 동시성을 볼 때 욕망이 사라집니다. 그리고 비평등성에서 평등성을 보는 것이 수행입니다. 하늘과 땅이 평등하지 않고, 나와 다른 사람이 평등하지 않고, 돌멩이와 금덩어리가 평등하지 않습니다. 이것이 비평등성인데, 여기에 평등성이 있습니다. 세월이 지나도 거기에 지나가지 않는 게 있고, 이 세상 모든 것이 차이가 있어도 그 차이를 초월한 게 있습니다.

「법성게法性偈」에서 말한 '구세십세호상즉九世十世互相卽'이 비동시성의 동시성입니다. 과거세와 현재세가 비동시성인데, 항상 같이 있는 것이 동시성입니다. 또 '일미진중함시방一微塵中含十方'이 비평등성의 평등성입니다. 작은 티끌 하나에 시방세계를 다 포함하고 있습니다. 세상의 모든 것이 전혀 평등하지 않은데 평등성이 있는 것입니다. 그래서 평등하지 않은 것에서 평등한 것을 보는 것이 깨달음입니다. 그리고 그 깨달음을 이루는 것이 수행입니다. 비평등성에서 평등성을 보는 것이 수행이고, 비동시성에서 동시성을 보는 것이 수행입니다. 이것을 눈앞에서 확 보는 것이 깨달음이고, 그 깨달음으로 가는 것이 수행입니다.

부처님이 이것을 깨달으신 것입니다. 눈 한 번 깜박하는 순간이 하늘과 땅이 갈라지기 이전의 시간이고, 현재의 순간이고, 하늘과 땅이 다 없어지는 종말의 순간입니다.

제가 통도사에서 화엄산림華嚴山林 법문을 할 때, "아버지가 아들을 낳기도 하고, 아들이 아버지를 낳기도 한다."라는 법문을 했습니다. 그때만 해도 당찬 법문을 했습니다. 그러니까 어떤 노스님이 "어떻게 자식이 아버지를 낳을 수 있냐?" 하고 이의를 제기하셨습니다. "며칠 있으면 극락암極樂庵 경봉鏡峰 1892~1982 스님께서 내려오시니까 큰스님께 여쭤 보십시오."라고 대답했습니다.

얼마 있다가 큰스님이 오셨습니다. 그 노스님이 큰스님께 여쭈었습니다.

"이 강사 스님이 애비가 자식을 낳기도 하고 자식이 애비를 낳기도 한다고 하는데, 이런 망발이 어디 있습니까? 무슨 뜻입니까?"

"강사 스님이 법문을 했으면 강사 스님에게 물어야지."

"물어봤는데 큰스님께 여쭈어 보라고 미뤘습니다."

그러자 큰스님께서 기가 막힌 법문을 하셨습니다. 그 법문을 바로 알면 모든 문제가 다 해결됩니다. 큰스님이 차담茶談을 하는데 차담 상에 사과를 통째 올려놓고는 질문한 스님의 이름을 부르면서 "아무개! 이 사과가 어디가 처음이고 어디가 끝인고?"라고 하셨습니다. 그러니까 그분이 "생긴 것으로 보면 배꼽이 끝이고, 꼭대기가 처음입니다."라고 대답했습니다. 그러자 경봉 스님이 아무 말씀 없이 "하하하" 웃으셨습니다.

참 깊은 법문입니다. 어디가 처음이고 어디가 끝인지를 알아야 합니다. 처음과 끝이란 비동시성인데 동시성이 있습니다. 차별 속에서 평등을 알고, 역사 속에서 역사를 초월한 것을 알아야 합니다. 그것이 깨달음입니다. 맨날 죽었다 살았다 하는데, 이것은 비동시성입니다.

그런데 죽었다 살았다 하는 것이 없는 게 있습니다. 가의성可議性, 불가의성不可議性입니다. 생각하고 말하는 것이 가의이고, 생각할 수도 없고 말할 수도 없는 것이 불가의입니다. 그러니까 죽는다·산다, 좋다·나쁘다 등은 생각하고 말할 수 있는 가의성입니다. 여기에 생각할 수도 없고 말할 수도 없는 불가의성이 있습니다. 그것을 깨닫는 것입니다.

보살 수행 같은 경우에는 아예 생각을 떠나서 살기 때문에 불가의성에서 항상 불가의성을 봅니다. 늘 '색즉시공色卽是空 공즉시색空卽是色' 속에 삽니다. 이것이 불가의성에서 불가의성을 보는 것입니다. 말할 수도 없고 생각할 수도 없는 것을 불가사의해탈경계不可思議解脫境界라고 하는데, 보현보살이 머물러 있는 세계가 불가사의해탈경계입니다. 이것이 불가의성입니다.

그리고 말할 수도 없고 생각할 수도 없는 불가의성에서 가의성의 말을 하기도 하고 생각을 하기도 하는 자유자재한 것이 부처님의 수행입니다. 부처님은 해탈경계에서 중생의 속박경계에 자유자재합니다. 수행은 중생도 하고 보살도 하고 부처님도 하고, 다 똑같이 합니다. 불가사의해탈경계에서 중생경계에 자유자재하는 것이 부처님의 수행입니다.

비동시성의 세계를 믿고 경계를 좇아가면 계속 헤매기만 합니다. 내 마음으로 돌아가는 것이 깨달아 가는 길입니다. 마음으로 돌아가는 것이 깨달음의 길이고, 경계를 좇아가는 것이 고생하는 길입니다. 무엇을 얻든 밖에서 얻는 것은 마지막에 고생인데 그걸 모르고 밖에서 계속 얻으려고 합니다.

남편을 얻어도 마지막에는 고생덩어리, 아내를 얻어도 마지막에는 고생덩어리입니다. 그런데 얻을 때는 그것을 모릅니다. 말리면 왜 얻지 말라고 하느냐고 원수지려고 합니다. 명예를 얻어도 권력을 얻어도 이 사람 저 사람 해 달라는 사람이 따라와 감당이 안 됩니다. 밖에서 얻는 것은 무엇을 얻어도 마지막에는 괴로움입니다.

그런데 마음에서 얻는 것은 불가사의해탈경계입니다. 마음으로 돌아가서 찾는 것이 수행의 시작입니다. 그리고 시작하는 마음에서 바로 깨달음이 옵니다. 과일나무 종자를 땅에 심으면 심은 종자에서 열매가 생기고, 안 심으면 열매가 안 생깁니다. 마찬가지로 내가 내 마음을 찾아야겠다고 찾는 순간이 이루는 순간이라는 말입니다.

그러면 마음을 찾아 불가사의해탈을 이루려면 어떻게 하느냐? 과거에 자꾸 좇아가지 말아야 합니다. 우리가 과거에 얽매이는 것이 굉장히 많습니다. 과거는 다 지나간 것입니다. 미래에 얽매이지 말아야 합니다. 바보 같은 사람은 아직 늙지도 않았는데 늙은 후를 걱정합니다. 미리 걱정하는 것은 아무 소용없습니다. 과거에 빠지지 말고, 미래에 빠지지 말고, 현재에 빠지지 말아야 합니다. 내 마음을 내가 돌아보는 것이 역사를 초월해서 사는 일이고, 온갖 차별적인 속박을 초월해서 사는 일입니다. 이것을 불가사의해탈이라고 합니다.

그래서 불가사의해탈은 지혜로 딱 보아서 항상 비동시성에서 동시성을 보고 비평등성에서 평등성을 보기 때문에 뭐든지 기쁩니다. 죽어도 기쁘고 살아도 기쁩니다. 눈 뜨고 죽어도 기쁘고, 서서 죽어도 기쁘고, 앉아서 죽어도 기쁘고, 개미가 먹어도 기쁘고, 파리가 먹어도 기쁘고, 기쁘지 않은 것이 하나도 없습니다. 기쁘지 않은 이유는 비동시성과 비평등성만 보고 동시성과 평등성을 보지 못하기 때문입니다. 우리 생각이 경계에 미혹되고 경계에 따라가서 항상 차별경계에 얽매이기 때문에 괴로운 것입니다.

그러면 어떻게 해야 하나? 다른 사람 욕하는 데 세월 보내지 말고, 앞을 걱정하는 데 세월 보내지 말고, 지난날 돌아보고 한탄하는 데 세월 보내지 마십시오. 아무 소용없는 일입니다. '이렇게 억울해하고 괴로워하고 힘들어하는 나 자신은 누구인가?' 여기에 길이 있습니다. 자심반조自心返照, 자기 마음을 돌아보는 것이 정말 행복한 길입니다. 이것을 마음공부라고 합니다. 그러니까 억울한 마음이 일어날 때도 '억울한 마음 일으키는 이것이 무엇인가?' 무서운 생각이 날 때도 '무서운 생각을 일으키는 이것이 무엇인가?' 괴로운 생각이 날 때도 '괴로운 생각을 일으키는 이것이 무엇인가?' 라고 하는 것이 자심반조입니다.

경허鏡虛 1846~1912 큰스님은 고양이가 쥐 잡듯이, 어미 닭이 알 품듯이 '항상하라.'고 말씀하셨습니다. 고양이가 쥐를 잡을 때는 심안부동心眼不動이라, 생각과 눈동자가 움직이지 않습니다. 쥐가 구멍에 들어간 것을 보면 나올 때까지 생각이나 눈동자가 움직이지 않고 집중합니다. '어미 닭이 알 품듯이'라는 것은 어미 닭은 병아리가 알에서 나올 때까지 따뜻한 온기를 식히는 법이 없습니다. 난기상속煖氣相續, 따뜻한 기운이 항상 이어진다는 뜻입니다.

심안부동과 난기상속이면 금방 깨닫습니다. 설사 안 되더라도 그것이 없어지는 게 아니고 좋은 종자로 자기에게 남습니다. 그러니까 된다·안 된다, 어렵다·쉽다는 생각을 하지 말고, 어느 때나 '지금 보는 이것, 듣는 이것, 생각하는 이것이 무엇이냐?' 라고, 일체 근심걱정 없애고 자기한테 돌아오고 자기를 밝게 보십시오. 그것이 바로 수행생활입니다.

불신佛身과 불성佛性

절에 가면 불상을 모시는데, 불상은 전부 공덕상으로 표현되어 있습니다. 생사번뇌를 버리고 열반안락을 얻는 공덕으로 불상이 세워져 있습니다. 생사업을 끊임없이 지어서 고통을 받는 것을 멈추고 안으로 거두어들이는 공덕입니다.

첫째, 불상을 보면 결가부좌 · 반가부좌 등 앉아 있는 좌불이 많은데, 좌불은 다리부터 거둬들이는 것입니다. 다리가 함부로 다니면 이것이 생사의 근본입니다. 다리를 거두는 것이 가부좌입니다. 그 다음은 손을 거둡니다. 손을 거두는 수인手印은 여러 가지가 있습니다. 선정인禪定印은 손을 양쪽으로 구부려서 손가락을 마주하는 것입니다. 선정인은 생각을 거둔다, 즉 생각을 깊게 한다는 사유의 표시입니다.

손바닥을 아래로 내린 것은 항마인降魔印이라고 하는데, 행복을 밖에서 찾는 마구니를 항복시키는 표시입니다. 손바닥을 위로 향하는 것은 중생이 원하는 대로 준다는 표시입니다. 손바닥을 가운데로 하는 것은 설법을 하고 그 나머지는 침묵을 하는 것으로, 설법과 침묵은 부처님 입이 하는 공덕입니다.

불상은 크게 법신法身·보신報身·화신化身의 삼존불로 모십니다.

법신 비로자나불毘盧遮那佛 모습은 무장애일법계無障碍一法界, 즉 아무 장애가 없는 한 법계, 한 우주입니다. 이 세상은 장애가 없습니다. 양쪽 손바닥을 밖으로 펴신 모습은 무장애일법계가 여러 가지로 퍼져 나가는 것을 의미합니다.

무장애일법계가 어떤 모습이냐? 아주 작은 모습으로도 이루어지고 큰 모습으로도 이루어지고, 긴 시간으로도 되고 짧은 시간으로도 되고, 보이는 모습과 보이지 않는 모습, 온갖 모습으로 다 됩니다. 이것이 전부 무장애일법계를 표현한 것입니다.

무장애일법계의 지혜로 보면 하루를 살았다고 해서 짧게 산 것이 아니고, 몇만 년 살았다고 해서 절대 길게 산 것이 아닙니다. 조그마한 모습이라고 해서 절대 작은 것이 아니고, 큰 모습이라 해서 절대 큰 것이 아닙니다. 그것이 무장애일법계의 모습이 다양하게 나타나는 것입니다. 그러니까 한 티끌 속에 시방이 다 있습니다[一微塵中含十方]. 또 한 찰나의 생각이 무량겁입니다[一念卽是無量劫]. 이것이 양쪽으로 손을 펼쳐 보이는 무장애일법계의 현상작용입니다.

보신은 원만보신圓滿報身이라고 하는데, 아무리 작아도 작은 게 없고 아무리 많아도 많은 게 없으면 그것이 원만입니다. 생각으로 짐작하기에는 크게도 보이고 작게도 보이고, 좋게도 보이고 나쁘게도 보이는데, 무장애일법계 지혜의 눈으로 보면 모두가 원만구족圓滿具足입니다. 찰나를 살아도 짧게 산 게 아니고, 오래오래 살아도 오래 산 게 아니고, 모자라는 것도 없고 남는 것도 없는 것이 원만입니다. 그런데 남는다·모자란다, 크다·작다 하는 것은 전부 생각으로 그렇게 분별한 것입니다. 부처님께서는 전부 무장애일법계요, 원만구족입니다.

이런 식으로 불상의 눈은 감은 듯 뜨고, 뜬 듯 감고 있습니다. 보아도 보는 데 매이지 않고 다 봅니다. 그것이 뜬 것입니다. 중생들은 보기 싫은 것은 안 보려고 하는데 부처님은 안 보시는 것이 없습니다. 그러니까 뜬 것입니다. 그러면서 보는 데 매이지 않아서 뜬 것처럼 보입니다. 그렇게 눈의 모습은 공덕의 눈입니다.

그리고 미간의 백호상白毫相은 모든 사물을 비춰 보는 반야般若를 표현한 것입니다. 반야는 왼쪽도 아니고 오른쪽도 아닌 한가운데 정안正眼입니다. '옥호금색조허공玉毫金色照虛空'이라, 하얀 털로 된 금색이 허공을 비춥니다. 그러니까 한쪽으로 보는 것이 아닙니다.

그리고 불상 중에 가장 상징적인 것은 머리의 육계肉髻입니다. 머리 근육이 툭 튀어나왔습니다. 그것은 아뇩다라삼먁삼보리阿耨多羅三藐三菩提, 즉 가장 높은 깨달음을 육계로 표현한 것입니다. 정수리의 육계로 가장 높은 깨달음의 세계를 나타냅니다. 실제로 정수리에 눈을 조성해 놓은 불상도 있는데, 그 눈을 정안頂眼이라고 합니다. 우리 눈은 뒤를 못 봅니다. 그런데 정수리에 눈이 있으면 안 보이는 데가 없습니다. 그래서 무상정각의 바른 깨달음, 즉 보리를 정안으로 표현해 눈이 셋 있는 삼안불三眼佛을 모셔 놓는 것입니다.

비로자나불毘盧舍那佛이라는 명호는 어둠이 없다는 의미로서 부처님의 세계는 밝음과 어둠이 없음을 보이는 것이라면, 노사나불은 원만으로 남는 것도 없고 모자라는 것도 없음을 뜻합니다. 우리가 숨을 쉴 때 공기가 남거나 모자라지 않습니다. 숨을 쉬면 남지도 않고 모자라지도 않는 것이 삶입니다. 우리 삶도 숨 쉬는 것처럼 어떤 것을 준비해서 사는 것이 아니고 그냥 살면 그게 삶입니다. 모자라지 않고 남지도 않는 것이 원만보신 노사나불입니다.

천백억화신千百億化身 석가모니불에서 석가釋迦는 능인能仁이라고 번역하고, 모니牟尼는 적멸寂滅이라고 번역합니다. 모니는 보이는 데서도 해탈하고 보이지 않는 데서도 해탈하는 적멸입니다. 능인은 모든 곳에 자재自在합니다. 그래서 자재를 하든 해탈을 하든 항상 즐겁습니다. 그것을 상락常樂이라고 합니다. 그리고 아미타불阿彌陀佛로도 화현하시는데 아미타는 무량수無量壽라는 의미로 죽음이 없습니다. 이렇게 부처님을 모시고, 부처님의 명호를 지송持誦하는 것이 불자들의 염원이고, 불자들의 신심입니다.

불신佛身에 대해서 경에서는 다양하게 말씀하고 있습니다. 『금강경』에서는 "여래자如來者는 제법여의諸法如意"라고 했습니다. 여래는 불신을 설명한 것으로, '모든 법에 본래 그대로'의 뜻이라는 말입니다. 이것을 법성法性이라고 합니다. 여래는 바로 법성이라는 뜻입니다. 법성은 가는 데 가지 않는 도리가 있고, 오는 데 오지 않는 도리가 있습니다. 그래서 여래를 온다고 하거나 간다고 하거나, 앉는다고 하거나 눕는다고 하면 여래를 모르는 것이라고 했습니다. 어렵습니다. 그래서 반야가 필요합니다.

꽃이 피고 꽃이 지는데, 꽃은 피고 지는 게 아닙니다. 봄은 꽃을 따라서 오는 것이 아닙니다. 피는 꽃 속에서 피지 않는 봄을 보고, 지는 꽃 속에서 지지 않는 봄을 보는 것이 반야입니다. 이것을 조견照見이라고 합니다. 우리 몸 역시 생겼다 사라집니다. 그런데 거기서 불생불멸不生不滅의 공성空性을 보는 것을 반야般若라고 합니다.

공은 불생불멸을 이야기하는 것으로, 적멸입니다. 그것은 눈으로는 못 보고 반야로 봅니다. 눈은 분별하는 마음인 식심識心으로 보는데 이 식심은 밖의 것만 보는 특징이 있습니다. 전체를 보려면 조건을 해야 합니다. 밖의 것만 보는 것을 분별이라고 합니다. 분별로는 불생불멸을 볼 수 없고 조건으로 보아야 합니다.

『화엄경』에서는 처음부터 계속 불신에 대해 설명하고 있습니다. 「야마천궁게찬품」에는 "여래광대신如來廣大身 구경어법계究竟於法界"라고 했습니다. 넓고 큰 몸이 여래의 몸이다. 그러면 넓고 큰 몸이 무엇인가? 무장애일법계 전체가 여래의 몸입니다. 그래서 법계에 구경합니다. 법계와 온전하게 하나입니다. 구경은 온전히 하나라는 뜻입니다. 이 우주법계와 부처님 몸이 온전하게 하나로써 법계에 가득합니다.

법계에 가득한 것이 무엇이냐? 이것이 부처님의 무상정각無上正覺인데, 무상정각은 전법계지일全法界之一입니다. 일이라는 것은 법계를 온전하게 한 하나입니다. 이것이 깨달음의 세계입니다. 그래서 전법계지일심全法界之一心은 한 생각일지라도 조금도 모자람이 없는 법계와 온전히 같은 일심입니다. 전법계지일진全法界之一塵은 한 티끌이 법계와 온전히 같은 한 티끌입니다. 한 티끌이 온 우주법계와 모자람이 하나도 없는, 법계를 온전하게 한 그릇이고, 또 법계가 하나의 티끌을 온전하게 한 법계임을 깨닫는 것이 부처님의 깨달음입니다.

그러니까 무장애일법계가 온전한 한순간이고, 무장애일법계가 한순간에 온전합니다. 이것이 '일미진중함시방一微塵中含十方'이요, '구세십세호상즉九世十世互相卽'입니다. 광대한 여래심如來心이 법계에 온전합니다. 우리는 이 법계를 몰라서 근심이 많은데, 불신세계佛身世界에서는 근심걱정이 전혀 없습니다. 이 자리를 떠나지 않고 일체 처에 두루합니다.

『화엄경』「여래현상품」에서는 부처님이 보리수나무 아래 앉은 상태에서 우주법계에 충만하다고 말씀하셨습니다. 이 조그만 그릇을 떠나지 않고 우주에 온전한 것입니다. 이것이 심상치 않은 소리입니다. 그러니까 이 세상에 아무리 작은 것도 모자라는 것이 하나도 없고, 아무리 큰 것도 남는 것이 하나도 없습니다. 하나의 티끌은 법계를 온전히 한 티끌이고, 법계는 일진을 온전히 한 법계입니다. 이것이 불신의 세계입니다.

이 티끌을 벗어나서 어디로 가는 게 아니고, 앉은 자리에서 못 가는 데가 없고, 없는 데가 없습니다. 그래서 구경究竟이라고도 하고 통달通達이라고도 합니다. '신역비시불身亦非是佛이요 불역비시신佛亦非是身이라 단이법위신但以法爲身하여 통달일체법通達一切法이라.' 부처님의 몸이 부처가 아니고 부처도 또한 몸이 아니니, 다만 법으로써 몸을 삼아 일체법을 통달합니다. 오직 법이 몸이라서 법신이라고 합니다.

이 법이라는 것이 조그만 하나의 티끌이 온 우주법계와 온전히 같은 하나의 티끌이고, 우주가 티끌과 온전히 같은 우주법계입니다. 이 법으로써 몸을 삼는다고 부처님 몸을 법신이라 합니다. 이것이 불신佛身입니다. 그래서 일체법에 다 통달합니다. 이런 세계를 부처님의 세계라고 합니다.

  우리는 이 불신세계를 보지 못하고, 깨달음을 얻지 못해서 걱정이 떠날 날이 없습니다. 이것을 번뇌라고 합니다. 그리고 번뇌 속에 들어 있는 이런 무장애일진법계를 불성이라고 합니다. 번뇌는 번뇌인데 무장애일진법계 그대로 하나도 변동이 없습니다.

  『역대법보기歷代法寶記』라는 책에 신라시대 김화상金和尙 무상無相 680~756 스님의 불성에 관한 법문이 있습니다. 비단에는 여러 무늬가 있는데, 비단에는 본래 그 비단을 짠 실밖에 없고 무늬가 없습니다[綾本來是絲 無有文字]. 비단에 호랑이 무늬도 있고 꽃무늬도 있지만 사실 실뿐입니다. 솜씨 좋은 사람이 비단을 짜면 무늬가 생기는데, 모르는 사람은 본래 비단의 재료인 실은 못 보고 무늬만 봅니다. 그런데 이 비단을 다 풀어 놓으면 무늬는 간데없고 실뿐입니다.

  여기서 무늬는 생사生死이고, 그 실은 불성佛性입니다. 생사라는 근심걱정은 비단 위의 무늬처럼 없는데 보이는 것입니다. 분별로 보이는 게 생사이고, 본래 불성은 항상 불성입니다. 무장애일진법계, 그 하나뿐입니다. 비단을 풀면 무늬는 없어지고 실만 남는데, 그 무늬는 어디로 갔느냐? 비단의 무늬가 보일 때도 실뿐이고, 무늬가 보이지 않을 때도 실 하나뿐입니다. 보일 때도 실이고 안 보일 때도 실입니다.

  생사가 따로 있고 불성이 따로 있는 게 아니라, 불성 하나뿐입니다.

이것은 무슨 무늬라고 분별하는 것뿐이지, 그 무늬는 본체가 없고 실이 본바탕입니다. 사실 불성뿐인데 분별로 느끼는 것이 생사입니다. 생사는 분별로 느끼는 것이고, 분별로 생사만 생사만 좇아가고, 불성은 그냥 항상 있는 것입니다. 법계를 온전히 한 하나의 티끌이고, 법계가 하나의 티끌을 온전히 한 법계입니다.

불교가 이런 것입니다. 경을 잘 보면 바로 성불합니다. 부처밖에 없기 때문입니다. 자기가 분별하다가 그 분별을 거두면 거기가 부처입니다. 이것이 불교입니다. 그런데 자꾸 집착해서 분별심을 놓지 않아서 문제가 됩니다. 분별심을 놓은 사람은 불교를 접하자마자 깊이 들어가서 바로 성불합니다. 성불이라는 이 깨달음은 이 몸 버리기 전에 깨닫는 것이지 내생으로 미루는 것이 아닙니다. 그런데 왜 안 되느냐? 불성이 없어서가 아니라 이 분별을 놓지 않아서 불성을 깨닫지 못합니다.

어떤 사람이 삼베를 짤 때 쓰는 삼 덩어리를 짊어지고 길을 가다가 은 덩어리를 발견합니다. 은이 좋은 것을 아는 사람은 바로 삼 덩어리를 버리고 은덩어리를 짊어집니다. 반면 어떤 사람은 지금까지 지고 온 삼 덩어리를 버리기 아까워서 삼 덩어리를 그대로 지고 갑니다. 또 한참 가다가 금덩어리를 발견합니다. 삼 덩어리를 버리고 은 덩어리 짊어진 사람은 은보다 금이 더 좋으니까 은 덩어리를 버리고 또 금덩어리를 짊어집니다. 그런데 삼 덩어리만 계속 짊어지고 온 사람은 금덩어리를 보고도

지고 있는 삼 덩어리를 버리지 못합니다.

이것을 '담마기금擔麻棄金'이라고 합니다. 삼을 짊어지고 금을 버린다는 뜻입니다. 지혜로운 사람은 삼을 버리고 금을 취합니다[捨麻取金]. 처음에는 삼을 버리고 은을 취하는 '사마취은捨麻取銀', 그 다음에는 은을 버리고 금을 취하는 '기은취금棄銀取金'입니다.

우리는 늘 좋은 것과 나쁜 것, 사는 것과 죽는 것 등을 걱정하다가 세월 다 보냅니다. 그러니 근심걱정 하지 말고 지혜를 닦으라는 말을 들으면 지혜를 닦습니다. 이것이 삼을 버리고 은을 취하는 사마취은입니다. 이렇게 지혜를 닦다 보면 아공법공我空法空을 깨닫습니다. 나도 불생불멸이고 나 외에 모든 것도 불생불멸이어서, 불생불멸에 불성 하나밖에 없다는 것을 깨닫습니다. 여기까지가 은을 짊어진 것입니다.

그런데 처음에는 그렇게 아와 법이 공하다는 생각이 있지만, 거기서 지혜가 더 깊어지면 '아공이다, 법공이다, 나도 불생불멸이고 나 외에 모든 것도 불생불멸이다.'라는 생각까지 없습니다. 이것을 구공俱空, 즉 함께 공하다고 합니다. 이것이 금입니다. 나도 불생불멸이고 모든 것도 불생불멸이라는 생각이 남아 있으면 삼보다는 낫지만 금은 아닙니다. 불생불멸이라는 생각이 남아 있으면 절대 불생불멸에 못 들어갑니다. 왜냐하면 불생불멸이라는 한 생각은 지금 생이기 때문입니다.

깨달음이란 이런 것입니다. 그래서 아공법공이라는 분별이 일체 없는 경지에 올라가야 구공의 각_覺이라 하고, 그것이 정상육계상_{頂上肉髻相}입니다. 불성 하나뿐인데 사람들이 불성에서 분별을 봅니다. 『능엄경_{楞嚴經}』 제5권에 일건육결_{一巾六結}의 말씀이 있습니다. 수건 하나에 여섯 번 매듭을 맵니다. 매듭을 매는 순간에 수건은 못 보고 매듭을 봅니다. 매듭을 만들어서 물어보면 매듭이라고 하지 수건이라고 하지 않습니다. 그런데 이걸 하나하나 풀어내면 본래 수건입니다.

그러면 매듭은 어디로 갔느냐? 매듭은 그냥 맺어서 생겼을 뿐이지 본래 있던 것이 아닙니다. 매듭이 생겼을 때에도 수건은 수건입니다. 그러니까 우리가 불성을 떠나 있는 것이 아니고, 다만 스스로 분별해서 보지 못할 뿐입니다. 이것이 불성입니다.

그러니까 우리가 실제로 그냥 만족하면 되는 것입니다. 하나의 티끌도 법계와 온전한 티끌이고 법계도 하나의 티끌과 온전한 법계이므로, 티끌이라고 모자랄 것도 없고 크다고 남을 것도 없이 만족하는 게 대해탈_{大解脫}이고 대안락_{大安樂}입니다.

도는 구해서 이루는 게 아니고, 그대로 만족하는 것이 도입니다. 구하는 마음이 분별입니다. 구하는 마음 때문에 자기 집을 떠나서 객지를 떠돌며 고생 고생합니다. 순간순간에 만족하는 것이 삶인데, 우리는 구하다 죽고 만족할 줄 모릅니다. 만족하는 것이 삶입니다.

기차를 타고 가는데 옆에 앉은 할머니가 "삶은 계란입니다."라고 했습니다. 삶은 계란인 것을 그때 알았습니다. 계란이든 김치든 삶은 만족하는 것입니다. 하루를 살아도 몇 만 년보다 짧지 않고, 몇 만 년을 살아도 하루보다 길지 않습니다. 이것이 무장애일법계입니다. 그런 세계를 믿고 그런 세계로 가기 위해서 분별심을 내려놓고 불성을 관찰하는 것이 불자가 가야 할 길입니다.

인생과 수행

 인생살이를 가만히 들여다보면 참 쉽지 않습니다. 우리는 살아가기 위해서 의·식·주가 필요하고, 의·식·주 이 세 가지를 해결하기 위해서 살아갑니다. 그러기 위해서 끊임없이 경쟁을 합니다. 생존과 경쟁이 바로 인생살이입니다. 살아남기 위해서 평생 경쟁하다가 죽습니다. 그러면 왜 이렇게 살아남으려 하고, 왜 이렇게 경쟁을 하는가? 다투어서 지는 것보다 살아남고 이기는 것이 즐겁기 때문입니다.
 한마디로 희열喜悅, 즉 기쁨을 좇아서 사는 것이 인생입니다. 어른들이 아무리 하지 말라고 해도 제가 좋으면 합니다. 살아남는 것이 싫으면 안 살아남고, 경쟁하는 것이 싫으면 안 합니다. 그런데 그 기쁨을 좇아서 사는 동안에 사연이 많습니다.
 1960년대 통도사 강당에서 글을 배우는데, 그 당시에는 강주 스님이 가운데 앉아 계시고 학인들이 둘러앉아서 책을 펴놓고 배웠습니다. 그런데 강주 스님이 아침마다 "너희들 빠지면 못 나온다. 빠지면 못 나온다."고 하셨습니다. 나는 무엇에 빠지는지, 왜 못 나오는지 전혀 관심도 없고 몰랐습니다. 나중에 보니까 젊을 때 사랑에 빠져 보신 분이었습니다. 그러니까 사랑에 빠지면 못 나온다는 말이었습니다.

경봉鏡峰 1892~1982 큰스님은, 어머니가 시집와서 평생 고생하시는 것을 보면서도 저는 시집가면 무슨 수가 생기는 줄 알고 시집을 갔고, 아버지가 장가가서 무지 애를 먹는 것을 보면서도 저는 장가가면 무슨 수가 생기는 줄 알고 장가갔다는 법문을 많이 하셨습니다.

제가 여섯 살 되던 해 음력 3월에 할아버지가 돌아가셨습니다. 그 어린 나이에 할아버지가 돌아가시는 것을 보고, 그때 이것이 나의 인생이라고 알았으면 지금보다 대단하게 되었을 겁니다. 하지만 그때 할아버지의 모습이 60년 후의 내 모습이라고는 상상도 못했습니다. 어머니가 고생하는 것이 얼마 후 내 모습이고, 아버지의 저 모습이 얼마 후 내 모습이라는 것을 모릅니다. 왜냐하면 빠졌기 때문입니다. 사랑에 빠지는 것만 빠지는 게 아니고, 명예에 집착하는 것도 빠지는 것이고 권력에 집착하는 것도 빠지는 것이고, 재물에 집착하는 것도 빠지는 것이고, 전부가 빠지는 것입니다.

그러면 왜 이렇게 빠지느냐? 색色이 공空함을 모르기 때문입니다. 『반야심경』이나 『금강경』에서 색이 공하다고 강조하고 있습니다. '색불이공 공불이색 색즉시공 공즉시색色不異空 空不異色 色卽是空 空卽是色'인데, 색이 공함을 몰라서 색을 좇아가는 것입니다. 불나방이 불이 뜨거운 줄 모르고 따라가다가 타 죽는 것과 같습니다.

사람이 맑은 연못을 들여다보면 거기 사람이 보입니다. 그래서 그 사람을 만나겠다고 물속에 기어 들어가면 사람은 간 데 없고 자기 몸만 빠집니다. 이렇게 색이 공함을 몰라서 자기 그림자를 자기로 잘못 알고 끊임없이 밖으로만 밖으로만 구하면 돌아오는 것은 고통뿐입니다. 밖으로 밖으로 구하다가 고통만 안고 죽게 된다면 너무 비참합니다. 이것이 인생입니다.

구할 때도 모르고, 구하는 것을 이루었을 때도 모릅니다. 그런데 세월이 지나면 모든 구하는 결과는 괴로움으로 돌아옵니다. 그래서 이렇게 사람은 밖으로 구하는데, 다른 말로 하면 인생은 셈법입니다. 더하기・빼기・나누기・곱하기, 셈하는 대로 결과가 나오기 때문입니다. 내 인생을 어떻게 계산하고 사는가? 거기에 다 자기들 셈법이 있습니다.

어떤 사람은 평생 뺄셈만 하면서 삽니다. '나는 손해 봤다, 나는 당했다, 억울하다, 나는 잃었다.'라고 생각하는 사람은 많이 받고 많이 이루었는데도 항상 손해 봤고, 항상 당했고, 항상 억울하고, 항상 슬픕니다. 이것이 바로 뺄셈인생입니다. 이런 사고방식에 딱 걸리면 무엇을 해도 만족할 줄 모릅니다. 이것을 노이로제라고 합니다.

노이로제 인생은 받은 것은 전혀 모르고 못 받은 것만 생각합니다. 부모가 항상 잘해 주다가 어느 날 점심 한 끼 못 챙겨 줬을 때, 그동안 잘해 준 것은 모르고 점심 한 끼 안 준 것만 생각합니다. 그 기억만 평생 가지고 살아갑니다. 친구가 어느 날 약속에 좀 늦으면 그것만 평생 가지고 원망하면서 살아갑니다. 이런 것이 뺄셈인생입니다.

어떤 부인이 유방암 수술을 하고 나서 팔다리가 멀쩡한 것은 잊고 가슴 한쪽이 없는 것만 밤낮 생각합니다. 이것이 뺄셈인생입니다. 가슴이 하나만 있는지 어떤지 다른 사람은 모릅니다. 또 젖먹이 아이도 없는데 무슨 상관입니까? 그런데 '나는 왜 가슴 한쪽이 없을까?'라고 없는 것만 생각합니다. 내가 가지고 있는 것은 모르고 없는 것만 생각합니다. 이런 계산법에서 벗어나야 합니다.

그보다 좋은 것은 덧셈입니다. 하나를 잃어도 '아, 나는 이것을 통해서 다른 하나를 얻었다.' 하고 좋게 생각하는 것입니다. '이것을 하나 주고서 내 인생에 더 깊은 경험을 얻었다.' 하고 항상 덧셈으로 생각하는 것입니다. 어떤 불안한 일이 있어도 '이것은 나에게 좋은 일이다. 이런 기회가 없었으면 이런 경험을 못했을 텐데, 이 기회에 경험하게 돼서 내 인생에 도움이 될 것이다.'라고 생각하는 것이 덧셈인생입니다.

나눗셈은 좋은 것을 함께 나누는 데 의미가 있습니다. 노래를 잘 부르는 사람이 자기 혼자 부르고 말면 혼자만 좋지만, 여러 사람에게 들려주면 여럿이 다 좋습니다. 이것이 나눗셈입니다. 아무리 좋은 것도 나누지 않으면 그것 하나뿐이지만, 나누면 자꾸 불어납니다. 나누면 줄어드는 것이 아니라 오히려 늘어납니다. 이것이 나눗셈인생입니다.

또 곱셈인생이 있습니다. 조그만 것 하나로 말미암아 어마어마한 이익이 온다고 하면 하나에 억만 개를 곱해서 계산하니까 하나가 바로 억만 개가 됩니다. 곱셈 셈법에 '영(0)'이라는 수를 갖다 대면 아주 특이한 결과도 나옵니다. 아무리 많은 것도 0으로 계산하면 0입니다. 수억만 개에 0을 곱하면 0입니다. '나는 이것도 하고 이것도 했지만, 하나도 이룬 게 없다.' 하고 자기가 해 놓은 것에 0을 곱해 버리면 0이 됩니다. 무엇을 갖다 놓아도 0밖에 안 됩니다. 또 많은 것을 잃었어도 나는 아무 것도 잃은 게 없다 하면 없는 것입니다. 이것이 곱셈인생입니다.

그래서 『금강경』에서 무주상보시無住相布施의 공덕은 허공과 같다고 했습니다. 공덕이 끝이 없다는 것입니다. 그래서 내가 지금까지 무엇을 이루었는가가 중요한 게 아니라 어떻게 계산을 하느냐가 중요합니다.

인생은 계산에 따라 그 의미가 다릅니다. 내가 인생을 어떻게 계산하고 있는지 한번 생각해 보십시오. 뺄셈으로 했는지, 덧셈으로 했는지, 나눗셈으로 했는지, 곱셈으로 했는지. 인생은 내가 어떻게 생각하느냐에 따라서 생각하는 대로 존재하는 것입니다. 존재하는 대로 생각하는 것이 아니라 생각하는 대로 존재합니다. 계산을 어떻게 하느냐에 따라서 결과가 달라집니다.

만약 늘 뺄셈으로 '나는 이룬 게 없다, 가진 게 없다, 나는 손해만 보고 살았다.' 하면서 현재 가지고 있는 것에 대해서는 전혀 만족할 줄 모르고, 없는 것만 생각해서 채우려고 하면 채우다가 죽습니다. 돈 버는 사람은 자기가 쓰지도 못할 돈만 벌다가 죽습니다. 이것이 인생입니다. 다 자기를 위해서 돈을 법니다. 채우려면 채울 수 없습니다. 이 세상의 모든 것을 다 가지고도 한 사람의 욕심은 채우지 못합니다.

여름이 되면 당연히 덥습니다. 더우면 더운 대로 살면 됩니다. 더우면 안 될 일 있습니까? 그래서 저는 몇 년 전에 에어컨을 다 떼어 버렸습니다. 더위도 잠깐인데 그것 좀 더우면 어떻습니까? 생활이라는 것은 생존이 아닙니다. 물이 흐르듯이 눈으로 보는 것이 생활이고, 귀로 듣는 게 생활이고, 살아 움직이는 게 생활입니다. 더우면 더운 대로 움직이고, 추우면 추운 대로 움직이고, 그래서 생활이 그대로 수행입니다.

생활 자체가 어떻게 수행이냐? 배고프면 밥 먹는 그것이 생활이면서 수행입니다. 피곤하면 잠자는 그것이 생활이면서 수행입니다.

어느 큰스님께 여쭈었습니다.
"어떤 것이 대열반입니까?"

"죽고 사는 생사업生死業을 짓지 않는 게 대열반이다."
"그러면 어떤 것이 생사업입니까?"
"대열반을 구하는 게 생사업이니라."

여기에 법문이 다 있습니다. 무엇을 구해도 구하면 고통입니다. 고통은 구하는 데서 옵니다. 그런데 이 생활은 구하는 것이 아닙니다. 그대로 살아서 움직이는 게 생활입니다. 꽃이 있으면 꽃을 보는 것입니다. 그런데 그 꽃을 꺾는다면 그것은 생사업입니다. 사람이 있으면 사람을 보고, 물건이 있으면 물건을 보고, 소리가 있으면 소리를 듣는 것이 생활입니다.

큰스님께 또 여쭈었습니다.
"그러면 어떤 게 수행입니까?"
"배고플 때 밥 먹고 피곤할 때 잠자는 것이 나의 수행이다."
"다른 사람도 다 그렇게 합니다. 스님께서 그렇게 하는 것과 다른 사람이 그렇게 하는 게 다릅니까?"
"다르다. 다른 사람은 밥을 먹으면서도 천 가지 만 가지 걱정을 하는데, 나는 걱정이 없다. 다른 사람은 잠을 자면서도 천 가지 만 가지 걱정을 하는데, 나는 걱정이 없다. 이게 다르다."

이것이 바로 수행이 곧 생활임을 말해 주는 것입니다. 우리는 구할 줄만 알고 살 줄 모릅니다. 구하는 것은 걱정입니다. 걱정할 줄만 알지 살 줄 모릅니다. 사는 것을 잃어버리고 걱정만 합니다. '이러면 잘될까? 안 될까? 잘못되면 어떻게 할까?' 늘 "~까? ~까?"만 하며 걱정만 합니다. 왜 인생을 걱정만 하다 죽습니까?

삶은 살아남는 생존生存이 있고, 생활 그대로 법으로 살아가는 법존法存이 있습니다. 오직 삶에만 매달리는 건 생존입니다. 사는 것을 구하니까 죽는 것이 나쁘게 느껴지는 것입니다. 죽어 본 사람이 아무도 없는데, 왜 죽는 것을 걱정합니까? 죽을 때는 눈으로 나무를 바라보듯이 죽고, 늙으면 늙는 대로 늙고, 배고플 때 밥 먹고, 일 있으면 일하고 없으면 말고…. 이렇게 법으로써 살아가면 법존이고 대열반大涅槃입니다.

그런데 자꾸 걱정만 합니다. 왜냐하면 있는 그대로 물 흐르듯이 즐기지 못하고 없는 것을 구하고, 있는 것은 버리기 때문입니다. 하나를 구하다가 모든 것을 다 버립니다. 있는 그대로 즐기면 그것이 생활입니다. 그런데 생존은 있는 것은 놔 두고 없는 것만 구합니다. 계속 살아남을 생각만 하기 때문입니다. 삶의 묘미는 버리고, 미래에 살아남을 생각만 합니다. 계산법이 잘못되었습니다. 없는 것을 구하다 보니까 현재 것을 다 잃어버립니다. 이것을 전도몽상顚倒夢想이라고 합니다. 완전히 뒤바뀐 것입니다.

이처럼 생활 자체가 수행입니다. 이 생활 속에서 걱정 없이 사는 것이 바로 해탈입니다. 그런데 구하는 것만 익히고 생활을 잃어버렸습니다. 있는 것은 관심이 없고 없는 것만 찾다 보니 있는 것도 다 못 씁니다. 참 이상합니다. 그런데 수행이라고 하면 지혜로 돌아가는 게 수행입니다. 지혜로운 삶을 사는 게 수행입니다.

지혜로운 삶을 살려면 일체유식一切唯識이라, 일체가 내 마음이 만든 것을 내가 구하는 것입니다. 중생은 밖으로 구하는데, 밖으로 구하는 것은 내 물건을 내가 훔치는 것과 같습니다. 색즉시공이라는 눈으로 보면 훔칠 게 없고, 모두가 불생불멸입니다. 그런데 내가 '저것 참 좋다.' 하면서 내가 좋은 것을 만들어 놓습니다. 내가 만들고 내가 탐하니까 내 물건을 내가 훔치는 것입니다. 내 물건을 내가 훔치면서 사는 것은 어리석은 삶입니다.

그러니까 일체유식一切唯識, 즉 모든 것은 내 생각으로 만든다는 것을 믿어야 합니다. 자작자수自作自受입니다. 내가 지어서 내가 받습니다. 이런 것이 전부 지혜입니다. 그리고 『금강경』에서 말했듯이 불수복덕不受福德이라, 복 받을 생각을 하지 말아야 합니다. 복을 짓기만 하고 받을 생각이 없이 보시하면 그 공덕이 허공계가 다하고 중생계가 다할 때까지 쓰고도 남습니다. 이것이 무주상보시의 불가사의한 공덕입니다.

그러니까 받으려고 하는 데서 머슴살이하는 것입니다. 내가 누구한테 받으려고 하면 거기에 얽매여 버립니다. 받을 생각을 하지 않는 것이 수행입니다. 복 받을 생각을 하지 않으면 전부 자유롭습니다. 아무리 높은 사람이라도 그 사람에게 구할 생각이 없으면 당당할 수 있습니다. 받으려니까 슬슬 기는 것입니다.

보살은 복을 안 받습니다. 복을 안 받으면 거기에 만복이 이루어집니다. 안 받으면 주인이고, 받으면 머슴입니다. 받을 생각 없이 보시하면 그것이 여래如來요, 법왕法王입니다. 자식한테도 받을 생각을 하지 말고, 부부간에도 받을 생각을 하지 말고, 부모에게도 받을 생각을 하지 마십시오. 이 받을 생각 하는 게 머슴살이, 종살이, 감옥살이입니다.

받을 생각 하는 데서 고생문이 열립니다. 부모님을 원망하는 사람들은 대부분 받을 생각을 하기 때문에 원망합니다. 친구를 욕하는 사람도 친구한테 받을 생각을 해서 욕합니다. 받을 생각 없이 행하는 것이 바로 보시행布施行입니다. 복덕을 받지 않고 오로지 보시하면 그것이 해탈解脫이요, 도인道人이요, 부처님입니다. 받을 생각 하지 않고 보시하면 그게 바로 성불成佛입니다.

그리고 밖으로 보지 않고 내 마음을 보는 것이 관심법觀心法입니다. 좇아가면 윤회이고, 돌이켜 보면 해탈입니다. '좋다고 보는 이 마음이 무엇일까?' 하면 해탈이고, '저것 좋은데, 내가 가져야겠다.' 하면 윤회, 속박, 고통입니다. 좋다는 마음을 돌이켜 보는 것을 관심觀心이라고 합니다. 보는 마음, 듣는 마음, 생각하는 마음을 좇아가면 윤회이고, 돌이켜 보면 해탈이요 관심입니다.

모든 것은 마음이 만드는데, 마음을 돌이켜 보면 문이 열립니다. 좇아가면 고통이 생깁니다. 답이 딴 데 있는 게 아니고 내 마음을 돌아보는 데 답이 있습니다. 그래서 『반야심경』에서는 '조견오온照見五蘊'이라고 했습니다. 오온이라는 게 내 몸인데, 전부 생각 덩어리입니다. 그런데 생각을 좇아가면 고통이 옵니다. 불생불멸의 실상이 마음을 돌아보는 데 확 열리는 것이 수행입니다.

그러면 어떻게 닦아야 되느냐? 천 가지 만 가지 길이 있지만 한 길입니다. 내가 내 마음 돌아보는 것뿐입니다. 경을 읽어도 경을 읽는 것이 아니라 내가 내 마음 쳐다보는 것입니다. 다라니를 외워도 내 마음을 내가 보는 것입니다. 이것이 한국불교 수행인데, 회통會通이라고 합니다.

무엇을 하든지 자기 마음으로 돌아가는 것으로 모아집니다. 참선이나 염불이나 간경이나 주력이나 절이나 전부가 자기 마음을 자기 마음으로 돌이키는 것입니다. 그러니까 일체 수행은 억만 가지가 있어도, 그 근원은 관심觀心입니다. 자기 마음을 자기가 보는 것으로, 거기에 길이 있습니다.

다른 방법은 없습니다. 되니 안 되니 하는 것도 다 내 생각입니다. 안 된다는 생각도 잘된다는 생각도 오래 안 갑니다. 거기에 휩쓸리지 않아야 합니다. 염불이든 기도든 계속해서 하면 밖으로 향하던 잡념 근심은 없어지고, 내 마음이 점점 밝아져서 불생불멸의 자기 본성이 환히 보일 때가 옵니다. 그때가 오면 보는 순간에 불생불멸의 그 자리가 자기 본성에서 지금까지 털끝만큼도 옮기지 않았다는 것을 알게 됩니다. 다 똑같습니다. 깨달은 사람도 불생불멸 그 자리에 있고, 못 깨달은 사람도 불생불멸 그 자리에 있습니다. 오직 볼 뿐이고, 오직 못 봤을 뿐입니다.

그러니까 인생이라는 것은 밖으로 구하는 것이고, 수행은 자기 마음을 자기가 쳐다보는 것입니다. 거기에 모든 답이 다 있습니다. 그러니까 항상 '이것이 무엇인가?'라는 그것 하나뿐입니다. 거기에 모든 것이 다 있습니다. 생각이 일어난다고 그것을 좇아가면 윤회요 고통입니다. '이것은 무엇인가?' 하는 것이 내가 내 마음을 돌이켜 보는 관심수행입니다.

마음공부

인류에게는 3대 문제와 4대 의혹이 있습니다. 3대 문제는 건강, 사람, 재물입니다. 첫째, 건강을 어떻게 관리할 것인가? 둘째, 나를 둘러싸고 있는 모든 사람들을 어떻게 관리할 것인가? 셋째, 먹고 입고 자고 사람 만나려면 재물이 필요한데, 재물을 어떻게 관리할 것인가? 이 세 가지를 위해서 자연과학, 사회과학, 인문과학 등 모든 학문이 발달했습니다.

그런데 그 가운데 네 가지 의혹이 있습니다. 첫째, 인생이 어디서 왔는지 온 곳을 모릅니다. 둘째, 어디로 가는지 가는 곳을 모릅니다. 셋째, 가기는 가는데 언제 갈지 모릅니다. 내일 갈지 모레 갈지, 내년에 갈지 내후년에 갈지 모릅니다. 넷째, 내가 누구인지를 모릅니다. 건강도 관리하고 사람도 관리하고 물질도 관리하는 것은 나를 위해서 하는 것입니다. 그런데 내가 누구인지를 모릅니다. 그래서 네 가지 의혹 중에 제일 중요한 것이 '내가 누구인가?' 입니다.

마음공부는 바로 내가 나를 찾는 공부입니다. 건강을 관리하는 자연과학도 아니고, 사람 관리·물질 관리하는 인문사회과학도 아닙니다. 오직 내가 나를 찾는 공부인데 이것은 철학도 아니고 심리학도 아닙니다. 오직 그 마음 자체를 공부하는 것이 마음공부입니다. 마음공부가 중요하지 않은 것으로 여길 수 있는데 절대 그렇지 않습니다.

마음공부를 발전시키면 세상이 달라집니다. 이 세상에 일어나는 모든 문제가 조그마한 마음 하나 못 다스려서 일어납니다. 작은 마음을 다스리지 못해서 큰일이 납니다. 그러니까 마음 다스리는 이 공부를 해 나가면 일이 없습니다. 스트레스 받을 일도 없고, 속상할 일도 없습니다. 마음 하나 알고 나면 일이 없습니다. 그만큼 이 마음공부가 중요합니다.

그러면 마음이 무엇이냐? 대승불교 경론 중에서 마음에 대해 자세히 설명해 놓은 것에 『대승기신론大乘起信論』이 있습니다. 『대승기신론』에서는 마음을 진심眞心과 망심妄心 두 가지로 설명하고 있습니다. 달마達摩대사의 『관심론觀心論』에서는 마음을 정심淨心과 염심染心, 즉 깨끗한 마음과 물든 마음으로 나누어 설명하고 있습니다. 물들었다는 것은 밖으로 집착한다는 말입니다.

깨끗한 마음은 생멸이 없습니다. 그래서 허망하지 않고 변하지 않습니다. 진실불변眞實不變을 진여眞如라 하고, 이 진실불변의 마음을 정심

淨心이라고 합니다. 반면 염심染心은 생멸이 있습니다. 이것은 무명심無明心입니다. 정심淨心은 진심眞心이고, 염심染心은 망심妄心입니다.

그러면 허망한 것은 무엇이고 진실한 것은 무엇이냐?『도서都序』라는 책에서 다음과 같이 설명하고 있습니다. 진眞은 불변수연不變隨緣이라, 변하지 않고 인연을 따릅니다. 예를 들어 물은 그대로 물입니다. 변하지 않습니다. 그런데 이것이 인연을 따릅니다. 물이 국을 만나면 국이 되고, 사람 몸을 만나면 혈액이 되고, 구름으로 내려오면 비가 됩니다. 비나 구름이나 국이나 전부 물입니다. 하지만 물이라는 본질은 불변입니다.

마음도 이와 같아서 불변하는 그 진심이 인연 따라서 다 이루어집니다. 이것이 진심입니다. 그런데 망심은 불변수연처럼 본체가 없습니다. 이것을 체공體空이라고 합니다. 이 망심은 근본이 없습니다. 본체가 없는데 일을 만들어 냅니다. 이것을 성사成事라고 합니다.

길을 가다가 고목나무를 귀신으로 잘못 보면 그게 망妄입니다. 그런데 귀신으로 잘못 본 것은 본체가 없습니다. 그 귀신이 고목나무에 있는 것도 아니고, 내 눈에 있는 것도 아니고, 본체가 없습니다. 그런데 일단 보이면 겁이 납니다. 그래서 막 뜁니다. 뛰다가 물에도 빠지고, 나무에도 부딪치고 일을 만들어 냅니다. 이것이 체공성사體空成事입니다. 세상의 망심이 다 그렇습니다. 무지無知해서 그렇습니다.

또는 비단뱀이 도사리고 있는데 황금으로 착각합니다. 그런데 황금은

뱀에도 눈에도 없습니다. 본체가 없습니다. 그런데 일단 황금으로 봤으니까 그냥 지나가지 않고 욕심이 생깁니다. 그래서 이것을 보자기에 싸서 집에 갖다 놓습니다. 이 비단뱀이 잠에서 깨면 온 집안이 난리가 납니다. 이처럼 망은 허망한 것인데 일을 만듭니다. 본체는 공한데 일을 성사시켜서 엄청난 고통을 줍니다. 반면 진眞은 불변수연不變隨緣으로, 인연 따라서 여러 가지로 이루어집니다.

조금 더 설명하면 정심淨心은 조작된 것이 아닙니다. 비유하자면 허공과 같습니다. 허공은 만들어진 것이 아닙니다. 이 허공은 먼지나 더러운 것이 붙을 수 없어서 본래 깨끗합니다. 그래서 정심은 불생불멸不生不滅의 자정심自淨心이라, 나는 것도 아니고 없어지는 것도 아니고 스스로 깨끗한 마음입니다. 깨끗하게 해서 깨끗한, 조작된 깨끗함이 아니라 스스로 깨끗한 마음입니다.

염심染心은 고통이 있는 게 아니라 스스로 고통을 만들어서 괴로운 것입니다. 자박심自縛心, 즉 스스로 속박되는 마음입니다. 어떤 물질을 볼 때 그 물질이 '나를 사랑하라.'고 하지 않습니다. 그런데 그 물질에 스스로 애착을 느껴서 스스로 속박됩니다. 사람도 마찬가지로 스스로 애착을 느껴서 스스로 속박됩니다. 죽음도 '나를 두려워하라.'고 하지 않지만 스스로 두려움을 느껴서 스스로 속박됩니다. 이것이 자박심自縛心입니다. 자박심은 늘 반연攀緣을 합니다. 반연이라는 것은 서로 잡는 것입니다. 이것을 보면 이것을 휘어잡고, 저것을 보면 저것을 휘어잡고, 보는 데마다 인연을 만듭니다. 이것이 반연심攀緣心이고 집착심입니다. 반연하고 집착하는 것이 망심妄心입니다.

또 정심은 묘체원명妙體圓明이라고 합니다. 마음이라는 것이 미묘한 본체인데, 왜냐하면 자성自性이 없기 때문입니다. 마음이라는 것이 물의 속성도 아니고 불의 속성도 아니고, 보이는 속성도 아니고 안 보이는 속성도 아니고, 무자성無自性입니다. 그리고 무장애無障碍, 즉 장애가 없습니다. 그리고 원명체圓明體, 즉 둥글고 밝습니다. 이것이 묘체妙體이고, 나입니다. 자성이 없고 장애가 없고 둥글고 밝은 것이 나입니다. 그런데 이것을 모르고 몸과 사람과 물질에만 매달려서 살다가 어디서 왔는지도 모르고, 어디로 가는지도 모르고, 언제 가는지도 모르고, 내가 누군지도 모르고 갑니다.

따라서 해야 할 일은 나를 찾는 것입니다. 마음은 허공과 같은 것도 아니고, 물질과 같은 것도 아니고, 자성이 없습니다. 마음은 장애가 없습니다. 둥글고 밝은 원명체라는 것을 알면, 마음의 본성을 보았다고 해서 견성見性이라고 합니다. 무자성·무장애·원명묘체를 확실히 깨달은 것을 견성이라고 하는 것입니다.

마음은 비유하자면 청천일광青天日光, 즉 푸른 하늘의 햇빛과 같습니다. 이것이 우리 본래 마음입니다. 마음의 본체體·상相·작용用은 모두 둥글고 밝고 미묘한데, 이것을 모르고 반연攀緣 집착執着만 계속합니다.

반연攀緣 집착執着은 허망한데 거기 고통이 따릅니다. 예를 들어 친한 친구를 오해해서 미워져서 말하기 싫고, 그러다 싸움이 벌어졌다고 합시다. 처음에 내 멋대로 생각한 것이 망심인데, 여기에는 반드시 심행心行이 따릅니다. 이것을 무명심행無明心行이라고 합니다. 무명심이 움직이는 길이 바로 집착입니다. 그래서 고통이 생기는데, 이것을 생사윤회生死輪廻라고 합니다. 생사윤회는 전부 허망하게 이루어진 것입니다.

또 부두에서 배를 타고 바다로 나가면 배가 빠르게 가니까 땅이 움직이는 것처럼 보입니다. 사실은 배가 가는 것이지 땅이 움직이는 것이 아닙니다. 마음원리가 그렇습니다. 깨달음이라든지, 성불이나 견성은 허망심虛妄心에서 본래 청정심淸淨心으로 확 돌아가는 것을 말합니다. 그래서 몸을 돌린다고 해서 전신轉身이라고 합니다.

몸은 곧 마음입니다. 전신을 하는 것이 마음을 돌리는 것입니다. 땅은 가만히 있지만 배가 빨리 가니까 땅이 움직이는 것처럼 보입니다. 마음은 가만히 있을 뿐입니다. 원명묘체, 둥글고 밝은 것뿐인데 내가 망상집착을 하니까 생멸이 있는 것처럼 보입니다.

어떤 스님은 딱 한 가지 법문만 하십니다. 누구를 보든지 손을 둥글게 하고, "이 둥글고 밝은 것을 아느냐?"라고만 묻습니다. 둥글고 밝은 것이 바로 나입니다. 그것을 깨달으면 성불입니다. 그런데 원명묘체를 모르고 반연 집착만 합니다. 그러니 끝없이 돌고 돕니다. 마음공부를 해야 돌고 도는 고통을 면할 수 있습니다.

마음공부는 아주 간단합니다. 복잡한 게 아닙니다. 자연과학을 하려면 기초학문이 아주 힘듭니다. 사회과학은 사회현상이 워낙 복잡해서 힘듭니다. 인문과학은 아는 게 많은 사람이 최고입니다. 역사, 철학, 어학 등등 많이 알아야 인문과학을 합니다.

그런데 마음공부는 다 필요 없습니다. 기초도 필요 없고, 과정도 필요 없고, 성과도 필요 없습니다. 시험도 안 봅니다. 마음공부 원리가 그렇습니다. 왜냐하면 '자안멱자안自眼覓自眼 자가귀자가自家歸自家'라, 자기 눈이 자기 눈 찾고 자기 집에서 자기 집에 돌아가는 것이기 때문입니다. 자기 눈으로 자기 눈을 찾는 것이나 자기 집에서 자기 집에 돌아가는 게 얼마나 쉽습니까? 이것이 마음공부입니다.

그러면 자기 눈으로 자기 눈을 찾는다는 게 무엇이냐? 모를 때는 안외구안眼外求眼, 즉 자기 눈 밖에서 자기 눈을 찾습니다. 산에 가서도 찾고, 들에 가서도 찾고, 시장에 가서도 찾습니다. 이렇게 자기 눈 밖에서 눈을 찾으면 못 찾습니다. 이처럼 모든 것이 마음에서 일어나는데, 자연과학이나 사회과학, 인문과학으로 해결하려 하고, 이 몸을 통해서 행복하려고 합니다. 이것은 안 되는 것입니다.

몸을 관리하고 사람을 관리하고 물질을 관리하고 모든 것을 관리하는 것이 마음이므로, 그 마음에 들어가야 합니다. 호랑이굴에 들어가지 않으면 호랑이를 얻을 수 없듯이, 모든 것이 마음이 하므로 그 마음속으로 들어가야 합니다. 마음을 밖에서 찾으면 눈 밖에서 눈을 찾는 것과 같습니다.

눈 밖에서 눈을 찾다가 나중에는 자견자안自見自眼이라, 자기 눈을 자기 스스로 보는 수가 있습니다. 내 눈은 본래 하나뿐이라는 것을 보는 순간, 보는 눈과 보이는 눈이 둘이 아님을 알아서 눈으로 보려고 하는 마음이 싹 없어져 버립니다. 자기 눈을 딱 아는 순간에 자기 눈을 알려고 하는 마음이 없어지는 것입니다. 보려는 마음이 없어지니까 자기 눈을 보지 못했다는 마음도 없어집니다. 그냥 그대로 눈입니다.

비 올 때는 비 오는 것 보고, 눈 올 때는 눈 오는 것 보고, 사람이 올 때는 사람이 오는 것을 보는 것이 불변수연不變隨緣입니다. 눈은 본래 불변인데 온갖 인연 따라 다 보는 것이 수연입니다. 이것이 마음공부입니다. 그런데 스스로 묶이는 허망심에 둘러싸여서 이것을 모르고 살아갑니다. 그러니까 내일 죽을지도 모르는데 자기 나름대로 내년을, 몇십 년 후를 꿈꿉니다. 어림도 없습니다. 이것을 알아야 합니다.

둥글고 밝은 본심을 아는 것이 마음공부입니다. 허망집착심에서 원명본심으로 돌아가는 것이 마음공부인데, 내 눈이 내 눈을 보고 자기 집에서 자기 집으로 돌아가는 것이기 때문에 어려울 게 하나도 없습니다.

그런데 왜 안 되느냐? 잘못해서 그렇습니다.

마음공부하는 데는 세 단계가 있습니다.

첫째, 각찰覺察 공부입니다. 진심으로 돌아가기 위해서는 망심 자체가 어떤 놈인지 얼마나 나쁜 놈인지, 얼마나 이상한 놈인지를 알아야 합니다. 그 허망한 마음을 살피는 공부가 각찰 공부입니다. 그래서 마음공부를 하기 전에는 노여운 생각이 일어나면 화를 내고, 욕심나면 욕심내고, 좋으면 좋다고 하고, 나쁘면 나쁘다고 합니다. 그런데 마음공부가 시작되면 화가 나면 '아, 내가 화를 내고 있구나.' 하고 그 화를 내는 마음을 살펴봐야 합니다. 미운 놈이 생기면 가서 때리기부터 할 게 아니라 '내가 저놈을 미워한다.' 하고 먼저 살펴야 합니다.

이 각찰 공부만 해도 편안해집니다. '내가 저 사람을 해쳐야겠다.'는 생각이 일어나면 거기에 딸려 가니까 해치게 되는 것입니다. 그 생각이 일어날 때 '아, 내가 이 생각을 일으키고 있구나.' 하고 각찰을 하면 마음이 아지랑이와 같아서 일어났다 금방 사라집니다. 좋아하는 마음도 일어났다 금방 사라집니다.

지금 원수지간이라고 해서 그것이 영원한 게 아니고, 지금 좋다고 해서 그것이 영원한 게 아닙니다. 싫어하는 마음이 일어나면 가서 싸울 게 아니라 '싫어하는 마음이 일어나고 있구나.' 좋아하는 마음이 일어나면 '좋아하는 마음을 일으키고 있구나.' 하고 마음을 살피는 공부부터 해야 합니다. 그 공부가 안 되면 다음 단계로 넘어갈 수 없습니다. 항상 거기서 맴돕니다.

둘째, 막념莫念입니다. 생각하지 않는 것입니다. 좋은 것이 눈에 띄어도 좋다고 생각하지 않고, 과거의 어떤 기억이 떠올라도 그것을 생각하지 않고, 밖의 것도 생각하지 않고 안의 것도 생각하지 않는 것이 막념 공부입니다. 이 생각 저 생각 하는 것이 마음공부에 제일 방해가 됩니다.

무슨 생각이 나면 거기에 따라가는 작념作念을 하지 않아야 합니다. 무엇이 보이든 그것에 신경 쓰지 않으면 됩니다. 아주 쉽습니다. 생각하는 게 어렵지 생각하지 않는 것은 쉽습니다. 무엇이 보이든 기억이 나든 생각하지 않는 것이 막념입니다. 잠이 와도 잠 온다고 생각할 것 없고, 망상이 일어나도 망상이 일어난다고 생각하지 않아야 합니다. 이것을 '끊는다.'라고도 하고 '쉰다.'라고도 합니다.

만약 지난 일 때문에 괴롭다면 생각하지 않으면 다 해결됩니다. 모든 것은 생각하는 데서부터 시작됩니다. '원수를 갚아야 한다.'는 생각을 하지 않으면 원수 갚을 것이 없습니다. 생각하지 않으면 다 끝납니다. 이 마음공부를 못해서 여러 가지 일이 벌어지고 세상이 힘들어집니다.

셋째, 참구參究입니다. 둥글고 밝은 이 마음은 무엇인가? 모든 망상은 체體가 없고, 둥글고 밝은 그 마음이 변하지 않는 불변不變으로 수연隨緣을 해서 보기도 하고 듣기도 하고 생각을 해서 움직이기도 합니다. 보는 이 마음이 무엇인가? 이 보는 것·듣는 것·움직이는 것이 다른 게 아니라 다 진심眞心 하나가 수연해서 되는 것입니다. 귀로 나오면 듣게 되고, 눈으로 나오면 보게 되고, 발로 나오면 걷게 되는 것이 수연입니다. '둥글고 밝은 무자성無自性, 무장애無障碍인데, 이 보고 듣고 하는 이 마음이 무엇인가?' 이것이 참구공부입니다.

그런데 찾을 때 망상이 일어나면 절대 따라가지 말아야 합니다. 눈에 보이면 보기만 하지 거기 따라가면 안 됩니다. 보는 대로 따라가고 생각나는 대로 따라가면 안 됩니다. 참구공부를 해 보면 우리 중생의 생각이 얼마나 혼란하고 복잡한지 알 수 있습니다. 생각이라는 게 얼마나 허망하고 아지랑이 같은지 알 수 있습니다. 그것을 알아서 살피고, 생각에 따라가지 말고, 찾아야 합니다. 그러면 본래 둥글고 밝은 마음을 보게 됩니다. 이것을 깨달음이라고 합니다.

그러니까 공부만 잘하면 깨달음이 멀리 있는 것이 아닙니다. 내 눈이 내 눈을 보듯이 금방 압니다. '정말로 그럴까?'라고 의심하면 안 됩니다. 그 생각에 벌써 딸려 갔기 때문입니다. 그 생각을 하지 말고 딱 들어가면 깨닫는데, 그것을 못합니다. 이것을 다생습기多生習氣라고 합니다. 다생 동안 익힌 기운입니다. 그러니까 안 된다는 생각을 하지 말아야 합니다.

바로 '이것이 무엇인가?' 하면 그것이 참구입니다. 손에서 놓지 않고,

잠이 와도 '잠 온다.'는 생각을 하지 않고, 자다가 깨도 '깼구나.' 하고 그것에 따라가지 않고, '이것이 무엇인가?'라고 참구하는 것이 마음을 찾는 공부입니다. '이것이 무엇인가?'를 항상 찾아야 합니다. 그러면 허망한 마음은 다 사라지고, 원명묘체만 나옵니다. 이것을 견성, 성불, 깨달음이라고 합니다.

일 없는 사람
[無事凡夫]

일 없는 사람
[無事凡夫]

우리가 '일을 한다.'는 표현을 자주 쓰는데, 일이 무엇이냐? 일은 동력, 즉 움직이는 힘입니다. 일용사 日用事, 즉 날마다 하는 일이 무엇이냐? 우리는 목이 마르면 물을 마시고, 피곤하면 잠을 자고, 추우면 옷을 입고, 배고프면 밥을 먹습니다. 이것이 날마다 하는 일입니다. 그리고 행주좌와 行住座臥, 돌아다니고, 서 있고, 앉고, 눕고 하는 모든 것이 일용사입니다. 이 일용사는 중생이나 성현이나 불보살이나 똑같습니다.

『금강경』에 보면 부처님께서 공양 시간이 되자 발우를 들고 성에 들어가서 음식을 빌어 와서 잡수시고, 다 잡수신 후 정리해 놓고 앉으셨습니다. 이것이 일용사입니다. 여기에는 더한 사람도 없고, 덜한 사람도 없습니다. 벗어날 수 없고, 아무 허물도 없습니다. 이 일용사만 하는 사람은 일이 없는 사람입니다. 일이 없다는 것은 이 일용사만 한다는 말입니다. 밥 먹는 일, 움직이는 일, 오고가는 일, 잠자는 일 외에는 하는 일이 없습니다.

그런데 일이 있는 사람은 이것 외에 망상을 합니다. 망상은 근심걱정입니다. 밥 먹어도 근심걱정, 잠을 자도 근심걱정, 돌아다녀도 근심걱정, 죽어도 근심걱정, 살아도 근심걱정을 합니다. 항상 근심하고 걱정하다가 한평생을 보냅니다. 이런 사람들은 유사범부有事凡夫, 즉 일 있는 사람입니다.

반대로 일이 없는 사람[無事凡夫]은 요사범부了事凡夫라고 합니다. 요사범부는 근심걱정을 다 마쳤기 때문에 일이 없습니다. 근심걱정을 하지 않는다는 것입니다. 근심걱정 안 하는 요사범부를 도인道人이라고도 합니다. 죽어도 근심걱정이 없고 살아도 근심걱정이 없고, 있어도 없고 없어도 없는 것이 요사범부입니다.

근심걱정은 무엇이 있고 없고 죽고 사는 일용사에 있는 것이 아니라 망상으로부터 나옵니다. 망상을 다른 말로 하면 번뇌입니다. 번뇌망상에서 근심걱정이 나오는 것이지, 무엇이 있고 없고, 죽고 사는 것 때문에 근심걱정이 나오는 게 아닙니다.

그래서 일이라고 하면 일상생활을 하는 일용사와 안 해도 될 생각을 계속해서 고통을 받는 망상사妄想事가 있습니다. 이 망상사에서 벗어나는 게 해탈解脫입니다. 망상사에서 벗어나면 일체 일용사가 전부 해탈입니다. 밥 먹는 것도 해탈이고, 잠자는 것도 해탈이고, 태어나는 것도 해탈이고, 죽는 것도 해탈입니다. 망상으로 걱정이 생기고, 망상으로 슬픔이 생기고, 망상으로 괴로움이 생깁니다.

도가 높아지면 근심걱정이 다 없어집니다. 죽을 때도 근심걱정이 없고, 살 때도 근심걱정이 없습니다. 흐르는 물이나 구름이나 바람을 보고 "너 무슨 고민이 있니?" 하고 한번 물어 보십시오. 사람이나 구름이나 물이나 바람이나 다를 것이 하나도 없습니다. 이 몸이 바람과 조금도 다르지 않고, 구름과 조금도 다르지 않고, 물과 조금도 다르지 않습니다.

그런데 다만 하나 다른 것이 있으니, 근심걱정하는 것만 다릅니다. 근심걱정은 허망한 생각에서 왔으니까 그것을 없앨 생각을 하지 말고, 허망한 마음을 돌아봐서 그것이 맑아지면 근심걱정은 하려야 할 수가 없습니다. 어른이 되면 다시 어린아이가 될 수 없고, 꿈에서 깬 후에 다시 꿈꾸지 못하는 것처럼, 망상심이 사라진 후에는 근심걱정을 하려야 할 수가 없습니다. 이것이 근심걱정 없이 사는 요사범부입니다. 성현이 아니고 그냥 범부인데, 근심걱정 하지 않고 사는 범부입니다.

그러면 도대체 망상이란 무엇이냐? 끊임없이 구하는 마음입니다. 애취심愛取心, 즉 좋아하고 내 것으로 만들려고 하는 욕구가 망상입니다.

옛날 시골에는 온 동네 사람들이 똑같이 보는 TV가 있었습니다. 밝은 달이 TV였습니다. 그 달을 쳐다보면서 이야기를 들려주는 어른들이 아나운서였습니다. 그때 그 시절엔 TV도, 아나운서도 참 멋있었습니다. 프로그램이 똑같은데도 아주 굉장했습니다.

그 옛날 아나운서가 해 준 이야기입니다. 조선의 어느 왕 때, 버드나무가 한 그루 있었습니다. 그 나무는 진실한 말을 하면 움직이고, 거짓말을 하면 안 움직였답니다. 그래서 그 버드나무를 보면 참말인지 거짓말인지 알 수 있었습니다. 하루는 왕과 중전, 그리고 신하 중에서 제일 높은 영의정이 그 나무 앞에 갔습니다.

제일 먼저 왕이 이야기합니다. "내가 비록 조선의 왕이지만, 나는 저 넓은 중국의 천자가 되고 싶다." 그러니까 버드나무가 설렁설렁 움직였습니다. 중전도 속에 있는 말을 해 보라고 하니까 중전이 이야기합니다. "내가 비록 조선 여자로서는 가장 높은 지위인 내명부의 수장이지만, 나는 중전보다는 왕에게 사랑받는 후궁이 되고 싶다. 매일 밤마다 찾아와 나를 사랑해 주었으면 좋겠다." 그러니까 또 버드나무가 살랑살랑 움직였습니다. 마지막으로 영의정이 머뭇거리다가 말합니다. "말씀드리기 참 송구합니다. 내가 일인지하一人之下 만인지상萬人之上의 영의정이다. 나도 한번 조선의 왕이 돼서 이 나라의 가장 높은 사람이 되고 싶다." 평소에 이런 말을 하면 역심을 품었다고 목이 날아갑니다. 그런데 그 말을 하자마자 버드나무가 또 설렁설렁 움직였습니다.

이 이야기에는 엄청난 철학과 인생이 담겨 있습니다. 이 사람들의 소원대로라면 다들 현재에 만족하지 못하고 지금보다 높은 자리에 올라가고자 합니다. 왕은 중국의 천자가 되고 싶고, 중전은 사랑받고 싶고, 영의정은 왕이 되고 싶어합니다. 그러면 중국의 천자가 되면, 사랑받는 후궁이 되면, 영의정이 왕이 되면 더 이상 구하는 마음이 없겠습니까? 영원히 구하는 마음에서 벗어날 수 없는 게 인간의 마음이라는 것을 이야기하고자 하는 것입니다.

인간은 망상으로 구하다가 죽고, 찾다가 죽습니다. 그래서 현재 있는 것은 전혀 모르고 나한테 없는 것만 계속 찾다가 가는 것입니다. 현재 편안해도 그것을 모르고 앞을 걱정하다가 죽습니다. 마치 종기가 나면 어쩌나 걱정하며 멀쩡한 살을 미리 긁는 것과 같습니다. 요즘 이것이 아주 심각합니다.

아이들은 편안하게 잘 노는데 부모님들이 걱정하느라고 아이들을 달달 볶습니다. 그러니까 이런 부모님의 말씀 들어서 제대로 되는 것이 없습니다. 만약 석가모니 부처님이 아버지 말씀대로 왕을 했으면 얼마 안 가서 목숨도 다 잃고 나라도 망했을 것입니다. 부처님이 아버지 말을 안 들었기 때문에 우리가 지금 있는 겁니다. 그러니까 "너는 걱정도 안 돼냐?" 그런 말 절대 하지 마십시오.

걱정할 줄만 알지 살 줄 모릅니다. 목마를 때 물 마시고, 올 때 오고 갈 때 가고, 할 일 있으면 하고 없으면 쉬는 것이 사는 것입니다. 이것이 일용사입니다. 그 외의 근심걱정은 전부 허망한 생각에서 옵니다. 구하지 않아도 될 것을 쓸데없이 구합니다. 조선의 왕으로 살면 되는데 왜 천자가 되려고 하고, 중전으로 살면 되는데 사랑받는 후궁이 되려고 하고, 영의정으로 있으면 되는데 왕이 되려고 그 난리를 치느냐 말입니다.

요즘 지하철을 타고 다니다 보면 전부 휴대폰만 들여다보고 앉아 있습니다. 심지어 사람을 만나는 시간에도 휴대폰만 들여다봅니다. 집에서도 방에 들어가서 컴퓨터 하고 게임만 합니다. 게임에서 이기면 어떻고 지면 어떻습니까?

또 지하철 광고판에 '성형 전, 성형 후' 이 따위 사진이 많습니다. 성형 전 얼굴을 성형 후로 바꿔 놓으면 무엇이 달라집니까? 성형한 얼굴을 보면 거의가 다 똑같이 생겼습니다. 전부 성형을 하면 한국 사람들이 다 똑같아질지도 모릅니다. 성형이 아니라 근심걱정이 없어져야 달라집니다.

장기를 두다 보면 장기판이 세상살이와 똑같습니다. 이기느냐 지느냐 그 순간은 심각한데 딱 판을 엎어 버리면 이기고 지는 것이 없습니다. 바둑을 둘 때도 죽느냐 사느냐 심각하지만 딱 엎어 버리면 그저 흰 알 검은 알일 뿐입니다.

이 근심걱정이라는 것은 순전히 망상에서 오는 겁니다. 그리고 우리가 살다가 죽는 것이 이것 하며 살다 죽으나 저것 하며 살다 죽으나 똑같습니다. 내가 언제 죽을지도 모르는데 계획은 또 얼마나 세웁니까?

죽고 사는 게 전부 일용사입니다. 하는 일 중에는 태어나는 일도 있고 죽는 일도 있고 다 있습니다. 사는 것만 일용사가 아닙니다. 왜 꼭 안 죽어야 합니까? 안 죽어서 할 일이 무엇입니까? 무조건 오래 살려고 하는 것은 망상 때문에 그렇습니다. 100살이 넘었는데 기어코 더 살려고 하는 분들도 많습니다. 반면 젊은 사람들이 스스로 목숨을 끊는 경우도 많습니다. 이런 것을 망상사라고 합니다. 망상 때문에, 근심걱정 없는 세상에서 근심걱정 하며 살아갑니다.

요사범부了事凡夫라는 말은 중국의 방거사龐居士 ?~808라는 분이 처음으로 사용했습니다. 이 몸을 부처님 얼굴처럼 꾸며 내는 것이 아니라, 이 마음에 근심걱정이 없어지는 것이 도道입니다. 지족知足, 만족할 줄을 알면 범부가 아닙니다.

그러면 어떻게 만족하느냐? 그냥 만족하면 그만입니다. 구하면 모자라고 구하지 않으면 모자람이 없습니다. 지금 삶으로 만족하면 그만입니다. 200살을 살아도 더 살아야겠다고 구하면 만족이 안 됩니다. 만족할 줄을 알면 범부가 아닙니다. 방거사는 도인이라 이런 법문을 하는 것입니다.

마음이 여여如如하면 있는 것도 아니고 없는 것도 아닙니다. 마음이 여여하다는 것은 마음이 망상 근심을 일으키기 전 그 본래 마음과 그대로라는 말입니다. 본연평상심本然平常心, 즉 마음이 구하는 생각을 일으켰다든지 다른 허망한 생각을 일으키지 않은 평상심을 가지고 있으면, 바깥 대상 세계도 본연평상입니다. 내 마음이 망상을 일으키면 세상도 제대로 된 세상이 아니고, 내 마음이 본연평상심이 되면 저 바깥세상도 본연평상의 대상이 됩니다.

이 세계란 완전하게 있는 것도 아니고 완전하게 없는 것도 아닙니다. 그러니까 죽는다고 서러워하거나 산다고 좋아할 것이 없습니다. 완전하게 없는 것도, 완전하게 있는 것도 없습니다. 이것을 알아야 합니다. 색즉시공色卽是空 공즉시색空卽是色입니다.

무엇 하나 이루어지면 그것이 천년만년 갈 것 같고, 없어지면 큰일 날 것 같지만 다 소용없습니다. 그래서 무엇이 생긴다고 해도 거기에 목을 매지 말고 없어진다고 해도 거기에 빠지지 말라는 것이 있는 것도 아니고 없는 것도 아니라는 말입니다. 그러니까 사는 데 얽매이지 말고 죽는 것을 싫어하지 말아야 합니다. 살고 죽는 것을 좋아하고 싫어하는 것은 순전히 망상입니다. 좋아하고 싫어할 이유가 없지만, 내가 좋아하고 싫어하는 것입니다.

어떤 사람은 "너는 그걸 왜 좋아하느냐?"라고 합니다. "왜 사느냐?"

고 묻는 것과 똑같습니다. 그냥 좋아하고 그냥 싫어하는 것입니다. 망상으로 싫어하고 망상으로 좋아하는 것입니다. 이유가 없습니다. 있는 게 없고 없는 게 없습니다. 이 없는 게 없다는 것을 알아야 합니다. 이 세상에 없는 건 없습니다. 또 이 세상에 있는 건 없다는 것을 알아야 합니다. '색불이공色不異空 공불이색空不異色'을 외우기만 하면 좀 부족합니다. '색불이공 공불이색 색즉시공 공즉시색'입니다.

그러니까 방거사가 말했습니다. "유역불관有亦不管 무역불구無亦不拘 불시현성不是賢聖 요사범부了事凡夫." 있는 것에도 집착하지 않고 없는 것에도 매이지 않으면, 현인이나 성인이 아니고 일을 마친 범부입니다. 여기서 요사범부가 나옵니다. 그래서 도를 닦으면 근심걱정을 다 마친 요사범부가 됩니다.

우리가 근심걱정 하는 것은 전부 내 어리석음과 망상에서 오는 것입니다. 내 무지와 내 욕구, 내 망상, 내 번뇌에서 옵니다. 그런데 이것을 모릅니다.

경봉鏡峰 1892~1982 큰스님께서 "하찮은 마음을 일으키지 말아야 한다."고 법문하셨습니다. '하찮은 마음'은 달리 말하면 쓸데없는 생각입니다. 쓸데없는 생각을 하지 말라는 말입니다. 어떤 분이 보광전普光殿 선방에서 참선하다가 망상이 하나 떠올랐습니다. 내일 부산에 가야 하는데 차비가 있는지 걱정이 돼서 호주머니에서 돈을 꺼내어 세어 봅니다.

이런 것이 하찮은 마음입니다.

　내일 확인해도 될 텐데, 생각이 떠올라 거기에 딸려 가니까 망상입니다. 눈앞에 보이면 보이는 데 딸려 갑니다. 그게 망상입니다. 보여도 딸려 가지 않으면 지혜입니다. 생각이 일어나도 생각에 딸려 가지 않으면 그것이 지혜입니다. 생각이 억만 번 일어나도 상관없습니다. 내가 딸려 가지 않으면 그만입니다. 망상이 일어나도 내버려 두면 됩니다. 저 앞에 온갖 게 다 보여도 내가 따라가지 않으면 됩니다. 불관不管이면 평상不常입니다.

　옛날 할머니들이 종종 "내가 저 꼴을 안 봐야 된다." 하며 눈을 감았습니다. 멀쩡한 눈을 왜 감습니까? 눈 뜨고 보되, 관계하지 않으면 됩니다. 생각이 일어날 때 더 생각을 일으키지 말아야 합니다. 생각이 일어나면 좇아서 생각하지 않고 막념莫念을 하면 억만 번 생각이 일어나도 아무 상관없습니다. 관계하지 않으면 억만 가지가 보이고 들려도 아무 상관없습니다. 이것이 평상심平常心을 가지는 묘법妙法입니다.

　어떻게 생각이 안 일어납니까? 억만 가지 생각이 일어나도 그 일어나는 생각을 생각하지 말아야 합니다. 그러면 해결됩니다. 눈 감지 말고 보고 듣되 관계하지 말아야 합니다. 단풍으로 유명한 오대산에 가서 단풍은 보지 않고, 기암괴석이 많은 금강산 만폭동에 가서 그것을 보지 않으려고 눈을 감고 앉아 있습니다. 오대산이나 금강산은 단풍이나 기암

괴석을 보러 간 것 아닙니까? 거기 가서 보되, 거기에 집착한다든지 연모하는 마음을 갖는다든지 하지 않으면 평상심입니다.

막념莫念 공부가 있고 불관不管 공부가 있습니다. 밖으로 보이는 것에 관계하지 않고 자기 머릿속에 일어나는 생각을 되짚어 생각하지 않는 것이 막념 공부입니다. 그러면 심여즉시좌心如卽是坐라, 마음이 여여하여 평상심을 가지면 그것을 앉는다고 합니다. 몸을 꼼짝하지 못하게 하는 것이 아니라, 마음을 항상 여여하게 본연평상심을 가지면 그게 앉는 것입니다. 경여즉시선境如卽是禪이라, 경계가 여여하면 그게 바로 선禪입니다.

방거사는 무엇을 보더라도 거기에 관계하지 않는 것이 선이라고 했습니다. 무슨 생각이 일어나도 거기에 따라가지 않는 게 좌坐입니다. 그렇게 되면 화중련火中蓮, 즉 불 속에 핀 연꽃입니다. 온 세상 사람들이 근심걱정 하고 사는데, 이 사람은 근심걱정 없이 살아가는 사람입니다. 참 희귀한 것이 불 속에서 핀 연꽃과 같다는 것입니다. 불가사의하고 희귀하다는 뜻입니다.

鼻孔遼天　　비공료천
兩脚着地　　양각착지
欠少什麽　　흠소습마
欠少什麽　　흠소습마

콧구멍이 저 멀리 하늘과 통하고
두 다리가 땅을 디디고 있다.
모자라는 것이 무엇인가?
모자라는 것이 무엇인가?

도맹道盲으로부터 해탈

　문화에 대해 모르는 것을 문맹文盲이라 하고, 도에 대해서 모르는 것을 도맹道盲이라고 합니다. 문자를 모르는 것을 문맹이라고 하는데, 한때 나이 든 사람들이 대부분 문맹이었습니다. 그분들은 한글을 잘 모르고 옛날 언문諺文만 압니다. 언문은 '가갸'라고도 합니다. 자음 14자와 모음 10자를 익혀서 배열하면, '가나다라마바사아자차카타파하'인데 하룻저녁이면 언문을 다 배웁니다. 이것까지 모르면 완전 문맹입니다. 어디까지나 통속적인 글이라 해서 언문이라고 합니다.
　또 진서眞書가 있는데, 이것은 순 한문입니다. 한 60년 전만 하더라도 진서로 문화생활을 하는 사람이 많았습니다. 편지도 한문으로 쓰고, 족보도 한문으로 만들었습니다. 그런데 이분들은 한글을 모르고 옛날 언문만 압니다. 언문은 맞춤법이나 띄어 쓰기가 없습니다. 그동안 한글정책에 의해서 맞춤법통일안이 발표되고 계속 보강해서 오늘날까지 왔습니다. 그래서 노인들 중에 맞춤법이나 띄어 쓰기를 모르는 한글문맹이 많습니다.

언문은 쉽지만 한글은 절대 쉽지 않습니다. 언문은 자음과 모음만 익히면 하룻저녁에 다 알 수 있습니다. 그런데 여러 가지 한글 규정이 생겨서 띄어 쓰기나 맞춤법을 다 알기가 굉장히 어렵습니다. 그래서 의외로 우리 국민들 중에 한글문맹이 많습니다.

특히 읽기는 해도 쓰기를 잘 못하는 사람이 많습니다. 한글의 맞춤법이나 띄어 쓰기가 절대 간단하지 않습니다. 대학교수나 교사들도 원고 쓴 것 보면 맞춤법이 틀리거나 띄어 쓰기가 틀린 경우가 많습니다. 편지 한 장을 쓰라고 하면 맞춤법이나 띄어 쓰기를 틀리게 하는 사람들이 꽤 있습니다. 익히지 않으면 문맹을 탈출하기 쉽지 않습니다. 문맹에서 벗어나는 길은 공부밖에 없습니다.

요즘은 한글문맹 말고 다른 문맹도 아주 많습니다. 컴퓨터를 모르면 컴맹입니다. 인터넷을 못하면 넷맹입니다. 또 가지고 다니는 휴대폰을 제대로 사용하지 못하면 폰맹입니다. 오늘날 문명이 세분화되고 다양화되면서 문맹으로부터 벗어나기가 정말 어렵습니다. 부지런히 공부하지 않으면 안 됩니다.

문화문맹이라는 것이 있습니다. 문화는 우리 생활과 환경 같은 것들입니다. 이런 환경의 구조나 성격이 달라졌는데, 그 달라진 것을 모르는 것이 문화문맹입니다.

예를 들면 이런 게 있습니다. 요즘 예식장에서 결혼식 하는 것을 생각해 보십시오. 주례가 등단해 있고, 신랑이 씩씩하게 걸어서 식장으로 들어가고, 그 다음에 신부는 혼자 들어가지 못하고 친정아버지가 손을 잡고 들어갑니다. 그리고 신랑에게 데려다 줍니다. 그러면 신랑이 그 손을 잡고 주례 앞으로 갑니다.

이것이 무엇을 의미하느냐? 중세시대 유럽에서는 여자는 인권이 없고, 남자에게 소속된 노예였습니다. 시집가기 전에는 아버지에게 딸린 노예이고, 결혼한 후에는 남편에게 딸린 노예입니다. 그래서 친정아버지가 다른 남자한테 "너 해라." 하고 주는 것입니다. 그런데 우리는 그것을 아무 생각도 없이 따라 하고 있습니다.

또 주례의 역할은 절대자 신의 명령을 대신해서 결혼을 인정해 주는 것입니다. 이것은 중세 서구에서 비롯된 결혼 풍속입니다. 민주주의가 발달한 오늘날에도 그런 문화풍속은 바뀌지 않았고, 우리나라도 의미를 모르고 그냥 따라 하고 있습니다. 여성은 남자에게 소속된 노예가 아닙니다. 오늘날은 남성과 여성이 평등한 사회인데 왜 결혼식은 그렇게 진행합니까? 몰라서 그렇습니다. 이런 것을 문화문맹이라고 합니다.

그러면 우리나라의 전통 결혼식은 어떠했느냐? 1960년대까지만 해도 초례醮禮를 올렸습니다. 신랑 신부가 서로 마주 보고 맞절을 하고 그 주위를 사람이 둘러서서 증명합니다. 신랑 신부가 술을 따라서 같이 나눠 마시는 것이 초례입니다. 그때 나눠 마시는 술을 합환주合歡酒라고 합니다. 합해서 같이 즐거워하는 술입니다.

그래서 결혼은 일초종신一醮終身이라, 한 번 초례를 올리고 합환주를 나눠 마시면 인연이 다할 때까지 함께 갑니다. 이것이 전통혼례의 철학이고 예절입니다. 이 얼마나 평등하고, 철학이 있고, 신의信義가 있습니까? 그런데 이런 결혼식을 버리고 서구식 예식을 좋다고 합니다. 이런 것을 문맹이라고 합니다.

이런 문화문맹이 굉장히 많습니다. 요즘 보면 사회적 문맹, 정치적 문맹이 꽤 많습니다. 우리나라가 1980년대까지 한창 경제개발을 해서 엄청난 성장을 이루었습니다. 토목과 건설을 통해 성장한 토건경제土建經濟가 지금까지도 지속되고 있습니다. 그런데 이제는 더 이상 팔려야 팔 땅도 없고, 지을 집도 없습니다. 그런데 경제라고 하면 계속 집 짓고 땅 팔 궁리만 합니다. 세상은 토건경제가 끝났는데, 우리 문화는 토건경제에서 벗어나지 못하고 있습니다.

그래서 대통령 후보들이 내세우는 공약이 전부 땅 파기 하겠다는 공약입니다. 도로를 놓겠다, 시설을 하겠다고 하는 것이 토건경제 사고입니다. 토건경제는 끝났습니다. 지금도 이미 시설 과잉입니다. 그러면 지금 필요한 경제는 무엇이냐? 인간경제人間經濟, 즉 사람을 돌보는 경제로 바뀌어야 합니다. 이런 것을 민주복지民主福祉라고 합니다.

　인간에 투자하고 인간을 육성해야지, 계속 땅만 파서는 안 됩니다. 그런데 이것을 모릅니다. 독재경제, 토건경제는 옛날 경제이고, 새로운 경제는 민주경제, 인간경제입니다. 그런데 그것을 모르고 땅만 파고 집만 짓습니다. 사람이 먼저이지 집이 먼저입니까? 이런 것이 문화문맹입니다. 문화 속에 살면서 문화를 이해하지 못하는 것이 많습니다. 그런데 나는 안다고 착각을 합니다. 자기가 모른다는 사실을 모르고 살아갑니다.

　한마디 더 하자면, 현대 문화에 며느리는 벌써 없어졌습니다. 그런데 시어머니들은 아직도 며느리가 있다고 생각합니다. 이것이 문화문맹입니다. 요즘 젊은 사람들 중에 며느리 노릇 하려고 결혼하는 사람은 없습니다. 그런데 시어머니는 자기한테 며느리 노릇 하러 온 것으로 착각합니다. 시어머니는 며느리가 같이 사는 남자를 낳았다는 것 외에 내세울 것이 하나도 없습니다. 그런데 시어머니가 그것을 모르고 권위를 피우려 합니다. 이런 문맹에서 벗어나려면 며느리가 아니라 아들과 사는 여자라고 생각하면 편합니다. 그래서 가끔 오다가다 들르면 좋고, 안 들르면 그만이라고 생각해야 합니다. 이것이 현실입니다.

　그런데 이러한 문맹보다 더 심각한 것이 도道에 대해서 모른다는 것입니다. 이것을 도맹道盲이라고 합니다. 문화를 모르면 문맹이고, 도를 모르면 도맹입니다.

그러면 도맹이란 무엇이냐? 내가 나를 모르는 게 도맹입니다. 인도에 세친世親 보살이라는 대단한 보살이 있는데, 그분이 『유식론唯識論』이라는 책을 썼습니다. 그 대표적인 내용이 '유식무경계唯識無境界 이무진망견以無塵妄見'입니다. 오직 의식뿐이고 경계는 없는데 허망하게 보는 것입니다. 오직 의식뿐이고 나에게 보여지는 하늘이나 땅이나 사람이나 만물은 없는 것입니다. 이런 것이 도道입니다. 이것을 정법正法이라고 합니다. 지금 우리는 자기의식에 속아서 살고 있습니다. '인신난득人身難得이고 정법난문正法難聞이라', 사람 몸으로 나기 어렵고 정법 듣기가 어렵습니다. 모르고 들어도 이런 정법을 들으면 수지맞는 것입니다.

오직 의식뿐이고 경계는 없다면 왜 보느냐? 의식으로 허망하게 보는 것입니다. 경계 대상, 티끌이 없는데 의식작용으로 허망하게 보는 것입니다. 이것을 깨달으면 도맹에서 탈출하는 것입니다. 도안道眼을 얻는 것입니다. 문화의 안목이 생기는 것은 문맹에서 벗어나는 것이고, 도의 눈이 생기는 것은 도맹에서 벗어나는 것입니다.

비유하자면 '여인목유예如人目有瞖하면 견모월등사見毛月等事라', 어떤 사람이 눈병이 생기면 모월이 보이는 것과 같습니다. 눈썹가에 울긋불긋한 바퀴들을 모륜毛輪이라고 합니다. 눈병이 생긴 사람에게 모륜이 보입니다. 그리고 달을 쳐다보면 달이 두 개로 보입니다. 진짜 달 주위에 달이 하나 더 보입니다. 눈썹 바퀴와 달 말고 또 다른 달이 있는 것이냐?

눈병 때문에 보이는 것입니다. 이렇게 자기를 볼 줄 모르는 미혹에 의해서 경계와 자기를 보는 것을 도맹이라고 합니다.

그러면 도맹에서 어떻게 벗어나느냐? 『능엄경楞嚴經』에 다음과 같은 말씀이 있습니다.

발진귀원發眞歸元하면 시방허공十方虛空이 실개소운悉皆銷殞이어늘, 운하공중云何空中 소유국토所有國土가 이부진렬而不振裂가.
참지혜가 발현되어서 자기 본래 근원으로 돌아가면 시방 허공이 모두 다 없어지거늘, 어찌 허공중에 있는 국토들이 찢어지지 않겠느냐.

허망된 의심 말고 참지혜를 발하여 근원으로 돌아가 버리면 이 세상의 모든 국토가 다 없어집니다. 이 도道 하나를 얻는 순간에 우리가 현재에 보고 듣고 느끼고 하는 것은 다 없어집니다. 이것이 불교의 깨달음입니다. 왜냐하면 우리가 보고 듣고 느끼는 것은 전부 유식망견唯識妄見, 오직 의식으로 허망하게 본 것이기 때문입니다. 그래서 근원으로 돌아가는 동시에 허망하게 보는 모든 것은 일시에 사라집니다. 그 다음에는 참지혜가 나타납니다.

육조 혜능慧能 638~713 선사의 『육조단경六祖壇經』에 다음과 같은 일화가 있습니다.

어느 절 앞에 깃발을 하나 세워 놓았는데 바람에 움직였습니다. 그러자 젊은 스님 두 명이 바람이 움직이는 것인지 깃발이 움직이는 것인지 토론을 했습니다. 한 사람은 바람이 움직인다고 하고, 한 사람은 깃발이 움직인다고 주장해서 논의가 끝나지 않았습니다.

그때 혜능선사가 "바람이 움직이는 것도 아니고, 깃발이 움직이는 것도 아니고, 그대의 마음이 움직이는 것이니라[不是風動 不是幡動 仁者心動]."라고 답했습니다.

이것을 탁 깨달으면 도맹에서 벗어나는 것입니다. 비가 내릴 때, "저 빗소리가 비가 오는 것인가? 물이 오는 것인가?"라고 물으면 도를 아는 사람은 "네 마음이 떨어진다."라고 합니다. 마음 밖에 없습니다[心外無法]. 죽는 것도 마음이고, 사는 것도 마음이고, 보이는 것도 마음이고, 안 보이는 것도 마음이고, 바람도 마음이고, 깃발도 마음입니다. 그래서 바람이 움직이는 게 아니고, 깃발이 움직이는 게 아니고, 마음이 움직이는 것입니다.

움직이는 것도 마음이고 안 움직이는 것도 마음입니다. 누가 움직인다고 하고, 누가 안 움직인다고 했습니까? 누가 죽는다고 하고, 누가 산다고 했습니까? 전부 내가 죽는다고 하고 내가 산다고 한 것입니다. 이런 것을 깨닫고 사는 것을 자재해탈自在解脫이라고 합니다. 자기 지혜

하나밖에 없으니까 자유자재해서 걸리는 데가 없습니다.

아직 일어나지 않은 일을 미리 걱정하는 사람들이 있습니다. 죽어 보지도 않고서 '죽으면 어쩌나?' 하고 죽은 뒤를 왜 걱정합니까? 이게 전부 내 생각으로 걱정하는 것입니다.

얼마 전에 누가 저한테 "혼자 산에 들어갔는데 호랑이가 나타나면 어떡합니까?" 하고 질문을 했습니다. 그냥 대답하지 않았습니다. 이것을 생각으로 보면 곤란하지만 지혜로 보면 간단합니다. 지혜로 보면 어떻게 하느냐? 인호무관人虎無關 견여불견見如不見이라, 사람과 호랑이는 본래 관계가 없어서 보아도 보지 않는 것과 같습니다. 호랑이는 가만히 있는데 '나는 이제 죽었구나.' 하고, 호랑이한테서 벗어나면 '이젠 살았구나.' 하면서 멀쩡한 사람이 죽었다 살았다 합니다. 이게 전부 유식망견唯識妄見, 의식으로 허망하게 보는 것입니다. 호랑이가 먹고 안 먹고는 나중 일이고, 나는 먹든지 말든지 아무 상관이 없습니다. 이것이 자재해탈입니다.

'색즉시공 공즉시색'을 자재로 실천하는 게 자재해탈입니다. 자재해탈 경계가 도입니다. 자재해탈경계가 무엇이냐? '색즉시공 공즉시색'을 생활 속에서 자유로이 쓰는 것입니다. 그것이 자재해탈이고 도입니다.

도맹에서 벗어나야 하는데, 벗어나지 못해서 고생을 합니다. 도맹에서 벗어나면 죽어도 안 죽는 도리가 있고, 살아도 안 사는 도리가 있습니다. 이것이 '색즉시공 공즉시색'을 자유자재로 활용하는 것입니다. 호랑이가 오기도 전에 미리 겁을 먹어서 도망가거나 까무러칩니다. 호랑이 배 속에 들어가 보지도 않고 어떻게 아느냐는 것입니다. 이런 것이 전부 생각이 미리 걱정하는 것입니다.

그래서 도인들이 하루 종일 옷을 입되, 일찍이 실오라기 하나도 몸에 걸치지 않았고, 하루 종일 밥을 먹더라도 일찍이 쌀 한 톨 씹지 않았습니다[終日着衣 未曾蓋一毫 終日喫飯 未曾齧一粒]. 억만 겁을 죽어도 죽지 않는 도리가 자재해탈입니다. 그 도리를 알면 도맹에서 벗어날 수 있습니다. 이것이 깨달음의 세계입니다.

정법난문正法難聞이라, 정법을 듣기 어렵습니다. 범부 중생은 늘 괴롭다고 "아야, 아야, 아야." 합니다. 그런데 하루는 유명한 도인한테 갔는데 도량이 떠나가도록 "아야, 아야, 아야." 했습니다. 그게 도인 줄 모르고 '아, 저 소리가 딴 사람에게 들리면 어쩌나?' 제가 걱정이 되었습니다. 그런데 자재해탈의 도인에게는 "아야, 아야." 하는 그 속에 "좋아, 좋아."가 있는 것입니다. 이것이 '색즉시공 공즉시색'을 생활 속에서 자유롭게 쓰는 것입니다.

이 도를 알면 "아야, 아야." "좋아, 좋아." 그렇게 사는 것입니다. 아파도 좋은 게 있고, 좋아도 아픈 게 있습니다. 좋고 아픈 것에 자유자재한 것이 도인데, 그것을 자재해탈이라고 합니다. 자재해탈은 법문 잘 듣고, 마음 잘 닦으면 됩니다.

생멸신生滅身과
무형신無形身

사람은 태어나서 점점 나이가 들고 늙어 가다가 죽습니다. 태어나 변하다가 사라지는 몸을 생멸신生滅身이라고 합니다. 절에 가 보면 대웅전大雄殿, 금강계단金剛戒壇, 대방광전大方廣殿, 극락전極樂殿, 대광명전大光明殿 등 많은 법당이 있습니다. 그 대웅, 극락, 대광명 같은 세계의 대웅신, 광명신, 극락신은 무형신無形身이라고 합니다. 형상 없는 몸입니다.

그러면 그 무형신은 우리 몸, 즉 생멸신과는 어떤 관계가 있는 것인가? 만약 우리 몸과 전혀 관계가 없으면 우리가 왜 각 전각에 들어가서 절을 합니까? 금강이니 대웅이니 극락이니 하는 것이 우리 몸과 아무 상관이 없으면 왜 거기에 가느냐는 말입니다.

보통 우리는 생멸신밖에 모릅니다. 그런데 자세히 보면 우리의 생멸신 속에 대웅신도 있고, 광명신도 있고, 극락신도 있습니다. 무형신이 다 있습니다.

불교가 가는 길을 크게 보면 인천복人天福, 열반락涅槃樂, 보리과菩提果의 세 가지 행문行門이 있습니다.

첫째, 인천복은 인도人道에 환생하거나 천도天道에 상생上生하는 것입니다. 오계五戒를 수지하고, 삼귀의三歸依 하고, 보시를 하는 것이 인천복을 받는 길입니다. 오계를 지키고, 삼귀의 하고, 보시를 하는 기본적인 행을 닦으면 인간세상에 돌아와 환생하거나 인간세상보다 더 나은 세상인 천도에 상생합니다.

둘째, 열반락입니다. 열반은 생사가 없는 적멸세계인데, 생사는 번뇌에서 생기고, 번뇌는 구하는 마음입니다. 왜냐하면 이 세상은 다 생멸하기 때문에 구해도 구해도 나면 죽고 나면 죽고, 전체가 무상하고 허망한 것밖에 없는데 또 구합니다. 구해 보면 무상하고 허망한데 또 구하고, 만나면 헤어지는데 또 만나고, 태어나면 죽는데 또 태어납니다. 이것을 끊임없이 계속하는 것을 번뇌라고 합니다. 이 번뇌장애를 끊으면 열반락을 얻습니다.

셋째, 보리과입니다. 대웅의 세계, 극락의 세계, 해탈의 세계, 광명의 세계, 원각세계 등은 보리과를 얻어야 합니다. 전부 보리菩提, 즉 깨달음에서 나오는 것입니다.

보리과를 얻으려면 소지장所知障을 끊어야 합니다. 소지장은 알아야 할 바를 장애하는 것입니다. 번뇌는 쓸데없는 것을 구하는 것이고, 소지장은 알아야 할 것이 있는데 장애가 있어서 모르는 것입니다. 이 소지장을 끊으면 보리과를 얻습니다. 보리과를 얻어야만 대웅大雄도 증득證得합니다. 이것을 도과道果를 증득한다고 설명합니다. 그래서 대웅大雄, 극락極樂, 광명光明, 원각圓覺 이런 것이 전부 부처님의 보리菩提의 세계입니다.

그래서 이 생사의 몸으로 법당을 세워 놓고 서원을 하면 세 가지를 얻습니다. 인천복을 받아 인도에 환생하거나 천도에 상생하고, 번뇌장을 끊어서 열반락을 얻고, 그 다음에 소지장을 끊어서 보리과를 얻어야 합니다. 대웅, 대광, 극락, 해탈 등 안 되는 게 없이 되는 것이 보리과의 세계입니다.

그런데 이 세 가지 행문 외에 더 나아가 격외도格外道를 말합니다. 격외도는 대웅도도 덮어쓰지 않고, 극락도도 덮어쓰지 않고, 해탈도도 덮어쓰지 않습니다. 지위가 없습니다. 지위가 없다고 해서 무위인無位人이라고 합니다. 이것은 인천도 아니고, 열반도 아니고, 보리도 아닙니다. 중생도 아니고, 남자도 아니고, 여자도 아니고, 무위無位입니다. 그 무위가 무형의 세계입니다. 그 무위 무형이 우리 몸에 다 있는데 모른다고 해서 미혹迷惑이라 하고, 그것을 아는 것을 깨달음이라고 합니다.

미혹하면 생멸신뿐입니다. 깨달으면 그 생멸신 속에서 인천복도 받고, 열반락도 얻고, 보리과도 얻고 무위인이 됩니다. 그래서 지위 없는 사람이 참사람입니다. 그래서 무위진인無位眞人이라고 합니다.

그것을 깨닫지 못하면 매일 밥 먹고 오줌 싸는 일밖에 못하는 귀신이라 해서 요상귀자尿床鬼子라고 합니다. 깨달으면 무위진인이고, 평생 깨닫지 못하고 살면 요상귀인입니다. 몸에서 버리는 것을 혹 좋은가 싶어서 자기 오줌을 먹는 사람들도 있다고 합니다. 이런 것을 미혹이라고 합니다. 좋으면 몸에서 왜 버렸겠습니까? 그래서 무형신은 깨달아야 합니다.

반면 생멸신은 그냥 예부터 나고 죽고 나고 죽고 합니다. 『열반경』에 "제행무상諸行無常 시생멸법是生滅法 생멸멸이生滅滅已 적멸위락寂滅爲樂"이라는 게송이 있습니다. 『반야심경』에서는 '제법공상諸法空相'이라고 했습니다. 제행은 제법諸法입니다. 제법이라는 것은 우리 몸의 오온법五蘊法입니다. 색色·수受·상想·행行·식識 오온입니다. 이 오온은 우리의 몸과 마음입니다. 심법心法과 색법色法을 합해서 오온의 제법諸法입니다.

이 색심제법色心諸法이 어디로 가느냐? 삼세 속에 변해 갑니다[變行三世]. 우리 몸도 과거·현재·미래 삼세 속에서 변해 가고, 우리 생각도 과거·현재·미래 삼세 속에서 변해 갑니다. 이것을 제행무상이라고 합니다. 우리 몸에 있는 물질이나 마음, 이 모든 법이 과거·현재·미래 속에 계속 변해 갑니다. 제행무상이란 생멸법입니다.

그러면 적멸이 언제 오느냐? 생멸이 다 없어지면 적멸이 즐거움이 됩니다. 그러면 생멸이 어떻게 하면 끝나는가? 생멸은 구하는 마음 때문에 생깁니다. 구하는 마음이 번뇌입니다. 구해도 없어지고 구해도 없어지는데, 우리는 계속 구합니다. 태어나면 죽고 태어나면 죽는데 끊임없이 태어납니다. 그래서 구하고 태어나는 일을 멈춰 버리면 생멸이 다합니다. 그 생멸이 끊어지면 적멸의 즐거움이 있습니다.

『금강경』에서는 "일체유위법一切有爲法 여몽환포영如夢幻泡影"이라고 했습니다. 생멸함이 있는 것이 유위법有爲法입니다. 유위제법은 오온으로 나누어 볼 수도 있고, 달리 안·이·비·설·신·의 육근六根과 색·성·향·미·촉·법 육경六境의 십이처十二處로 나누어 볼 수도 있습니다. 육근이 육경을 상대하면 안·이·비·설·신·의 육식六識이 발생합니다. 이 육근·육경·육식을 십팔계十八界라고 합니다. 오온, 십이처와 십팔계의 삼과법三科法이 유위법입니다.

오온, 십이처, 십팔계는 전부 우리 몸입니다. 한 번 나서 지금까지 온 것이 아닙니다. 어제 몸이 오늘 몸이 아닙니다. 계속 생겼다 사라져서 생긴 상속상相續相이지, 일체상一體相이 아닙니다. 그러니까 한 살 때 몸이 사라지고 두 살 때 몸이 이어가고, 두 살 때 몸이 사라지고 세 살 때 몸이 이어갑니다. 이것이 상속相續입니다.

그래서 사라지는 것이 꿈·환상·물거품·그림자와 같습니다. 이처럼 일체 유위법은 쉽게 말하면 삼세 오온법인데, 과거·현재·미래 삼세의 색·수·상·행·식 오온법이 꿈이나 물거품처럼 빨리 사라진다는 것입니다.

어디를 가도 어제는 없고 오늘만 있습니다. 과거는 어디서도 찾을 수 없고, 오직 우리 머릿속에만 있습니다. 그래서 과거는 꿈과 같은 것입니다. 현재는 번개같이 지나갑니다. 미래는 구름과 같습니다. 구름은 보이기는 해도 잡을 수 없습니다. 오늘이 어제의 미래였는데, 내일이 또 오늘의 미래입니다. 미래는 하늘에 떠 있는 구름과 같아서 잡을 수 없습니다. 이것이 삼세입니다. 그리고 몸은 물거품 같고 이슬 같습니다. 이것이 생멸법입니다.

생멸에서 무형신을 깨달아서 보리과를 이루는데, 『임제록臨濟錄』에 무형신에 대한 다음과 같은 법문이 있습니다.

사대는 법을 설하지도 듣지도 못하고, 허공도 법을 설하지도 듣지도 못하는데, 오직 그대 눈앞에 뚜렷이 밝은 형상 없는 한 물건만이 법을 설하고 들을 줄 안다. 여기서 말한 형상없는 것이란 바로 모든 부처님의 바탕이며 또한 그대의 본래 마음이다[四大不解說法聽法 虛空不解說法聽法 只汝目前 歷歷孤明 勿形段者 始解說法聽法 所爲勿形段者 是諸佛之法印 亦是汝本來心也].

형상이 없는데 몸이 있는 것이 보리입니다. 무슨 말인가 하면, 우리가 몸을 보면 지·수·화·풍 사대상四大相과 허공상虛空相이 있습니다. 우리 현재 몸은 사대상인데 몸이 완전히 사라지면 허공과 같습니다. 그래서 우리 몸은 사대 물질 형상도 있고 허공 형상도 있습니다. 몸은 구멍으로 이루어져 있는데, 다 허공 형상입니다. 콧구멍과 눈구멍 등 구멍이 없으면 몸이 안 됩니다.

그런데 임제臨濟 ?~867 선사의 법문에는 사대라는 것은 설법할 줄도 모르고 청법할 줄도 모른다고 했습니다. 그러면 사대상 아닌 저 허공이 말을 할 줄 알고 말을 들을 줄 아느냐? 아닙니다. 오직 이 형체가 없는 것, 허공 같은 것도 아니고 사대 같은 것도 아닌 것만 홀로 밝습니다.

그 형단 없이 외로이 밝은 그놈이 무형신인데, 그것이 늘 설법하고 청법합니다. 사대상도 아니고 허공상도 아닌 형상 없는 자체 성격의 몸이 말을 듣고 말을 합니다. 이것을 깨달으면 무위진인이 됩니다. 그것은 형상 없이 홀로 밝아서 어디 속하지 않고 머무는 데가 없습니다. 삶에도 죽음에도 머무르지 않고 형상도 없습니다.

그래서 이놈을 알고 나면 죽고 사는 것은 아무 상관이 없습니다. 이것이 불교입니다. 생사는 미혹한 데서 오는 것입니다. 무형신을 알면 생사를 걱정하거나 쓸데없는 것을 구하려고 하지 않습니다.

인터넷 뉴스를 보니 요즘은 건강관리를 잘해서 80대 남성 노인의

30%가 새장가를 가려고 한답니다. 심지어 어떤 사람은 50이 넘은 며느리한테 새 부인을 구해 오라고 하면서 며느리보다 어린 사람을 조건으로 걸었답니다. 그 며느리 입장에서 시아버지가 얼마나 밉겠습니까? 며느리는 자기보다 젊은 분은 난감하니까 자꾸 미루고, 시아버지는 자꾸 재촉을 한답니다. 이런 게 번뇌입니다. 구해도 구해도 계속 구하는 게 번뇌입니다. 만나면 헤어지는데, 헤어져도 계속 만나는 게 번뇌입니다.

불교를 잘 믿으면 삼악도에 떨어지지 않고, 인도에 환생하거나 천도에 상생하니까 최소한 현상유지는 됩니다. 그것으로 만족하지 않고 번뇌장을 끊으면 열반락을 얻습니다. 또 소지장을 끊으면 무상보리과를 얻습니다. 그렇게 되면 대웅, 극락, 대명이라 자유자재하는 것입니다. 또한 무위도인無位道人, 지위 없는 도인이 됩니다. 그것이 요사범부了事凡夫입니다. 범부는 범부인데, 일이 하나도 없습니다. 이것이 이 몸 죽기 전에 털끝 하나도 움직이지 않고 바로 되는 수가 있습니다. 이를 불가사의해탈不可思議解脫이라고 합니다.

마음공부에 아주 중요한 문이 있는데 섭심내조攝心內照, 마음을 거둬들여서 안으로 보아 진심을 밝히는 것입니다. 이것이 참구參究입니다. 그런데 참구가 잘 안되는 것은 바깥 사물에 계속 관심을 가지기 때문입니다.

바깥 사물은 좇아가 보면 허망합니다. 색이 공하기 때문입니다. 요즘 사람들은 스마트폰을 끼고 사는데, 그것이 공한 줄을 모릅니다. 아마 평생을 만져도 공한 줄을 모를 것입니다. 또 생각이 일어나면 이 생각이 공한 줄을 모릅니다.

참구는 색이 공하고 생각이 공하니까 생각에도 따라가지 말고 바깥 세상에도 따라가지 말고, 오로지 '이것이 무엇인가?' 하면 됩니다. 색이 공한데 색에 따라가고, 생각이 공한데 생각에 따라가기 때문에 안 되는 것입니다. 밖의 물질들을 살피기는 하되 따라가지는 말아야 합니다. 살피기는 살피되, 거기에 집착은 하지 않아야 합니다. 생각이 일어나면 '아, 이런 생각이 일어나는구나.' 알고 느끼기는 하되 거기에 집착하지는 않는 것이 마음공부의 핵심입니다.

생각이 일어나든 밖의 것이 보이든, 가고 오고 앉고 서고, 보고 듣고 움직이고 꿈꾸고 하는 이 전체가 하나의 마음이니, '이것이 무엇인가?' 하십시오. 앉아 있는 놈이나 듣는 놈이나 가는 놈이나 오는 놈이나 각자 다른 게 아니라 하나입니다. 잠자는 놈 따로 있고 노는 놈 따로 있는 게 아닙니다. 누워 자기도 하고 일하기도 하고 놀기도 하고 웃기도 하는 것이 이것 하나입니다. 항상 '이것이 무엇인가?' 하십시오.

어떤 사람은 찻잔을 보며 '이것은 무엇인가?' 하는데, 이런 것은 경계에 따라가는 것이기 때문에 안 됩니다. '저 사람은 무엇인가?'라는 것도 안 됩니다. 그러면 항상 바깥 사물 따라가다가 인생이 끝납니다. 마음공부는 그렇게 하는 것이 아닙니다. '저 사람은 무엇인가라고 보는 이것이 무엇인가?' '찻잔이라고 보는 이것이 무엇인가?'를 참구하는 것입니다. '보기도 하고 듣기도 하고 느끼기도 하고 일도 하고 화도 내고 하는 이 마음, 이것이 무엇인가?' 이런 마음공부를 거각擧覺한다고 합니다.

'거擧'는 '중요한 물건을 선반 위에 얹는다.'라고 조선시대에 풀이하고 있습니다. 아무 데나 내다 버리지 않고, 아무 데나 처박아 놓지 않고, 행주좌와行住坐臥 견문각지見聞覺知 일용동정日用動靜 간에 항상 '이것이 무엇인가?'를 일상생활 꼭대기에 얹어 놓아야 합니다. 물이 아무리 빠르게 흘러가도 달빛이 그 물에 비치는 것과 같습니다. 이처럼 '이것이 무엇인가?'를 우리 마음속에 항상 높이 얹고 버리지 말아야 합니다.

'각覺'은 참구인데, 조선시대에는 '찾을 시視'라고 설명했습니다. 얹어만 놓으면 안 되고 찾아야 합니다. 보기도 하고 듣기도 하는 '이것이 무엇인가?'를 찾는 것입니다. 마음공부는 찾는 공부이지, 보기만 하고 멈추는 것이 아닙니다. 그래야 보리도菩提道를 얻을 수 있습니다. 참구하지 않으면 보리도를 얻을 수 없습니다.

그냥 멈추면 번뇌장을 끊어서 적멸까지는 가는데, 보리도는 안 됩니다. 모든 불교의 가르침을 보면, 반야 지혜를 실천해서 보리도를 얻는 것입니다. 그래서 『반야심경』에서도 '삼세제불三世諸佛은 반야바라밀다를 의지해서 아뇩다라삼먁삼보리를 얻는다.'고 했습니다. 이것이 대승불교입니다.

항상 마음을 찾아야 합니다. 참구하려면 버리지 않고 자기 마음속에 늘 얹어 두어야 합니다. 그것을 다른 말로 하면 '제시提撕', 잡아끄는 것입니다. '이것이 무엇인가? 이것이 무엇인가?' 하고 잡아들고 다니는 것입니다.

'될까, 안 될까. 잘하나, 못하나?' 이런 생각이 일어나도 거기에 딸려가지 말아야 합니다. 이것이 전부 자기 안에서 일어나는 생각[內念]이 발동하는 것인데, 여기에 끌려가면 안 됩니다. 또 외부 환경에 끌려가지 말아야 합니다. 전부 공空뿐입니다. 공 아닌 것이 하나도 없습니다.

외상外相이나 내념內念에 끌려가지 않고 오직 '이것이 무엇인가?' 하고 잡들이고, 마음에 얹어서 깊이 찾으면 일체 생사가 거기서 멈춥니다. 번뇌가 멈추고, 소지장이 그냥 없어져 버립니다. 그리하면 생멸신 그대로 무형신을 증득하게 됩니다.

마음공부 하면서 좋은 일도 많이 해야 합니다. 좋은 일을 많이 해야 인도에 환생하고 천도에 상생할 수 있습니다. 이 좋은 몸을 가지고 나쁜 짓을 하면 인간과 천상 길을 스스로 막는 것입니다. 인간 몸으로 이 생사를 멈추게 하고 열반을 얻고 적멸락을 얻습니다. 보리과를 증득해서 극락세계를 눈앞에서 체험하고, 대광명을 얻어서 어둠이 없는 세계에 자유자재하는 일체 지위 없는 참사람 요사범부가 됩니다.

옛날에는 빨리 죽어서 도를 못 닦았는데, 요즘은 백세시대니까 도를 닦을 시간이 얼마든지 있습니다. 그러니 지금이야말로 도풍道風이 일어날 때입니다. 도는 죽기 직전에도 닦을 수 있고, 움직이지 못하는 노인도 도를 닦을 수 있습니다. 할 마음이 없어서 못 닦지, 힘들어서 못 닦는 일은 없습니다. 장수시대일수록 도 닦기 참 좋습니다. 쓸데없는 일 하면서 남은 세월 다 보내지 말고 도 공부를 잘해 보시기 바랍니다.

도량불道場佛과 자성청정심

부처님이 계신 곳을 도량이라고 합니다. 도장道場이라 쓰고 도량이라 읽습니다. 그러면 도량은 어디인가? 다시 말해서 부처님이 어디에 계시는가? 부처님은 시방삼세에 항상 계십니다. '시방삼세十方三世 제망찰해帝網刹海 상주일체常住一切 불타야중佛陀耶衆'이라고 예불합니다. 시방삼세가 부처님 도량인 것입니다. 과거·현재·미래의 삼세에 동·남·서·북, 사이 간방, 그리고 상방·하방의 시방입니다. 시방삼세가 부처님이 항상 상주하는 도량입니다. 그것이 근본도량입니다.

부처님이 최초에 성불하신 보리도량, 즉 깨달음을 얻으신 보리菩提도량, 설법하신 설법說法도량, 공덕으로 이룩하신 극락極樂도량, 늘 만족을 얻는 도솔兜率도량 등이 다 불도량입니다. 극락세계에 가는 것은 왕생往生이라 하고, 도솔천에 가는 것은 상생上生이라고 합니다.

우리나라는 대승불교이기 때문에 대승경전, 특히『금강경』·『화엄경』

·『법화경』의 세 경전을 중요시합니다. 그런데 『금강경』을 설법한 도량에는 보살 이름이 없습니다. 『금강경』을 처음 시작할 때 보면 수보리와 1,200인의 대비구 대중이 나오고, 문수 · 보현 · 관음 등의 보살 이름은 없습니다. 보살을 위한 설법이지만 보살 청중이 없습니다. 『금강경』을 설하시던 설법도량에는 보살이 없기 때문에 한국에서 사찰도량을 건설하는 데는 『금강경』이 표준이 안 됩니다.

『화엄경』을 보면 화엄도량에는 처음에는 보살과 화엄성중만 있고, 십대제자 아라한이 없습니다. 「입법계품」에는 성문대중들이 보살들과 함께 기원정사에 있기는 하지만 부처님의 사자빈신삼매 경계를 전혀 보지 못하고 이해도 못하는 것으로 나옵니다. 문수보살이 그 자리에서 일어나 남쪽 인간계를 향하자 따라 일어나게 됩니다.

『법화경』은 영축도량 기사굴산에서 설법하셨습니다. 『법화경』「서품序品」에 보면 참가한 청중이 다 나옵니다. 석가모니 부처님이 설법의 주불이시고, 문수 · 보현 · 미륵 · 관음 다 나옵니다. 그리고 아라한의 이름과 천룡 · 야차 · 건달바 · 아수라 · 긴나라 · 마후라가 · 인 · 비인 등 팔부신장이 다 나옵니다.

그래서 한국불교에서 도량을 세울 때는 『법화경』을 규범으로 삼습니다. 부처님을 모시고, 양쪽에 보살님 모시고, 그 다음에 아라한 모시고, 마지막에 신장님을 모시는 것이 법화규범입니다. 『금강경』을 규범으로 하면 부처님과 수보리와 비구들만 있고, 『화엄경』을 규범으로 하면 아라한은 없고 보살과 신장들만 있어야 합니다. 그래서 한국불교에는 법화가 도량의 기본이고 규범입니다.

그래서 삼존불을 모실 때도 『법화경』에 의해서 삼존불을 모시고, 옆에 나한·보살·신장을 모십니다. 이것을 그림으로 도상화 해서 모시는 게 후불탱화입니다. 후불탱화는 다 설법회상도說法會上圖, 즉 설법하는 모임의 그림입니다. 한국불교의 후불탱화는 전부 영산회상설법도靈山會上說法圖입니다. 영산회상에 보면 보살, 나한, 신장이 다 있습니다. 간혹 '화엄칠처구회도華嚴七處九會圖'라고 일곱 곳에서 아홉 번 법회를 연 회상도가 있는데, 그것은 몇 군데밖에 없습니다. 그 외에는 영산회상도입니다.

그리고 밖에는 쌍탑을 주로 모시는데, 석가탑과 다보탑도 『법화경』식입니다. 『법화경』「견보탑품見寶塔品」에 다보탑·석가탑 이야기가 나옵니다. 쌍탑을 모시는 것이 『법화경』 규범입니다. 이것이 한국불교 도량 건립의 규범입니다.

그러면 부처님께 예배하고 공경하는 방법은 어떻게 하느냐? 예경禮敬은 전부 『화엄경』에 의해서 합니다. 건립 규범은 『법화경』이고, 예경 의례는 『화엄경』에 의거합니다.

앞서 말씀드린 것처럼 영산회상이나 기원정사만 도량이 아니고, 시방 삼세 제망찰해 일체 법계가 도량입니다. 이렇게 '법계法界가 곧 불도량

佛道場이고, 불도량이 곧 법계'라는 것이 화엄도량입니다. 형상으로 사물 법상을 세울 때는 『법화경』 규범으로 세우지만, 예경을 할 때는 전부 화엄으로 한다는 것입니다. 한국불교의 의식은 전부 화엄의식입니다.

그래서 불상을 모실 때도 모시는 의식은 화엄으로 봉안합니다. 불상을 봉안하는 것을 점안點眼의식이라고 합니다. 삼존불을 모실 때에도 점안의식은 전부 십불十佛, 십안十眼의 화엄으로 하는 것입니다. 『금강경』은 오안五眼만 말했는데, 『화엄경』에는 십안, 무진안無盡眼으로 끝이 없습니다. 그래서 점안의식에 십안, 천안, 무진안으로 합니다. 그러니까 삼존불을 모셨다 하더라도 그 내용을 보면 시방법계에 항상 계시는 부처님으로 봉안합니다. 이것이 한국불교의 예경의식입니다.

그러면 법계도량의 화엄 십불은 어떤 부처님이신가?

① 성정각불成正覺佛은 정각을 이룬 부처님입니다.

② 원불願佛은 일체 중생을 다 성불시키려는 부처님입니다.

③ 업보불業報佛은 일체 업보를 다 드러내는 부처님입니다.

부처님 상호는 『법화경』에서는 32상相 80종호種好를 보이고 있습니다. 32상 80종호는 요즘과는 안 맞는 부분이 있습니다. 『법화경』식으로 하면 여자가 성불하려면 먼저 남자가 되는 통과의례를 거쳐야 합니다. 『법화경』에 "홀연지간忽然之間 변성남자變成男子"라고 했습니다. 여자의 몸 그대로는 성불할 수 없고, 홀연지간에 남자로 변성합니다. 이것이 변성성불變成成佛입니다.

32상에는 '마음장상馬陰藏相'이라는 게 있습니다. 부처님은 남자 모습이 밖으로 튀어나오지 않고 말처럼 안으로 들어갔습니다. 그것이 음장陰藏입니다. 마음장상은 남자의 모습입니다. 여자가 성불하려면 마음장상이 없으니까 남자의 몸으로 바꾸어서 성불한다고 설명한 것입니다.

그런데 『화엄경』은 그렇지 않습니다. 『화엄경』에서는 부처님이 일체 중생의 몸으로 다 나타납니다. 모든 중생이 업業을 지어서 업을 받는 업보業報의 몸으로 다 나타나는 게 화엄의 부처님입니다. 32상 같은 것은 전혀 상관없는 세계가 있습니다. 화엄신앙을 해야 남녀가 평등합니다.

④ 주지불住持佛은 머무는 것이 다 부처님입니다.

⑤ 열반불涅槃佛은 열반에 드는 것이 다 부처님입니다.

⑥ 법계불法界佛은 법계가 그대로 부처님입니다.

⑦ 심불心佛은 마음이 그대로 부처님입니다.

⑧ 삼매불三昧佛은 삼매가 그대로 부처님입니다.

⑨ 본성불本性佛은 본성이 그대로 부처님입니다.

⑩ 수락불隨樂佛은 중생이 좋아하는 것을 따라서 모두 나타나는 것이 다 부처님입니다.

이처럼 화엄불은 법계가 도량이고, 도량이 바로 부처입니다. 마음과 경계, 심성과 국토가 다른 게 아닙니다. 이것이 아주 중요한 문제입니다. 요즘 말로 하면 인식과 존재인데, 인식 따로 있고 존재 따로 있는 것이 아닙니다. 예를 들어 찻잔이라는 존재가 있고, 이것을 알아보는 것은 나의 인식입니다. 그러면 내 감각이 없는데 찻잔이 존재하느냐? 또 찻잔이 존재해서 내 감각이 있는 것이냐? 그런데 부처님 깨달음의 세계에서는 존재와 인식이 다른 것이 아닙니다. 그러니까 도량이 바로 부처이고 부처가 도량입니다. 법계가 바로 부처이고 부처가 바로 법계입니다.

법계가 부처님의 깨달음인 정각正覺이고, 정각이 법계입니다. 이것이 정각도량입니다. 온 우주가 부처님의 정각도량이고 정각이 우주입니다. 이것이 해인도량입니다. 해인海印, 즉 바닷속에 있는 모든 영상 그림자 그대로 정각인 것입니다. 부처님의 정각세계에 중생세간衆生世間・국토세간國土世間・지정각세간智正覺世間이 다 들어가 있습니다. 전부 정각 속에 나타나는 세계입니다. '정각이 법계이고, 법계가 정각이다.'가 핵심입니다. 깨달음을 얻으면 내가 바로 법계가 됩니다.

그래서 중생이라는 것은 나와 이 세계를 분리하는 분별이고, 정각은 원융해서 둘이 없는 것입니다. 다 도량불인데 중생이 미혹해서 이것을 나눕니다. 삶과 죽음이 있고, 인식과 존재가 있고, 깨달음과 대상이 있습니다. 둘로 나눠서 보면 미혹한 것이고, 원융하게 돌아가면 깨달은 것입니다.

깨달으면 나도 없고 나 아닌 것도 없어져서 원융하게 됩니다. 깨닫기 전에는 둘이 있어서 분별합니다. 분별이 번뇌입니다. 번뇌는 항상 분별하는데, 깨달으면 둘이 없어집니다. 그러면 하나냐? 하나라고 하면 벌써 하나 아닌 게 있으니 하나도 아닙니다. 원융하게 되는 것입니다. 원융무이상圓融無二相으로 가는 것입니다.

예를 들면 나무를 계속 비비면 불이 나고, 불이 나면 나무가 탑니다. 그러면 둘이 없어지는데, 그러면 하나가 있느냐? 하나도 없어집니다. 그러니까 원융무이입니다. 이런 것이 정각도량입니다.

통도사 극락암에 극락영지라는 연못이 있습니다. 그 연못에 영축산 산그림자가 비칩니다. 경봉鏡峰 1892~1982 큰스님이 그곳을 지나가시다가 "저 연못 속에 산이 비친다."는 말씀을 가끔 하셨습니다. 제가 어릴 때는 "그냥 지나가시지, 왜 저런 말을 하시나?" 했는데, 거기에는 깊은 뜻이 있었습니다. 지수池水, 연못물에 영축산 그림자가 비친다는 말입니다.

그림자를 볼 때 물은 안 보입니다. 그런데 연못의 물을 빼 버리면 그림자는 없습니다. 그림자를 볼 때는 산 모양만 뚜렷하게 보이는데, 사실은 그게 산이 아니고 전부 물인 것입니다. 알고 보면 그 그림자 하나하나가 물입니다. 물을 떠나서 영상은 하나도 없습니다.

마찬가지로 『화엄경』에서 중생·국토·불보살이 다 본각대지本覺大智, 즉 본래 깨달은 큰 지혜의 물속에 비친 그림자입니다. 삼종세간이 전부 지혜의 그림자인 것입니다. 본각대해本覺大海에 비친 그림자라는 말입니다. 이것을 지영智影이라고 합니다. 일체 존재, 일체 법계가 지수智水에 비친 지영입니다.

저기 저 허공도 나의 본각대지에 비쳐진 그림자입니다. 그러니까 본각대지가 없으면 허공도 없습니다. 우리 몸도 지혜의 물에 비친 그림자[身爲智影]이고, 허공도 지혜의 물에 비친 그림자이고, 국토도 지혜의 그림자입니다. 이것을 해인삼매海印三昧라고 합니다.

그런데 우리는 본각대지는 모르고 단지 그림자만 봅니다. 물속에 비친 그림자만 볼 줄 알고 물을 모릅니다. 그래서 우리는 그 물에 비친 그림자에 속아서 그림자만 좇아 다닙니다. 이 그림자에 속아서 지혜의 물을 잃어버리는 것이 중생입니다. 그릇을 보고 그릇인 줄 알지만 그릇이라고 느끼는 지혜를 잊어버린 것입니다.

그러면 어떻게 하면 그 본래 지혜에 가느냐? 반야바라밀 수행으로 들어갑니다. 본래 지혜에 못 들어가게 하는 장애를 극복하려면 반야바라밀 수행이 필요합니다.

반야바라밀 수행이란 첫째로 관조觀照, 즉 관찰을 합니다. 일체 경계, 모든 사물, 산하대지, 우주만물 등을, '이것은 무엇인가?' 하고 경계를 관찰합니다. 경계를 관찰하면 색즉시공色卽是空을 알게 되는데, 이것이 관조반야觀照般若입니다. 대상을 자세히 관찰하면 그것이 공한 줄을 알게 되는데, 이것이 택법관공擇法觀空입니다. 반야지혜를 자꾸 닦으면 일체가 공함을 보게 되는데, 이것이 관공반야觀空般若입니다.

이렇게 공을 보면 경계를 탐하거나 구하는 마음이 사라집니다. 경계가 공한 줄을 모르니까 경계를 탐하고 경계를 구하는 것입니다. 대부분 평생 구하는 것이 사람, 재산, 명예, 권력 등입니다. 그런데 그 경계가 다 불생불멸이고 자성이 없고 공한 줄 알게 되면, 그 경계를 구하는 마음이 사라집니다. 경계가 공함을 보게 되면 경계를 좇아가던 마음이 고요해집니다.

예를 들면, 도둑이 물건을 훔치러 어느 집 방문을 열고 들어갔는데 방 안에 아무것도 없고 완전히 빈 방인 경우, 이것을 도둑이 빈 방에 들어갔다고 적입공실賊入空室이라고 합니다. 아무것도 없으니까 도심소멸盜心消滅이라, 훔칠 마음이 없어집니다. 그래서 경계도 공하고 마음도 공한 것이 원명圓明입니다. 또 경계도 공하고 마음도 공한 상태를 적광寂光이라고 합니다. 이 원명적광의 세계가 정각입니다. 분별 번뇌는 사라지고, 원명적광의 정각이 드러나는 것이 시성정각始成正覺입니다. 그 세계가 법계도량입니다.

부처님의 정각도량은 적광원명입니다. 경계를 좇아가고 경계를 분별하는 그 번뇌가 고요해진 상태에서 드러나는 지혜가 원명지혜입니다. 원명지혜로 가기 전에 관조지혜가 있습니다. 관조에서 원명으로 가는 것이 반야바라밀입니다. 아뇩다라삼먁삼보리는 관조가 다 끝나서 그냥 무가애無罣碍 일체지一切智가 형성된 지혜의 세계입니다. 이것이 불도량입니다.

불도량이 되면 모든 것이 해인도량입니다. 모든 것이 정각지혜에 비추어진 그림자입니다. 정각을 떠나서는 그림자가 없습니다. 잘 닦으면 반야지혜를 점점 끌어냅니다. 중생은 자성청정심을 가지고 있지만 이것을 끌어내지 못했을 뿐입니다. 이 끌어내는 수행을 발심수행이라고 합니다. 자성청정심을 그대로 가지고만 있으면 범부이고, 이것을 부분부분 자꾸 끌어내면 보살이라고 합니다.

하나하나 닦아가는 것이 보살의 수행입니다. 보살 수행은 보시와 지계로부터 나옵니다. 물질을 보시하는 것으로 끝나는 게 아니라, 원력을 세워서 하면 지혜가 됩니다. 퇴비는 다른 아무 데도 못 쓰는 것이지만 과일 나무에 주면 좋은 과일이 되는 것처럼, 내가 재물을 가지고 있다가 버리면 그만이지만 그것을 좋은 공덕으로 쓰면 지혜가 됩니다. 이것을 보시라고 합니다. 계율은 나도 이롭게 하고 남도 이롭게 하는 것입니다. 불자들은 나도 이롭고 다른 사람도 이롭게, 자리이타自利利他의 마음을 잘 써야 합니다.

어떤 할머니가 아들네에 갔다가 아들이 집안일을 하는 것을 보고 기분이 상해서 딸네로 가 버렸답니다. 딸네 가니까 사위가 청소하고 부엌일 하는 것을 보고 기분이 좋아지더랍니다. 심보를 그렇게 쓰면 안 됩니다. 사위가 딸을 도와 집안일 하는 것은 기분이 좋고, 아들이 며느리를 돕는 것은 기분이 나쁘다면 장애 때문에 성불하기 어렵습니다.

나도 이롭고 남도 이롭게 마음을 쓰고, 물질을 공덕으로 잘 써야 성불이 가능합니다. 우리는 자성청정심을 가지고 있으니까, 이런 좋은 마음을 자꾸 끌어내어 닦아 가는 것이 수행입니다.

행복과
마음공부

행복이라 하면 그 무엇보다도 마음에 속병이 없고 근심걱정이 없는 것이 제일입니다. 속병은 화병인데, 요즘 말로 하면 노이로제입니다. 옛날 할머니들이 많이 앓던 가슴앓이가 노이로제입니다.

근심걱정은 항상 더 이루려 하고, 더 가지려고 하다 보니 늘 불안해하는 것입니다. 불교에서는 이것을 번뇌라고 합니다. 한마디로 '취할 취取'가 번뇌입니다. 끊임없이 취하려고 해서, 취하려는 마음 때문에 내세에 또 태어납니다. 취하려는 마음이 끊어지면 윤회는 없습니다. 계속 더 가지려고 하는 것이 번뇌입니다. 요즘 말로 하면 스트레스입니다.

노이로제는 화병이고, 스트레스는 근심걱정입니다. 그러면 근심걱정은 어디서 오느냐? 더 가지려고 하는 데서, 더 받으려고 하는 데서 옵니다. 팔십 먹은 노인도 대중 앞에서 말하라고 하면 긴장하고 떱니다. 잘 보이고 싶어서 떠는 것입니다. 팔십 먹은 노인이 남들한테 잘 보여서 무얼 하겠습니까? 근본적으로 더 받으려고 하는 마음이 있기 때문입니다. 취하려는 마음이 있어서 그것 때문에 늘 근심걱정합니다.

 무엇을 이루었든지 무엇을 받았든지, 자기가 받은 것을 모르는 게 화병입니다. 노이로제는 자기가 가진 것은 모르고 갖지 못한 것만 생각합니다. 그게 노이로제입니다. 많은 것을 가지고도 없는 것만 생각하는 것입니다. 스트레스는 계속 더 받으려고 하니까 근심걱정이 없을 수가 없습니다. 그런 것 없이 사는 게 행복입니다. 그런데 그게 쉽지 않습니다.

 근심걱정이 없으려면 어떻게 해야 하는가? 첫째, 자생력自生力이 있어야 합니다. 스스로 살아가는 힘이 없는 데서 자꾸 문제가 생깁니다. 자생력을 보려면 나무를 보면 됩니다. 씨앗이 땅에 떨어지면 싹이 나는데, 싹과 뿌리 중에 어느 것이 먼저 나겠습니까? 반드시 뿌리가 먼저 납니다. 뿌리가 나지 않으면 싹이 못 나옵니다.

 뿌리 없는 나무는 없습니다. 뿌리가 깊을수록 줄기가 높습니다. 또 뿌리가 단단할수록 강한 바람에도 넘어지지 않습니다. 태풍이 지나갈 때 보면 소나무는 좀처럼 쓰러지지 않습니다. 뿌리가 깊기 때문입니다. 그런데 아카시아나무는 쉽게 넘어갑니다. 아카시아나무는 위로만 위로만 뻗어 가고 밑으로는 들어가지 않으니까 쉽게 쓰러집니다. 뿌리가 참 중요합니다. 이것이 자생력입니다.

산에 올라가 보면 좁은 바위 틈에 소나무가 자랍니다. 소나무 뿌리가 바위를 뚫고 뿌리를 박습니다. 만져 보면 나무가 쇠처럼 단단하고, 추워도 가물어도 안 죽습니다. 이것이 자생력입니다. 그런데 어딘가에 의지하면 자생력이 없어집니다. 자꾸 자식에게 의지하고 남편에게 의지하고 부인에게 의지하다 보면 화병만 생기고 스트레스만 받습니다. 내 뿌리로 내 인생을 키워야 합니다.

자생력이 생기면 항상 자발적으로 움직입니다. 누가 시켜서 하는 게 아니라 늘 스스로 구제할 방법을 찾습니다. 이럴 때 행복할 수 있습니다. 자생력이 없고, 자발성自發性이 없고, 자구력自救力이 없으면 남들만 따라다니다가 상처 받습니다. 그 상처 받는 것이 화병입니다.

대부분 남을 원망합니다. 원망하는 것은 그 사람에게 바라는 게 있기 때문입니다. 자기 뿌리를 스스로 내리지 않고 다른 어딘가에 의지해서 살려고 했기 때문입니다.

얼마 전에 인터넷 신문에서 충격적인 기사를 보았습니다. 어떤 분에게 명문대를 나와서 고시 준비를 하는 아들이 있었습니다. 아들이 고시원에서 공부를 하는데, 전화도 잘 받지 않고 전화를 받아도 목소리에 힘이 없었습니다. 걱정이 되어 찾아가 봤더니 아들이 다 죽게 생겼더랍니다. 이유를 물어보니까 여자친구를 사귀었는데, 여자친구가 명품 가방을 사 달라고 졸랐답니다. 가방을 사 주려고 가격을 알아보니 500만원이 넘었습니다. 그래서 가방 사 줄 돈이 없어서 신장을 팔아서 가방을 사 줬답니다. 신장을 떼고 나니 기운이 없어서 혼자 앓아누운 것입니다.

아들 가진 분들은 아들의 신장이 무사한지 점검해 보십시오. 누구에게 떼어 주었을지도 모릅니다. 또 딸 가진 분은 용돈을 넉넉히 주지 않았는데 명품 가방을 들고 다니면 남의 신장을 떼서 들고 다니는 것은 아닌지 점검해 봐야 합니다.

아무튼 내 능력만큼 해야 하는데 자기 능력보다 많은 것을 바라니까 문제가 생깁니다. "지금은 돈이 없다. 다음에 돈 많이 벌면 사 줄게."라고 해도 될 텐데 빨리 사랑을 이루고 싶었던 모양입니다. 이런 것은 자생력이 아니라 의지하는 것입니다. 사 주고 싶은데 돈이 없으니까 장기매매 광고를 보고 흥정을 했던 것입니다. 부모님이 그 모습을 봤을 때 마음이 어떻겠습니까? 그 사람은 평생 신장 없이 살아가야 합니다. 자생력은 없으면서 분위기를 믿거나 시대를 믿거나 또는 다른 사람을 믿으려는 사람들이 많은데, 아주 위험합니다.

둘째, 자존감自尊感이 있어야 합니다. 대부분 다른 사람이 나를 존중해 주기를 바랍니다. 다른 사람이 나를 존중해 주지 않으면 아주 침울하고 괴로워합니다. 왜냐하면 자존감이 없기 때문입니다. 내가 나를 존중할 줄 알아야 합니다. 다른 사람이 나를 좋아하고 싫어하는 것은 그 사람의 마음에 달린 것입니다. 다른 사람의 평가는 중요한 것이 아닙니다. 내가 나를 어떻게 평가하느냐가 가장 중요합니다. 내가 나를 봤을 때 옳은 일을 했으면 옳은 것입니다. 내가 분명히 옳은 일을 했는데 다른 사람이 몰라 준다고 거기에 매몰되어서는 안 됩니다.

어떤 엄마는 아이가 "엄마 미워!"라고 하면 하루 종일 괴로워합니다. 아이가 원하는 것을 엄마가 해 주지 않아서 기분 나빠서 하는 이야기일 뿐입니다. "엄마 최고!"라고 하면 또 하루 종일 행복해합니다. 어린 아이가 자기의 감정을 표현한 것뿐입니다. 중요한 것은 내가 엄마로서 얼마만큼 잘하느냐입니다.

자존감을 가지고 사는 것이 행복입니다. 그러면 스트레스도 받지 않고 노이로제도 없습니다. 자존감이 있어야 자강력自强力이 생깁니다. 자강불식自强不息이라는 말이 있습니다. 스스로 강해서 쉬지 않는다는 뜻입니다. 스스로 강해지려면 자기 자신을 존중할 줄 알아야 합니다.

나에게 하나밖에 없는 이 몸, 스스로 존중하지 않으면 안 됩니다. 그러니까 자존自尊이 있어야 자강自强을 하고, 자강自强을 해야 자성自成을 합니다. 내가 스스로를 형편없이 보는데 어떻게 강해지고, 무엇을 이루겠습니까? 자강自强, 자성自成하면 노이로제나 스트레스가 없습니다.

셋째는 자족감自足感을 가져야 합니다. 스스로 만족滿足하는 능력이 있어야 합니다. 계속 스트레스를 받으며 살면 아무리 가져도 스스로 만족하지 못합니다. 그래서 나 스스로 만족할 수 있는 힘이 행복의 기본입니다. 하루를 살아도 만족하면 오래 산 것이고, 백년을 살아도 '아, 내가 왜 백년밖에 못 사나?' 하면 자족능력이 없는 것입니다.

소유所有와 자족自足은 다릅니다. 아무리 많이 소유해도 자족하지 못하는 사람이 있습니다. 그래서 자족이 중요합니다. 오늘 죽어도 '나는 오늘 죽는 것으로 만족한다.' 하면 끝입니다. 이것이 자족입니다. 자족을 하면 어떤 변화가 와도 항상 만족합니다[變足]. 눈이 오면 눈이 오는 대로, 비가 오면 비가 오는 대로 만족합니다. 자족력이 있기 때문에 어떤 상황이 오든 항상 만족하는 것입니다.

부처님께서 하루는 법문을 하려고 법상에 오르셨습니다. 밑에서 문수보살이 손뼉을 세 번 치면서 "법왕의 법이 이와 같으니라."라고 하자 부처님이 법문을 하지 않고 그냥 내려오셨습니다. 이게 변족變足입니다. 왜냐하면 문수보살이 법문을 다 했기 때문입니다. 그 변화를 보고 만족해 버리는 것입니다.

어떤 어머니가 딸이 어릴 때 서로 헤어졌는데, 생모 자격으로 그 딸을 찾아갑니다. 그런데 그 딸을 키운 부모님과 딸의 사이가 굉장히 친밀하고 행복해 보였습니다. 그 모습을 보고 "나는 딸을 찾을 필요가 없다."고 생각하고 그냥 돌아옵니다. 변화를 보고 만족하는 것입니다.

반드시 내가 해야 만족하는 것이 아니라 누가 하든 이루어진 것으로 만족하는 것이 변족變足입니다. 변화를 보고 만족해 버리니 얼마나 편하고 좋습니까? 그 딸은 생모가 없어도 키워 준 엄마와 친밀도가 깊고 신뢰가 깊어서 행복합니다. 그런데 이상한 여자가 나타나서 "내가 진짜 네 엄마다."라고 돌을 던져 놓으면 보통 일이 아닙니다.

도인 스님들이 법상에 앉아서 법문할 때, 청중의 질문 내용이 법문한 뜻을 잘 설명했으면 법상에서 그냥 내려옵니다. "왜 내 시간에 끼어드느냐?"라고 물리치고 자기 하고 싶은 대로 실컷 하고 내려오는 게 아닙니다. 내가 아니라도 다른 누군가가 그날 법문 주제에 부합하는 한마디를 말했으면 그것으로 그 법문이 다 된 것이니 내려오는 것입니다.

이것을 관기이변觀機而變이라고 합니다. 그 조짐을 보고 자기가 변한다는 것입니다. 그 상황을 보고 내가 변해 버립니다. 항상 변화하는 데 만족[變足]합니다. 항상 만족합니다[常足]. 있어도 만족하고 없어도 만족합니다.

끝으로 그 다음에는 자각自覺입니다. 스스로 깨달아야 합니다. 무엇을 깨닫느냐? '나는 무엇인가?'를 한번 생각해 보십시오. 다 나를 위해서 살아갑니다. 전부 나를 위해서 사는데 '나는 무엇인가?'입니다. 그런데 나는 단순합니다. 몸을 떠나서 내가 따로 없습니다. 그러면 이 몸이 무엇이냐? 몸 전체가 전부 마음입니다.

코로 숨을 쉬지만 내가 숨을 쉬었다고 합니다. 손이 움직이지만 내가 움직인다고 합니다. 발이 걸어가는데 내가 걸어간다고 합니다. 눈이 보지만 내가 본다고 합니다. 그러니까 몸에는 눈도 있고 귀도 있고 손도 있고 발도 있는데, 눈도 나이고, 손도 나입니다. 어떤 사람이 손으로 딱 때리면 "당신이 왜 날 때리느냐?"고 합니다. 손이 손이 아니라 나이고, 눈이 눈이 아니라 나입니다.

나는 마음입니다. 그것을 불성佛性이라고 합니다. 불성이 나입니다. 불성은 상락아정常樂我淨이라, 항상하고 즐겁고 참된 나이고 깨끗한 것입니다. 이것을 깨달아야 합니다. 그래서 사지육신四肢肉身이, 상락아정이 불성이라는 것을 아는 게 자기가 자기를 아는 것입니다.

자각自覺이 있고, 나아가 각타覺他가 있습니다. 나 혼자만 그런 것이 아니라 일체 중생이 실유불성悉有佛性이라, 일체 중생이 다 불성이 있다는 것을 깨달아야 합니다.

각만覺滿, 즉 각이 아주 만족합니다. 각이 만족하다는 것은 무엇이냐? 불성은 무이지성無二之性이라, 둘이 없기 때문에 하늘과 다른 게 아니고 땅과 다른 게 아닙니다. 일체 우주법계가 불성 하나뿐입니다. 이것을 깨닫는 게 각만입니다.

행복 중에서도 고도의 행복이 자각입니다. 일차원 행복은 자생행복, 이차원 행복은 자존행복, 삼차원 행복은 자족행복입니다. 사차원 행복이 내가 나를 깨달은 것, 오온 색신이 청정불성이라는 것을 깨닫는 것입니다. 여기까지 들어가면 자각행복입니다. 내가 나를 깨닫습니다. 사지육신이 그대로 불성입니다. 이것이 자각입니다.

불성을 깨달으면 이 세상에 불성은 하나밖에 없기 때문에, 전부가 불성이기 때문에 억울한 마음이 없습니다. 더 받으려고 하는 스트레스도 없습니다. 이것을 부처님의 청정심이라고 합니다. 노이로제도 없고 스트레스도 없는 마음이 청정심입니다.

절에서 축원할 때 찬불송讚佛頌을 읊습니다.

處世間如虛空 처세간여허공
如蓮華不着水 여련화불착수
心淸淨超於彼 심청정초어피
稽首禮無上尊 계수례무상존

부처님이 세간에 머무시는 것이 허공과 같고
연꽃이 물에 묻지 않는 것과 같다.
마음이 청정하면 가장 뛰어나니
위없는 존귀한 부처님께 머리 숙여 예배하옵니다.

세상에 머무시는 것이 허공과 같다는 말은 근심걱정이 없다는 말입니다. 세상에 머무는 것이 허공과 같고 연꽃이 물에 묻지 않는 것보다 마음이 청정한 것이 더 높습니다. 그렇기 때문에 가장 높은 존귀한 부처님께 예배하는 것입니다.

부처님은 이렇게 화병 같은 것이 없고 근심걱정이 없어서 마음이 아주 청정합니다. 왜냐하면 부처님은 불성을 깨달아서 유와 무를 여의었기 때문입니다. 둘이 없는 게 불성이니까 모든 것이 한 법계입니다. 이것을 깨달으면 마음이 청정해집니다.

그런데 우리는 한 법계가 아니고 죽느냐 사느냐, 있느냐 없느냐에 매달려 있습니다. 깨닫지 못했기 때문입니다. 유무를 여의고 한 법계를 알면 그게 깨달음입니다. 유무를 여의고 생멸이 없는 일법계一法界를 깨달은 것이 불성입니다. 생사 없는 일법계를 깨달았으면 구할 마음이나 얻지 못했다는 마음은 사라집니다. 이것이 청정심淸淨心이고 불심佛心입니다.

그러면 조사祖師들은 어떤 마음을 가지고 사는가?

『육조단경』에 '자금강自金剛, 본삼매本三昧'라는 말이 있습니다. 자금강이란 무엇인가? 자기 스스로가 금강입니다. 금강은 사람이 먹어도 소화가 안 되고, 물에 들어가도 썩지 않고 불에 들어가도 타지 않는다고 해서 금강에 비유했습니다. 불변不變이기 때문에 자금강입니다. 이것이 불성佛性입니다. 불성은 불변입니다.

『육조단경』「남돈북점제칠南頓北漸第七」에 "부증불감자금강不增不減自金剛

신거신래본삼매身去身來本三昧"라고 했습니다. 불성은 불어나는 것도 아니고 줄어드는 것도 아닙니다. 그게 자금강입니다. 그것을 깨달았으니 근심걱정이 없습니다. 또 수삼매修三昧와 본삼매本三昧가 있습니다. 마음을 조용히 닦으면 선정에 드는 것을 수삼매라고 합니다. 수삼매는 닦아서 얻는 삼매입니다. 반면 몸이 오고 가는 것이 그대로 삼매인 것이 본삼매입니다. 불어나지도 않고 줄어들지도 않는 것이 자금강임을 깨쳤으니 무슨 근심걱정이 있겠습니까? 이것이 자각의 행복, 4차원의 행복입니다.

그리고 제사 지낼 때 늘 쓰는 말씀이 있습니다.

妙體湛然無處所 묘체담연무처소
山河大地現眞光 산하대지현진광

묘한 본체 맑디 맑아 일정 처소 없는데
산하대지 두두물물 청정법신 나타내네.

불성은 미묘한 본체인데, 묘체는 담담湛湛합니다. 유有도 아니고 무無도 아니고, 유무를 떠나서 처소가 없습니다. 과거에 있는 것도 아니고, 현재에 있는 것도 아니고, 미래에 있는 것도 아닙니다. 동쪽에 있는 것도 아니고, 서쪽에 있는 것도 아니고, 처소가 없습니다. 마음도 마찬가지입니다. 마음도 처소가 없습니다.

어떤 사람이 "만약 영혼이 있다면 교통사고가 나서 팔 한쪽 떨어져 나갔을 때, 그 영혼이 떨어져 나간 팔에 있었다면 나는 영혼이 없어서 어떻게 합니까?"라고 합니다. 그런 생각 안 해 보셨습니까? 예를 들어 밭일을 하다가 보면 지렁이가 삽에 끊어져서 두 토막이 난 채 꿈틀댑니다. 그러면 이 영혼이 이쪽 토막에 있을까, 저쪽 토막에 있을까? 이런 게 미혹한 것입니다. 영혼이 왼쪽 팔에 있다면 왼쪽 팔이 없어지면 오른쪽은 영혼이 없느냐? 그런 게 아닙니다. 영혼은 담담해서 형체가 없기 때문에 없는 데가 없습니다.

영혼은 형체가 없기 때문에 머리에도 있고, 팔에도 있고, 손에도 있고, 온몸에 전부 영혼뿐입니다. 그러니까 산하대지 온갖 우주법계가 전부 영혼의 광명을 지금 뿜어내고 있습니다. 이것이 깨달은 조사들의 깨침입니다. 깨친 눈으로 보면 이 몸 전체가 영혼의 광명이고, 죽고 사는 게 전부 영혼의 광명이고, 우주 만법계가 전부 영혼의 광명입니다.

그래서 이것을 보고 알고 극락세계에 빨리 가라고 제사 드리는 것입니다. 이것은 죽은 사람만 들을 법문이 아니고 산 사람이 들어서 죽기 전에 극락 가야 합니다. 산하대지가 전부 영혼 광명 하나뿐입니다. 이것이 전부 자각의 행복입니다. 자각의 행복은 4차원의 행복이기 때문에 보통 행복과 다릅니다. 이것이 불조佛祖의 행복입니다.

깨닫지 못했으나 복을 많이 지어서 한평생 복을 잘 받고 죽는 것과,

깨달아서 그 깨달은 행복을 누리는 것은 어떤 차이가 있느냐?

중국의 풍혈風穴 896~973 선사라는 분이 깨닫지 못하고 그저 사는 동안 잠시 복되게 사는 것은 '맹구치목찰나복盲龜値木刹那福'이라고 비유하였습니다. 눈 먼 거북이가 바닷속을 떠다니다가 어떻게 어떻게 넓적한 나무토막을 만납니다. 계속 자기 힘으로 헤엄치며 다니다가 나무토막 위에서 잠시 쉬어 보니까 편안하니 좋습니다. 한평생이라고 해 봐야 정말 얼마 안 됩니다. 깨닫지 못하고 한평생 복되게 사는 것은 눈 먼 거북이가 나무를 만나서 잠시 쉬는 한순간의 복덕에 지나지 않는다는 것입니다.

반면 깨달음을 얻은 복은 무엇이냐? '고목생화물외춘枯木生華物外春'이라, 마른 나무에 꽃이 피는 것입니다. 마른 나무는 오온 색신인데, 불성을 깨닫는 순간 여기에서 꽃이 핀다는 말입니다. 사물이라는 것은 유무와 시간의 제약을 받습니다. 이러한 제약이 없는 것이 물외物外입니다. 유도 아니고 무도 아니고, 과거·현재·미래가 아닌 그것을 초월한 세계의 봄소식이 있다고 멋지게 법문을 했습니다. 이것이 깨달음입니다. 깨닫기 전에는 고목처럼 말라서 항상 고생덩어리인데, 깨달으면 고목나무에 꽃이 피고 시간과 공간을 떠난 봄소식을 느끼게 됩니다.

그러면 무엇으로 깨닫느냐? 현전일념現前一念, 지금 나타난 한 생각이 전부입니다. 지금 딱 나타난 듣는 것, 보는 것, 생각나는 것 그것만 찾으면 됩니다. '이것이 무엇인가?' 볼 때도 '이것이 무엇인가?' 들을 때도

'이것이 무엇인가?' 하면 불성佛性 광명光明이 확 퍼져 나옵니다. 그것을 고목에서 꽃이 피는 것에 비유했습니다. 그래서 꽃이 피면 사물 밖에 봄입니다.

그러니까 항상 제일 중요한 것이 현재 한 생각입니다. 이것은 하늘보다 값이 나가고, 땅보다 값이 나갑니다. 이 세상에 지금 현재 한 생각보다 가치 있는 것은 없습니다. 그게 반야바라밀이고, 아뇩다라삼먁삼보리이고, 청정불성清淨佛性입니다. 그놈을 늘 가지고 있는데 찾지 못해서 늘 생사에 허덕입니다. 그것을 딱 돌아보는 순간에 깨침의 행복의 길이 열립니다.

그러니까 항상 내 한 생각을 찾아야 합니다. 누가 보기 싫어도 보기 싫다는 생각만 좇아가지 말고, '보기 싫다는 이 생각 이것이 무엇인가?' 거기에 답이 있습니다. 걱정이 돼도 '이 걱정하는 이것이 무엇인가?' 걱정하는 그놈이 스트레스지만, 그놈이 또 청정불성입니다. 그것을 떠나서는 해결책이 없습니다. 이것이 마음공부입니다.

현전일념現前一念, 현재 한 생각을 찾는 데서 모든 문제가 다 풀립니다. 그것이 부처님, 조사가 느낀 행복입니다.

속생俗生과 도생道生

속생俗生과 도생道生

 세속적으로 살아가는 것은 한마디로 말해서 차바퀴 돌아가듯이 사는 것입니다. 그래서 윤전輪轉이라고 합니다. 다른 말로 하면 윤회輪廻입니다. 어떻게 도느냐? 사람은 숨을 쉬고, 몸에 따뜻한 기운이 있고, 의식이 있습니다. 이 세 가지가 사는 것입니다.

 한 번 살면 자꾸 이어져 나갑니다. 어제의 몸과 오늘의 몸이 다릅니다. 어제 것은 소멸하고 오늘 것이 생깁니다. 또 오늘의 몸과 내일의 몸은 다릅니다. 오늘의 몸은 소멸하고 내일의 몸이 생깁니다. 이것을 천변遷變과 상속相續이라고 합니다.

 천변, 즉 옮기고 변한다는 것은 완전히 없어지는 게 아니라 상속, 즉 이어져 나가는 것입니다. 전생에도 내가 있었는데 전생의 나와 금생의 내가 똑같지 않습니다. 천변을 했습니다. 그러면 완전히 다르냐? 아닙니다. 상속을 했습니다.

불교교리를 설명하는 『구사론俱舍論』에서는 태아로 있을 때와 인생으로 있을 때를 각각 다섯 단계로 설명합니다. 사람마다 다 태아기가 있어서 다섯 단계를 거쳐 태어납니다. 태어난 다음 한평생도 다섯 단계가 있습니다.

첫 번째, 영아기嬰兒期입니다. 0세에서 7세까지를 영아라고 합니다. 두 번째, 동자기童子期입니다. 7세에서 15세까지를 동자라고 합니다. 세 번째, 소년기少年期입니다. 15세부터 30세까지를 소년이라고 합니다. 네 번째, 중년기中年期입니다. 서른 살부터 마흔 살까지를 중년이라고 합니다. 다섯 번째, 노년기老年期입니다. 마흔 살 이후를 노년이라고 말합니다. 왜냐하면 옛날에는 평균 수명이 마흔 살 정도였기 때문입니다.

태아와 영아는 다릅니다. 그렇다고 완전히 다르지는 않습니다. 이것을 천변과 상속이라고 합니다. 태아가 하루하루 천변한 것입니다. 그런데 어제의 태아와 오늘의 태아가 완전히 다르냐? 상속을 한 것입니다. 태어나서도 하루하루 변해 갑니다. 어제의 아이와 오늘의 아이가 다릅니다. 한 살 때와 두 살 때가 다릅니다. 이렇게 변해 갑니다. 그런데 완전히 다른 것이 아니라 이어져 나갑니다. 이렇게 되는 것을 업業이라고 합니다.

업의 핵심은 탐애貪愛와 취구取求입니다. 밖의 것을 탐하고 좋아하고,

취하고 구합니다. 탐애와 취구를 한 자로 줄이면 '취取'입니다. 그 취하는 것을 번뇌라 하고, 미혹이라 하고, 업이라고 합니다. 이 삶과 죽음의 바퀴는 취하는 노력이 없으면 돌지 않습니다. 어제의 내가 아무 일도 하지 않고 먹지도 않고 자지도 않고 딱 멈추면 오늘의 이 몸이 생기지 않습니다. 어제의 그 탐하고 좋아하고 취하고 구하는 노력으로 오늘의 이 몸이 유지되는 것입니다.

오늘도 탐하고 좋아하고 취하고 구하는 것이 있기 때문에 내일의 몸이 또 유지됩니다. 내일도 또 탐하고 좋아하고 취하고 구하는 것이 있기 때문에 모레의 몸이 이어져 나갑니다. 이것이 상속입니다. 생사의 바퀴가 끊임없이 계속 도는 것입니다. 이것을 윤전생사, 생사윤회라고 합니다. 그래서 중생놀음이라고 하는 것은 취하는 놀음입니다. 취해도 취해도 멈출 줄 모르고 끊임없이 취합니다. 이것이 문제입니다.

인간이란 기본적으로 만족을 모르는 종자입니다. 먹으면 먹을수록 더 먹으려 하고, 받으면 받을수록 더 받으려고 합니다. 채워도 채워도 채워지지 않는 빈 가슴이 인생의 종자입니다. 이 구조를 알아야 합니다. "내가 너만은 행복하게 해 줄게."라는 말은 거짓말입니다. 취하는 행위가 멈추지 않습니다.

계속 더 가지려고 하니까 만족을 모릅니다. 하나를 가지면 둘을 가지려고 하고, 둘을 가지면 셋을 가지려고 합니다. 어제와 오늘은 천변을 했기 때문에 분명히 다릅니다. 그런데 그 업이 계속 이어진 것입니다. 그러니까 끊임없이 구합니다. 그 구하는 업이 멈추면 생사는 없습니다. 차바퀴를 밀어야 굴러가지 그냥 놔두면 멈추는 것과 같습니다.

그럼 어떻게 구하느냐? 사람에게는 몇 가지 식識이 있습니다. 첫째, 감각식感覺識입니다. 감각은 안・이・비・설・신, 다섯 가지입니다. 눈으로 보는 감각, 귀로 듣는 감각, 코로 냄새 맡는 감각, 혀로 느끼는 감각, 몸으로 느끼는 감각, 이 감각식을 전오식前五識이라고 합니다.

그리고 의식意識이 있습니다. 제6의식인데, 이것은 분별식分別識입니다. 저것은 좋으냐 나쁘냐, 나한테 유리하냐 불리하냐, 전부 의식이 분별합니다. 다음에 제7식이 있습니다. 제7식은 아집식我執識입니다. 전부 나라고 집착하는 식입니다. 그 다음에 제8식이 있습니다. 제8식은 장식藏識이라고 해서 눈으로 본 것, 귀로 들은 것, 뜻으로 분별한 것, 모든 것을 전부 저장해 놓습니다.

우리 의식 속에는 한량없는 것들이 저장돼 있습니다. 제8식 때문에 그렇습니다. 아뢰야식이라고, 없어지지 않고 다 저장됩니다. 보았던 것, 들었던 것, 느꼈던 것, 분별 생각했던 것 등 어마어마한 내용이 전부 저장되어 있습니다. 그것을 또 전부 나라고 끊임없이 집착합니다. 그 저장됐던 게 또 안・이・비・설・신・의로 나와서 탐애 취구 하고, 탐애 취구 하는 그 현장에서 또 저장합니다. 들어갔던 게 나오고, 나왔던 게 들어가서 모든 감각이 8식에 저장되고, 8식에 저장됐던 것이 또 감각으로 나옵니다. 끊임없이 돌고 돕니다. 생사윤전生死輪轉, 살고 죽고 죽살이 바퀴가 끊임없이 돕니다.

업業은 탐애와 취구인데, 인생이란 구하다 죽는 것입니다. 하루도 구하지 않는 날이 없고, 한 시간도 구하지 않는 때가 없습니다. 구하다 죽고 다시 태어나고, 또 구하고 또 태어나고, 또 구합니다. 만족할 줄 모르고 편안히 쉴 줄도 모르고, 그냥 구하다 죽고 구하다 죽습니다. 이처럼 끊임없이 도는 바퀴 같은 것이 속생俗生입니다.

사람에게는 태아기가 있고, 영아기가 있고, 아동기가 있고, 소년기가 있고, 중년기가 있고, 노년기가 있습니다. 동양에서는 태아 기간을 더해서 나이를 한 살 더 계산합니다. 그래서 태어나면 바로 한 살입니다. 태아기 1년을 무시하고 태어난 순간부터 나이를 계산하는 것은 비합리적인 것 같습니다. 아무튼 태아에서 영아로 갑니다.

요즘은 보통 10년씩 나누어 봅니다. 영아기가 있고, 10대 · 20대 · 30대 · 40대 · 50대입니다. 사회적인 연령은 50대에서 끝이라고 합니다. 보통 60대에 정년이 되는데, 60대로 끝나지 않고 70대 · 80대 · 90대를 지나서 100년 산다고 봐야 합니다.

그러면 50대에 사회적인 역할을 끝내고 다음 50년 동안 무엇을 할 것인가? 새로운 인생을 준비해야 합니다. 전반부 50, 후반부 50입니다.

과거와 달리 50대부터 어떤 뜻을 세워서 계속 매진하면 성공할 확률이 높습니다. 그러니까 50대까지 사회적 인생을 살았다면, 그 후는 본인의 인생을 살 기회가 왔다는 것입니다. 60세부터 새로운 시작을 해도 기회가 있습니다.

'나는 과연 누구인가?' 구하다가 죽고 구하다가 또 죽고, 끊임없이 반복하는데, 그러면 내생에 태어나면 더 좋을까? 아닙니다. 구하는 행위는 마찬가지입니다. 그래서 '아! 이러지 말고 새로운 무엇을 찾아야겠다.' 하는 것이 구도求道입니다. 도를 구하려면 밖으로 밖으로만 구하는 것을 확 끊어야 합니다. 이것이 단속斷俗입니다. 밖으로만 구하는 것을 버리는 것을 속리俗離라고 합니다.

세속적인 속생은 밖으로 구하는 것으로만 살았는데, 이제는 나를 돌아봐야 합니다. 그래서 속생에서 자기를 보는 삶으로 돌아가는 것이 반조返照이고 반생返生입니다. 반생은 반정返情, 즉 밖으로만 향하던 모든 감정을 안으로 돌이켜 자기를 돌아보는 것입니다. 밖으로만 밖으로만 구하러 돌아다닌 사람이 자기한테로 돌아가는 삶입니다. 이처럼 취하는 삶에서 돌아가는 삶으로 가는 것이 입도入道의 첫 번째 단계입니다.

그러면 자기를 어떻게 돌아보는가? 어떤 사람이 도인을 찾아가서 물었습니다.

"부처가 무엇입니까[何者是佛]?"

"자기 본성을 보는 게 부처이다[見性是佛]."

"그럼 본성은 어디 있습니까[性在何處]?"

"본성은 작용에 있다[性在作用]."

작용이 무엇인가? 어머니의 태 안에 있을 때는 몸이라 하고, 세상에 나왔을 때는 사람이라고 합니다. 사람이 눈으로 볼 줄 알고, 귀로 들을 줄 알고, 코로 냄새 맡을 줄 알고, 입으로 말할 줄 알고, 손으로 잡을 줄 알고, 발로 걸을 줄 아는, 이 전체가 마음입니다. 그런데 우리는 몸으로만 보지, 마음으로 보지 못합니다.

예를 들어 손은 그대로 마음입니다. 이 마음을 성性이라고 합니다. 그래서 성을 본 것이 부처[見性是佛]라고 했습니다. 성은 작용으로 나타날 때는 태아로 나타나고, 사람으로 나타나고, 눈으로 보고, 귀로 듣고, 코로 냄새 맡고, 입으로 말하고, 손으로 잡고, 발로 걷는 등 여덟 가지로 이야기합니다. 마음이라고 하는 본성이 크게 나타날 때는 삼천대천세계 항하사와 같은 세계를 다 포함하고, 또 작아지려고 들면 보이지도 않는 티끌 속에 들어갑니다. 이게 나입니다. 이것을 보는 것이 입도入道입니다.

그러면 태아 때가 나이냐, 영아 때가 나이냐, 아니면 나이 들었을 때가 나이냐? 나의 모습이 시시각각으로 변했는데 어떤 게 나이냐? 이것은 전부 마음이 인연에 의해서 변화하는 것뿐이고, 그 본질은 넓게 나타나면 온 허공을 감싸고도 남고, 좁게 나타나면 가는 티끌보다 작습니다. 이걸 보는 것이 입도인 것입니다.

그래서 미혹이란 크려 들면 허공보다 크고 작으려 들면 티끌보다 작은 그 성性을 보지 못하고 보는 대로만 자꾸 좇아가는 것이니, 어리석은 강아지가 달이 연못 속에 있는 줄 알고 달을 건지러 연못 속으로 들어가는 것과 같습니다.

밖으로 나타나는 게 다 허상인데, 그것을 구하면 좋은 줄 알고 구하다 죽습니다. 그 본성을 돌이켜 봐서 찾는 것을 견성見性이라 하고, 도道 닦는다고 합니다. 이처럼 도 닦는 것은 밖으로 구하는 게 아닙니다. 그것은 윤회輪廻입니다. 수도修道와 윤회를 구분하지 못하고 뭐든지 열심히 하면 도 닦는 것으로 착각하는 사람이 있는데 소용없습니다. 밖으로 구하는 것은 아무리 좋은 일을 해도 죽살이 바퀴 돌림[生死輪廻]에서 벗어나지 못합니다.

수도修道는 내가 나를 보는 것입니다. 밖으로 구하는 마음으로 자기 본성을 보는 것을 반조라고 하는데, 반조를 해야 도에 들어갑니다. 자기가 자기를 보는 것이 견성입니다.

『경덕전등록』의 「증도가證道歌」에 '법신각료무일물法身覺了無一物'이라고 했습니다. 법신은 크려 들면 허공보다 크고, 작으려 들면 티끌보다 작은 나의 본성입니다. 법신을 깨달으면 한 물건도 없습니다. 한 물건도 없다는 것은 법신 아닌 것이 없다, 즉 모두가 법신이라는 뜻입니다. 내 본성 외에 다른 물건이 없습니다. 이런 말을 듣고 귀가 번쩍 뜨이는 사람은 도의 종자種子를 심었던 사람입니다. 그런데 이런 말을 듣고 '이상하다.' 하면 멀어지고, '저게 무슨 소리야?' 하면 더 멀어집니다.

한 물건도 본성 아닌 게 없습니다. 이 본성이라는 것이 무엇이든지 본원자성이 천진불입니다. 본원자성 그대로 아는 것이 바로 법신이라는 말입니다. 그러면 우리 몸이 구하는 것은 무엇이냐? '오음부운五陰浮雲이 공거래空去來요, 삼독수포三毒水泡가 허출몰虛出沒이라.' 몸을 오음五陰이라고 하는데, 오음은 뜬 구름과 같아서 부질없이 왔다갔다 합니다. 탐진치를 구하는 것은 물거품과 같아서 그냥 나타날 뿐입니다. 이것이 도道의 세계입니다.

그러니 평생 남은 인생 구해 봤댔자 무엇을 구하겠습니까? 자기가 쓰지도 못할 것을 구하다 죽는 이상한 사람들도 많습니다. 왜 그러느냐? 구하는 것밖에 모르기 때문입니다. 밖에 가서 무엇을 얻어 오는 것만 구하는 게 아니라, 있는 물건을 제대로 못 쓰는 것도 구하는 것입니다. 어릴 때 가난하게 산 사람은 돈이 있어도 도대체 쓸 줄을 모릅니다. 아끼다가 써 보지도 못하고 죽습니다. 그러니 나를 찾아보자, 그것이 반조입니다.

그러면 나를 찾으면 그때는 어떻게 되느냐? 자기밖에 없으니까 그냥 자기대로 사는 것입니다. 다른 말로 하면 여생如生, 즉 본성 그대로 사는 것입니다. 본성 그대로 사는 것을 도인道人이라 하고, 자기를 찾는 것을 견성見性이라고 합니다. 본성 그대로 사는 것을 여여생如如生이라고 합니다.

'일념즉시무량겁一念卽是無量劫이요, 무량원겁즉일념無量遠劫卽一念이라.' 도 하나뿐인 길을 일승법계一乘法界라고 합니다. 일승법계 그 한 길뿐입니다. 자기 법신 하나, 자기 본성 하나뿐이라는 말입니다. 자기 본성의 도를 그냥 쓰는 것입니다. 이것을 해탈이라 하고 도인이라고 합니다.

생사 없는 일승법계, 한 길의 세계를 그냥 쓰는 것이 용도用道입니다. 『금강경』에서도 "여래는 온다든지 간다든지 앉는다든지 눕는다고 한다면 그것은 내가 말한 뜻을 잘 모르는 것이다. 왜냐하면 여래는 어디서 오는 데도 없고 가는 데도 없기 때문에 여래라고 한다."라고 했습니다. 이것이 본성입니다.

여생如生이 여래如來입니다. 여여如如하게 본성 그대로 오는 것이 여래이고, 본성 그대로 가는 것이 여래이기 때문에, 한 길 세계밖에 없으니까, 오고 가는 게 전혀 없습니다. 그러면서 이게 허공의 구름처럼 오고갑니다. 그래서 본성으로 볼 때 우리 몸은 허공의 뜬구름과 같다는 것을 아는 것입니다. 그런데 허공은 모르고 뜬구름만 아니까, 구하다 구하다가 죽습니다. 본성을 알고 보면 우리가 구하는 것은 물거품과 같습니다. 탐·진·치 삼독은 물거품과 같습니다. 바다를 모르니까 물거품에만 집착하는 것입니다. 이것이 우리가 사는 모습입니다.

구하는 것이 이렇게 허망하고 본성에 대한 깨달음이 이렇게 중요한데, 어떻게 해야 하는가? 실질적으로 우리 생활 속에서 어떻게 도를 닦아 가야 하느냐? 첫째로 도는 만드는 게 아니라 내가 나를 보는 것입니다. 보는 것이 도입니다. 만드는 것이 아닙니다. 보려면 어떻게 해야 하는가? '수응수찰隨應隨察하되 막섭외진莫攝外塵하라', 지금까지 살던 방식으로 모든 데 따라서 응하고 모든 데 따라서 살피되, 밖의 것을 탐하지도 말고 밖의 것에 의지하지도 말라는 것입니다.

탐하고 의지하는 것이 생사입니다. 무엇을 탐해도 그것은 물거품이기 때문에 사라지고 만족하지 못하니까 다음 것을 또 구하게 됩니다. 구하는 데서 만족하려고 하니까 만족은 없고 구하는 일만 계속됩니다. 그러면 어디서 만족을 얻어야 하는가? 깨닫는 데서 만족을 얻어야 합니다. 구하는 데서는 만족을 얻을 수 없습니다. 무엇을 구해도 허망하고, 허망하니까 또 구하는 것입니다.

여행을 예로 들면, 간다고 들떠서 가지만 보고 나면 또 심드렁합니다. 그러니까 또 가게 됩니다. 그러니까 구하는 데서는 만족을 얻을 수 없습니다. 내 본성을 깨달을 때 만족을 얻습니다. 모든 곳에서 적응하고 살피되 탐하고 구하지 않는 것이 도를 닦는 첫 번째 단계입니다.

구하는 것 때문에 도가 이루어지지 않습니다. 구하는 일을 멈추면 도는 저절로 이루어집니다. 지금까지 전생으로부터 어마어마한 것을 아뢰야식에 쌓아 놓았기 때문에 구름이 저절로 왔다 갔다 하듯이, 내 생각이 통제할 수 없이 제멋대로 일어납니다. 제멋대로 일어나는 생각을 따라가서는 안 됩니다. 생각이 일어나면 그것을 누르려고 하거나 좋다고 자기 생각에 자기가 따라가기 때문에 도가 이루어지지 않는 것입니다.

무슨 생각이 일어나든지 절대로 따라가지 말아야 합니다. 생각이 일어나는 것을 알지만 그 일어나는 생각을 관계하지 말아야 합니다. 밖에 보이는 것도 관계하지 말고, 살펴서 적응만 합니다. 또 생각이 아무리 물거품처럼 일어나도 그냥 내버려 두면 끝납니다. 그러니까 일어나는 생각을 관여하지 말고, 밖으로 느껴지는 것에 집착하지 말아야 합니다. 그냥 살피기만 하고 집착하지 말고, 알기만 하고 따라가지 말아야 합니다.

그 다음에는 오직 보고 듣고 느끼는 것이 내 마음 내 본성임을 알아야 합니다. '보고 듣고 느끼고 생각하고 가고 오고 하는 이것이 무엇인가?' 이것이 반조返照이고, 수도修道입니다.

『금강경』에 '즉비卽非'라는 말이 있습니다. 사람이냐? 사람이 아닙니다. 짐승이냐? 짐승이 아닙니다. 하늘이냐? 하늘도 아닙니다. 삼천대천세계냐? 아닙니다. 모든 것이 아닙니다. 똑같은 것이 하나도 없습니다. 이것을 즉비라고 합니다. 그러면 삼천대천세계가 아닌 것이냐? 아닙니다. 이 세상에 있는 것과 전부 다른 것이 있느냐? 그런 것이 아닙니다. 이름이 삼천대천세계입니다. 이것을 수용受用이라고 합니다. 다 받아서 쓰는 것입니다.

허공이 있는데 구름이 허공이냐? 아닙니다. 태산이 허공이냐? 아닙니다. 사람이 허공이냐? 아닙니다. 구름을 떠나서 허공이 있느냐? 아닙니다. 허공이 태산도 다 수용하고, 집도 수용하고, 사람도 수용하는 이 이름이 삼천대천세계이고, 이름이 중생이고, 이름이 세계입니다. 이것이 본성입니다. 본성은 죽는 것도 아니고 사는 것도 아니고, 좋은 것도 아니고 나쁜 것도 아니고, 즉비입니다. 같은 게 하나도 없습니다.

그런데 전부 다 수용합니다. 그래서 이름이 중생이고, 이름이 아뇩다라삼먁삼보리입니다. 그 아뇩다라삼먁삼보리는 아뇩다라삼먁삼보리도 아닙니다. 즉비입니다. 보리菩提가 즉비보리卽非菩提입니다. 일체가 끊어진 자리가 우리의 본성 자리이고, 일체를 다 수용하는 게 우리의 본성입니다. 그러니까 거기에 자재自在가 나옵니다. 일체가 아니니까 겁날 게 하나도 없습니다. 또 일체를 수용하니까 막힐 게 하나도 없습니다. 이것을 도라고 합니다.

누가 그런 도를 얻었는가? 석가모니 부처님이 처음에 얻었고, 줄줄이 그 도의 종자가 전해져서 무수한 도인이 나왔습니다. 우리나라도 도인이 어마어마하게 많은데 우리가 모를 뿐입니다. 조선시대 3대 도인을 꼽자면 조선 초기 함허득통涵虛得通 1376~1433, 조선 중기 서산西山 1520~1604, 조선 말기 경허鏡虛 1846~1912 도인이 있습니다. 그분들의 문집이나 법어집을 보면 기가 막힙니다. '사람으로 태어나서 이런 도를 한번 맛보고 죽어야 할 텐데.'라는 생각이 들 것입니다.

그런데 대부분은 구하다 죽고 구하다 죽고, 끊임없이 죽기만 합니다. 우리 부모님들도 구하다 돌아가셨고, 우리 후손들도 구하다 죽을 것입니다. 이것이 속생입니다.

50살이 넘어도 아직 인생이 많이 남았으니까, 구하다가 허망하게 죽는 것으로 끝내지 마십시오. 나를 찾아서 내가 나를 보면 도의 세계가 불가사의하고 오묘하다는 것을 알게 될 것입니다.

인생
오솔길

　우리 인생길은 그리 쉬운 길이 아닙니다. 아니, 아주 힘든 길입니다. 모든 사람들이 물질을 구하기 위해 가고 있습니다. 돈 벌고, 땅 사고, 집 사고, 이렇게 물질을 얻기 위해서 가고 있는 게 인생길입니다. 또 내 사람을 얻기 위해서 가고 있는 게 인생길입니다. 경봉鏡峰 1892~1982 큰스님도 우리 중생은 물질 아니면 사람, 사람 아니면 물질, 이 두 가지 길을 간다고 늘 법문하셨습니다.

　경제에 종사하는 사람들은 물질을 얻으려 하고, 정치에 종사하는 사람들은 사람을 얻으려고 합니다. 내 사람을 만들기 위해서는 피나는 노력이 필요합니다. 자기 편이 굉장히 중요하다고 생각합니다. 가정에서도 어린아이들한테 "아빠가 좋아, 엄마가 좋아?" 하고 묻습니다. 아이 하나를 놓고 부모님이 경쟁합니다. 그러니까 사람을 얻고 물질을 얻기 위해서 가는 것이 인생입니다.

그 다음에는 자기 뜻을 펴기 위해서 엄청나게 노력하는 것이 인생입니다. '나는 이것만은 꼭 해 보고 싶다.'고 해서 다른 사람이 알아 주든 몰라 주든 노력합니다. 그것이 음악이든, 미술이든, 건축이든 자기가 하고 싶은 것을 하는 것입니다.

이처럼 사람이 사는 것을 보면 재물로 사는 재생財生이 있고, 사람으로 사는 인생人生이 있고, 자기 생각으로 사는 의생意生이 있습니다. 자기 의지, 자기 뜻을 펴는 게 삶의 길입니다. 그런데 가도 가도 끝이 없습니다. 구해도 구해도 채워지지 않습니다. 얻어도 얻어도 부족합니다. 그 어떤 사람도 다 구하고 죽은 사람은 없습니다.

무한한 허공을 나는 기러기는 날다가 죽습니다. '조금만 더 가면 허공 끝이 있겠지.' '조금만 더 가면 도달하겠지.' 하는 마음으로 갔다가는 날다가 죽습니다. 마찬가지로 사람도 '이것만 얻으면 되겠지.' 하지만 소용없습니다. 왜냐하면 채워도 채워도 채워지지 않는 빈 가슴이 있기 때문입니다. 채워도 채워도 채워지지 않는 것이 인생입니다. 그래서 인생은 구하다 죽고, 기러기는 날다 죽습니다.

자기 생각으로 살고, 사람으로 살고, 물질로 사는 이런 길은 오솔길이 아니고 여러 사람이 가는 큰 길입니다. 그런데 거기에 오솔길이 하나 있습니다. 오솔길은 보이지 않는 길입니다. 고속도로 같은 넓은 길이 아니라서 잘 보이지 않습니다. 또 오솔길은 지름길입니다. 또 가면 갈수록 재미있고, 가도 가도 지치지 않아서 쉽게 갈 수 있습니다. 그러면 인생의 오솔길이 무엇이냐? 마음을 보는 길이 인생의 오솔길입니다.

세상이 확실히 달라졌습니다. 1980년대에는 택시를 타면 택시기사들이 거의 젊은 사람들이었습니다. 그런데 요즘 택시기사들은 대부분 노인입니다. 그리고 승객에게 묻는 게 아니라 자기 말을 하기 바쁩니다.

얼마 전에 택시를 탔는데, 타자마자 기사가 자기 자랑을 늘어놓았습니다. 묻지도 않았는데 자기가 행정고시에 합격해서 정부 고위직 공무원으로 있다가 택시 운전한 지 얼마 안 됐다고 했습니다. 제가 원하는 것은 가장 빠른 길로 목적지에 태워다 주는 것이었습니다. 다른 것은 필요 없습니다. 그런데 이 사람은 운전 잘할 생각은 않고 계속 자기 이야기만 하려고 했습니다. 그러다 보니 빠른 길을 놔두고 돌아서 갑니다. 아니면 길을 잘 몰라서 길 모르는 것을 들킬까 봐 쓸데없는 소리를 늘어놓았던 것 같습니다.

예전에는 택시를 타면 젊은 사람들이 운전하다 보니 승객들에게 묻는 게 종종 있었습니다. 한번은 조계사에서 정릉 쪽으로 가려고 택시를 탔는데, 그 택시기사가 제게 물었습니다. "사람으로 태어나서 돈을 벌기 위해서 살 수도 있고, 출세를 하기 위해서 살 수도 있고, 자기가 하고 싶은 일을 하기 위해서 살 수도 있는데, 스님은 어째서 스님의 길을 가십니까?" 맹랑하면서도 딱 맞는 말이었습니다. 그런 것이 예전의 택시문화였습니다.

요즘은 그런 사람은 별로 없습니다. 설사 젊은 기사이더라도 대화가 없습니다. 젊은 사람은 대화가 없고, 나이 든 기사는 자기 자랑 하느라 바쁩니다. 참 이상합니다. 왜 사람이 나이가 많으면 아무도 그걸 들으려고 하지 않는데 자기 자랑을 하는 걸까요? 다른 사람의 자기 자랑 듣는 것을 좋아하는 사람은 없습니다. 이런 것이 채워도 채워도 채워지지 않는 빈 가슴의 주인공들입니다.

속이 꽉 차면 말이 없어집니다. '먹은 놈은 말이 없다.'라는 속담도 있습니다. 가질 만큼 다 가진 자족감이 있는 사람은 말이 없습니다. 그 기사의 '여러 길을 놔두고 왜 스님의 길을 가느냐?'는 질문에 자세한 설명을 할 수 없어서 "나는 다른 사람들이 가지 않는 길을 가 보고 싶어서 갑니다."라고만 대답했습니다.

인생의 오솔길은 마음을 보는 길입니다. 돈을 벌려고 하는 것도 마음이 하는 일이고, 사람을 얻으려고 하는 것도 마음이 하는 일이고, 자기 뜻을 펴는 것도 마음이 하는 일입니다. 그런데 밖으로 구하기만 하지, 구하는 마음이 무엇인지 모르는 것이 문제입니다.

예를 들어 차는 갈증을 없애려고 마십니다. 그것을 차라고 보고, 차를 마시면 몸에 좋다고 생각하기 때문에 마시는 것입니다. 그러면 무엇이 그게 차인 줄 알며, 무엇이 차를 마시면 갈증이 없어진다고 아는가? 구하는 마음과 구하는 마음이 무엇인지 보는 것이 마음을 보는 것입니다. 또 꽃을 보고 그 꽃이 좋다고 느낍니다. 그런데 무엇이 알고 무엇이 느끼는가? 그것을 보는 게 마음을 보는 것입니다.

구하는 마음을 채우려고 하는 것은 물질을 위해서, 사람을 위해서, 뜻을 펴기 위해서 사는 것입니다. 구하려는 마음을 채우려면 끝이 없습니다. 이것을 '생사가 끝날 날이 없다.'라고 합니다. 구하는 마음을 바로 보았을 때 비로소 끝이 납니다. 구하는 마음을 보면 다 해결됩니다.

채워서 해결하려면 해결되지 않고, 구하는 마음을 보면 바로 해결됩니다. 이 길이 오솔길입니다. 빠른데 보이지 않습니다. 그런데 들어가면 지루하지 않고 재미있습니다. 채워서 해결하지 말고 구하는 마음을 보아서 해결하라는 것이 깨달으라는 것입니다. 이런 법문을 모든 경전이나 도인 스님들이 다 하셨습니다.

그중에서도 달마達摩 대사의 안심법문安心法門이 널리 회자되고 있습니다. 마음을 편안하게 하는 법문입니다. 마음 편하다는 것은 구하는 마음이 없는 것입니다. 구하는 마음이 없을 때 마음이 편안합니다.

見一切法有   견일체법유

有自不有　유자불유
自心計作有　자심계작유
見一切法無　견일체법무
無自不無　무자불무
自心計作無　자심계작무

일체법이 있다고 보지만
있는 것이 스스로 있는 것이 아니고
자기 마음이 분별하여 있다고 생각하는 것이다.
일체법이 없다고 보지만
없는 것이 스스로 없는 것이 아니고
자기 마음이 분별하여 없다고 생각하는 것이다.

　그러면 구하는 이것이 있는 것이냐? 다 부수어서 가루로 만들면 그때도 있느냐? 이 몸이 있는 것이냐? 화장해서 훌훌 날려 버리면 그때도 있느냐? 이것은 있는 것도 아니고 없는 것도 아니고, 아무것도 아닌 것도 아니고, 불가사의 실상입니다. '있다.'는 것은 스스로 있는 것이 아니라 '있다.'고 분별하는 생각이 들어 있는 것입니다. 없는 것도 마찬가지입니다. 없는 것도 스스로 없는 것이 아니라 마음이 분별해서 '없다.'고 생각하는 것입니다.

분별계교分別計較를 떠나면 그것이 적멸자성심寂滅自性心입니다. 적멸자성심에 돌아가면 불가사의해탈不可思議解脫밖에 없습니다.『금강경』에서 말하는 아상我相・인상人相・중생상衆生相・수자상壽者相이 바로 분별계교이고, 그것을 떠나면 아뇩다라삼먁삼보리입니다. 그 아뇩다라삼먁삼보리가 불가사의해탈입니다. 그러니까 내가 어떤 것을 열심히 구하는 것은 구할 것이 있다고 내가 분별계교하기 때문에 구하는 것입니다.

인간은 취하고 버리기를 계속하는데 취하는 것은 좋다고 분별하니까 취하고, 버리는 것은 나쁘다고 분별하니까 버리는 것입니다. 그런데 그 자체가 좋은 것이고 나쁜 것이냐? 그렇지 않습니다. 그것은 불가사의해탈입니다. 이것을 실상實相이라고 합니다. 불가사의해탈인 실상법계입니다.

법의 세계에는 시간도 없습니다. 일찰나가 무량겁이고, 무량겁이 일찰나입니다. 장소도 없습니다. 그래서 한 티끌이 삼천대천세계이고, 삼천대천세계가 한 티끌입니다. 이것이 불가사의입니다. 다시 말하자면 해탈解脫 피안彼岸의 세계입니다.

분별계교의 저편은 무엇이냐? 분별계교는 이쪽 세상이고, 분별계교를 넘어선 불가사의해탈인 실상법계는 저쪽입니다. 그러면 그 불가사의해탈법계에 들어가면 어떻게 되는가? 그것뿐입니다. 예를 들면 차안此岸에서 피안彼岸으로 건너가는 것이 바라밀波羅蜜입니다.

그러면 피안으로 가면 어떻게 되느냐? 피안으로 간다는 말만 있지 피안으로 가서 무엇을 했는지 소식이 없습니다. 피안에 가서 무엇을 하는지 물어야 합니다. 가면 거기는 피안뿐입니다. 일념이 무량겁이고 무량겁이 일념, 그것뿐입니다.

자기가 분별해서 생각해 놓고 자기가 취하고, 자기가 분별해서 생각해 놓고 자기가 버리는 것을 전도몽상顚倒夢想이라고 합니다. 피안에 한 번 들어가면 피안뿐, 차안은 없습니다. 비유하자면 꿈속에서는 아주 역력하지만 꿈을 깨고 나면 꿈은 없는 것과 같습니다. 그냥 그대로 꿈 깬 세상일 뿐입니다.

어떤 사람이 자기 눈을 찾으려고 산에도 가고, 들에도 가고, 시장에도 가고 세상을 헤맸습니다. 그러던 어느 날 자기 눈이 본래 모든 것을 보고 있다는 것을 깨달았습니다. 그러면 그때는 산도 자기 눈이 보는 산이고, 물도 자기 눈이 보는 물이고, 사람도 자기 눈이 보는 사람입니다.

그런데 그 눈을 찾기 전에는 눈이 없습니다. 종이를 보면 종이만 있지 눈이 없고, 나무를 보면 나무만 있지 눈이 없고, 사람을 보면 사람만 있지 눈이 없습니다. 그런데 눈을 알면 종이를 보는 것도 눈이고, 사람을 보는 것도 눈이고, 티끌을 보는 것도 눈이고, 어둠을 보는 것도 눈이고, 밝음을 보는 것도 눈뿐입니다.

눈을 알기 전에는 어두우면 어둠만 보고, 밝을 때는 밝은 것만 보지,

눈이 없습니다. 그래서 이 깨달음이라는 것은 한번 크게 웃는 것입니다. 지금까지 눈을 찾으려고 산으로 들로 바다로 헤매던 사람이 '아! 산이나 들이나 바다를 본 것이 내 눈이었구나.' 하고 반갑고 허탈해서 크게 웃는 것입니다. 그래서 깨달음이란 크게 웃는 것입니다.

왜 웃느냐? 한편으로는 허망하고, 다른 한편으로는 반갑기 때문입니다. 반갑고 허망해서 웃는 것입니다. 그래서 깨달음이란 무엇을 알아내는 게 아니라 한번 웃는 것입니다. 왜냐하면 지금까지 항상 거기 있었는데 몰랐기 때문입니다.

깨달음을 꿈에다 많이 비유하는데, 저도 글을 하나 지었습니다.

睡夢睡語卽不無 수몽수어즉불무
皆是寢席寢中事 개시침석침중사
於此唯有臥眠人 어차유유와면인
開眼合眼常自在 개안합안상자재

꿈과 잠꼬대는 곧 없지 않으나
모두 잠자리에서의 일이다.
여기에는 오직 누워 자는 사람만 있어
눈을 뜨든 눈을 감든 항상 자재하다.

잠을 자다 보면 꿈도 꾸고, 잠꼬대도 합니다. 하지만 잠자리에서 자는 것일 뿐, 그 이상도 그 이하도 아닙니다. 여기에는 오직 누워서 자는 사람이 하나 있는데, 눈을 뜨든 감든 그냥 자유자재할 뿐입니다. 꿈에서 깨기 전에는 꿈만 있고 자기가 없었는데, 꿈을 깨서 자기로 돌아간 후에는 자기 하나뿐입니다.

꿈꿀 때도 자기이고, 깨어 있을 때도 자기입니다. 자기가 꿈꾼 것입니다. 꿈꾸는 나와 꿈에서 깬 나가 다른 것이 아닙니다. 눈을 감고 자는 것도 자유자재이고, 눈을 뜨고 일하는 것도 자유자재입니다. 자유자재한 사람이 있을 뿐입니다. 잠꼬대라든지 꿈속이라든지 하는 것은 전부 잠든 사람의 일일 뿐입니다.

꿈 하나 꾸고 꿈 해몽해 달라고 하지 마십시오. 꿈이 꿈일 뿐인데 거기에다 무슨 해몽을 합니까? 꿈이라는 것은 잠 속에서 일어나는 일이지, 다른 것 없습니다. 자다 보면 꿈도 꾸고 자다 보면 잠꼬대도 하는 것입니다.

죽고 살고 하는 이게 무엇이냐? 불가사의해탈 실상법계 하나뿐입니다. 있는 것도 없고, 없는 것도 없고, 없다는 것도 없습니다. 없다고 하면 없는 것이 있어야 하는데 없습니다. 그 말은 왜 하느냐? 잠꼬대입니다. 법에 있어서는 어떤 말도 잠꼬대입니다.

우리가 밥을 왜 먹습니까? 내 몸에 힘을 얻으려고 먹는 것입니다. 마찬가지로 '있다, 없다.' 이 소리를 왜 하느냐? 깨닫게 하기 위해 하는 것입니다. 사람이 배를 타는 것은 물을 건너가기 위해서입니다. 배를 타는 데 의미가 있는 게 아니라 물을 건너는 데 의미가 있습니다. 이런 모든 이야기가 깨달음을 얻게 하기 위해서 하는 말이지, 그 말 자체에 무슨 목적을 두는 것이 아닙니다. 배를 타는 데 목적이 있는 게 아니고, 밥을 맛보는 데 목적이 있는 게 아닙니다. 그것은 다 방편이고, 수단이고, 과정입니다. 모든 방편이 마음을 보는 길입니다.

그런데 우리는 이 점을 항상 놓치고 있습니다. '이것이 그릇이다.' 하면 그릇인 줄만 알지, '그릇이다.' 하고 아는 내 마음을 놓칩니다. '이것이 그릇이다.' 하고 좇아가는 것은 밖으로 구하는 것입니다. '그릇이라고 보는 내 마음은 무엇인가?'를 보아야 합니다. 거기서 모든 것이 다 해결됩니다.

그러니까 아상·인상·중생상·수자상이 없는 그 적멸한 자성심自性心으로 돌아가면 아상·인상·중생상·수자상이 전부 꿈속의 일입니다. 그리고 밖으로 보이는 모든 것이 꿈속의 일입니다. 밖으로 보이는 경계도 꿈속의 일이고 내가 그것을 좇아가는 생각도 꿈속의 일이라, 오직 불가사의해탈 실상법계밖에 없습니다.

이것이 오솔길입니다. 그런데 이 길을 놓치고 물질을 얻고, 사람을 얻고, 뜻을 얻기 위해서 갑니다. 오솔길은 보이지 않는 길이지만 빠릅니다. 출발지를 떠나지 않고 목적지에 바로 가 버립니다. 보통 보이는 길은 출발지를 떠나서 목적지에 도달하는데, 이 길은 출발지를 떠나지 않고 목적지에 바로 도달하니 얼마나 빠릅니까? 털끝 하나도 움직이지 않고 목적지에 도달합니다.

다른 말로 하면 0도와 360도의 차이입니다. 0도와 360도는 다릅니다. 못 깨달으면 0도인데, 깨달으면 360도입니다. '못 깨달음'에서 '깨달음'으로 가는 것이 움직이지 않고 가는 것입니다. 그래서 오솔길이라고 합니다. 0도에서 360도로 가는 길만 알면 하나도 구하는 것 없이 모든 것을 다 얻습니다. 그것이 마음을 보는 길입니다.

무량억겁을 살아도 그게 아무것도 아닌 그 삶이 마음을 보는 길입니다. 이 마음을 보아서 불가사의해탈 법계에 들어간 삶을 살아야 합니다.

요즘은 세계 부자들의 순위가 있다고 합니다. 열심히 죽자살자 돈을 벌었는데 순위에서 뒤로 밀리면 얼마나 기분 나쁘겠습니까? 그런데 1등을 한다고 해도 실은 아무것도 아닙니다. 왜냐하면 아무리 돈을 많이 벌어도 이 몸이 죽으면 그 재산은 의미가 없기 때문입니다.

자기가 쓰지도 못할 돈 벌기만 하다 죽는 것처럼 어리석은 게 없습니다. 내가 필요한 돈을 버는 것은 좋지만, 내가 쓰지도 못할 돈 벌다가 죽어 버린다면 참 허망하고 안타까운 일입니다. 그러니까 밖으로 얻는 것은 저 허공의 한 점 티끌에 불과합니다.

  이 구하는 마음을 하나 탁 보면 '무량겁이 일찰나요, 일찰나가 무량겁이라. 일미진이 대천계요, 대천계가 일미진이라.' 이게 불가사의해탈 경계입니다. 그러면 어디로 가야 하느냐? 오솔길입니다. 내가 구하는 마음, '이것이 무엇인가?' 하고 구하는 마음을 돌이켜보는 것입니다. 구하는 마음을 좇아가서 채우는 게 아니라, 구하는 마음을 돌이켜서 그 마음을 보는 것입니다. 반조자심返照自心, 자기 마음을 돌이켜 보면 다 되는 것입니다.

  그러면 이 보는 마음이 무엇이냐? 자꾸 더 보려고 하는 게 아니라 멈추고 돌이켜 봐야 합니다. 자꾸 더 들으려고 하는 게 아니라 멈추고 돌이켜 들어야 합니다. '듣는 이 마음이 무엇인가?' 하는 생각이 떠오르면 눈앞에 보이는 것이나 자기 머릿속에 떠오르는 것이나 똑같이 티끌입니다. 안에 있는 티끌이 올라오면 그 생각을 좇아가지 말고, '아! 지금 내가 생각을 일으키는 이것이 무엇인가?'라고 해야 합니다.

  보고 듣고 기억하는 것이 전부 똑같습니다. 그래서 이것이 무엇인가? 보는 마음, 듣는 마음, 기억나는 마음이 다른 마음이 아니라 한마음이 여섯 가지 문으로 항상 나옵니다. 일심一心이 육문六門이지 육문이 전부 다른 게 아닙니다. 그러니까 항상 이것 하나뿐입니다. '보고 듣고 생각하고 기억하고 움직이고 하는 이것이 무엇인가?' 거기서 다 됩니다. 이것이 인생 오솔길입니다. 마음을 보는 길입니다.

  그러니까 경전을 볼 때 경전을 보는 게 목적이 아니라 그것을 통해서 자기 마음을 깨닫는 게 목적입니다. 밥을 먹는 게 목적이 아니라 밥을 통해서 건강을 얻는 게 목적이고, 배를 타는 게 목적이 아니라 배를 타고 건너가는 게 목적입니다. 부처님이 마음을 보는 길인 인생 오솔길을 가시고, 그것을 우리에게 말씀해 주신 것입니다. 이것이 불교입니다.

신심信心

신심信心은 믿는 마음입니다. 결정심決定心이 신심입니다. 신심이 있으면 원력願力이 생깁니다. 원력은 무엇을 하겠다는 마음입니다. 나무에 비유하면 신심은 뿌리와 같고, 원력은 줄기와 같습니다. 그리고 신심과 원력에서 여러 가지 공덕이 나타나는데, 그것은 꽃과 열매와 같습니다. 그래서 신심이 근본입니다. 신심에서 원력이 생기고, 많은 공덕의 꽃이 피고, 그 공덕의 꽃이 열매를 맺어서 모든 것을 이루게 됩니다.

그러면 이 신심이 왜 필요한가? 인간에게는 고치기 어려운 병이 있는데, 이 병은 약을 한번 먹어서 되는 게 아니고, 계속 약을 먹어야 하고 완치가 없습니다. 그것이 바로 배고픈 병입니다. 이 배고픈 병을 치료하는 약이 밥입니다. 밥 한 번 먹어서는 고쳐지지 않습니다. 또 배고파서 먹고, 또 배고파서 먹어야 합니다. 그래서 평생 배고픈 병 고치다가 다

고치기 전에 생명이 끊어지는 것입니다.

그런데 배고픈 병보다 더 무서운 게 있습니다. 바로 만족할 줄 모르는 병입니다. 이 병을 가진 사람은 어떤 것이 주어져도 만족하지 못합니다. 이것을 명심해야 합니다. 부모가 자식을 사랑할 때 이것을 놓칠 수 있습니다. '이만큼 해 주면 아이는 만족하겠지.'라고 생각한다면 천만의 말씀입니다. 무엇을 해 줘도 한 시간, 두 시간, 하루, 한 달, 이렇게 시간이 지나면 그만이고, 또 다른 것을 찾습니다. 만족하지 못하는 근본적인 병이 있기 때문에, 만족하라고 무엇을 갖다 주는 것으로 해결이 안 됩니다.

우리 몸은 늘 배고픈 병을 가지고 살기 때문에, 이 밥 한 그릇 먹고 영원히 배고프지 말라고 해 봐야 시간이 지나면 또 배고픕니다. 마찬가지로 '이것만 가지면 영원히 만족하겠다.'라는 것은 그때 생각이고, 시간이 지나면 또 만족하지 못합니다. 이것이 인간의 고통입니다.

만족하지 못하는 게 고통이고, 만족한다면 고통이 없습니다. 죽으면 죽는 것으로 만족하고, 살면 사는 것으로 만족하고, 있으면 있는 것으로 만족하고, 없으면 없는 것으로 만족하는데 무슨 고통이 있겠습니까? 헤어지면 헤어지는 것으로 만족하고, 만나면 만나는 것으로 만족하는데 무슨 고통이 있겠습니까? 그런데 헤어지면 그립고, 만나면 시들합니다. 무엇을 한들 무슨 만족이 되겠습니까? 그래서 이것을 해결하려고 많은 사람들이 노력했습니다. 정치, 철학, 예술, 문학 등 전부가 다 만족하지 못하는 병을 고치려고 생긴 것입니다.

그중에서 공자孔子 B.C 551~479는 "인간은 좋은 인성仁性을 가지고 있다."고 주장했습니다. '인仁'은 옥편玉篇에 보면 '과실씨 인'이라고 나옵니다. 한방에서는 살구씨를 행인杏仁이라고 하는데, 씨앗이라는 뜻입니다. 공자는 사람에게는 인의예지仁義禮智라는 인성仁性 씨앗이 있어서, 이것을 배우고 익혀 개발하면 만족할 수 있는 군자君子가 된다고 가르쳤습니다. 사람에게 좋은 씨앗을 자꾸 배우고 익혀서, 씨앗을 버리지 말고 인과 의로 만족하라는 것이 학습의 길입니다. 배워 익힌다는 것은 좋은 씨앗으로써 배우고 익히라는 것입니다.

노자老子는 자연自然을 본받으라고 했습니다. 인위적인 일을 하지 않고 자연을 본받으면 탈이 없다는 것입니다. 인위적인 일을 하지 말라는 것이 무위법無爲法입니다. 무위자연으로 돌아가는 것을 도道라고 했습니다.

인성을 배우는 것을 학學이라고 합니다. 『논어論語』 첫머리에 나오는 글자가 '학學'입니다. 인성을 배우라는 것입니다. 그리고 『도덕경道德經』 첫머리에 나오는 글자가 '도道'입니다. 항상 배워서 새로운 것을 알라는 것입니다. 온고이지신溫故而知新이라, 배워서 새로운 것을 알아 인성을 펼치면 그것이 군자입니다.

그런데 도는 배워서 되는 것이 아닙니다. 배워 익히는 것이 아니라, 덜고 덜고 자꾸 덜어 내는 것입니다. 그래야 자연으로 돌아갑니다. 아는 것도 덜고, 있는 것도 덜고, 가진 것도 덜고, 덜고 덜면 그것이 무위자연입니다. 무위자연은 자연법칙을 그대로 닮아 가는 것입니다. 참 중요한 가르침입니다. 왜냐하면 자연을 본받으면 만족할 수 있기 때문입니다. 인간의 좋은 씨앗을 자꾸 배우고 익혀서 길러 내면 만족할 수 있습니다.

반면 석가모니 부처님은 깨달음을 말씀하셨습니다. 깨달음을 얻으면 만족할 수 있습니다. 전부 만족하지 못한 데서 출발한 것입니다. 모든 인간이 만족한다면 그런 가르침이 필요가 없습니다. 깨닫는다는 것은 모르는 것을 안다는 이야기입니다. 없는 것을 아는 것이 아닙니다. 있기는 있는데 지금까지 모르던 것을 아는 것을 깨달음이라고 합니다. 그러면 무엇을 깨닫는 것인가?

만족하지 못하는 것 중에 자기 수명壽命에 대한 불만족이 있습니다. 어떤 사람은 태중에서도 죽고, 어떤 사람은 아이 때 죽고, 어떤 사람은 나이 들어서 죽는데, 누구든지 자기 삶의 수명에 만족하지 못합니다. 그래서 더 살고 싶어하고, 죽기 전에 좋은 것을 많이 먹으려고 합니다. 건강에 좋다면 체면도 염치도 없이 그냥 막 먹습니다.

그리고 재산에 대해 만족을 못해서 계속 더 가지려고 합니다. 또 세력에 대해서도 만족을 못합니다. 현재 자기의 힘에 만족하지 못해서 계속 힘을 더 키우려고 합니다. 이른바 장기집권입니다. 평생 해도 만족하지 못하고 자식에게까지 대물림하려 합니다. 이런 것이 전부 만족하지 못하는 행위입니다.

요즘은 오래들 사니까 백수연百壽宴 하는 것을 본 적이 있습니다. 그런데 한 획이 빠진 백수연白壽宴도 있습니다. '백白'은 '백百'에서 '한 일一' 자가 빠진 것입니다. 그러니까 99세를 백수白壽라고 합니다. 그런데 그 노인들 역시 돌아가실 생각이 전혀 없습니다. 백수白壽를 하신 분이나 백수百壽를 하신 분이나 돌아가실 생각이 전혀 없습니다. 인간은 아무리 오래 살고 누리고 가져도 만족하지 못하는 병이 있다는 것입니다.

부처님은 이것을 벗어나려면 깨달음으로 해결하라고 가르치셨습니다. 그러면 깨달음이란 무엇이냐? 나고 죽는 것은 생멸生滅인데, 나지도 않고 죽지도 않는 것은 적멸寂滅입니다. 그런데 부처님은 생멸이 적멸임을 깨달으셨습니다. 나고 죽는 것이 나고 죽는 것이 아님을 깨달으신 것입니다.

태어났다 죽는 생멸이 없는 적멸을 진여眞如라고 합니다. '생멸이 진여다. 진여가 바로 생멸이다. 이것이 비일비이非一非二, 즉 하나도 아니고 둘도 아니다.' 이것을 확실히 아는 것을 깨달음이라고 합니다. 그러니까 이 생로병사生老病死가 그대로 생사해탈生死解脫이라는 것입니다. 이것이 깨달음입니다.

생멸은 나고 죽는 것이고, 진여는 생멸 없는 적멸입니다. 이것을 깨달으면 불만족이란 없습니다. 티끌도 적멸이고 태산도 적멸이고 허공도 적멸이고, 또 허공도 생멸이고 태산도 생멸이고 티끌도 생멸입니다. 그래서 부족한 게 전혀 없고, 남는 게 전혀 없이 원만구족입니다.

우리 몸을 예로 들면 코끝도 몸이고, 귀도 몸이고, 머리도 몸이고, 손톱도 몸이고, 하나하나 이 작은 부분이 그대로 몸 전체입니다. 그래서 어느 부분이라도 내 한 몸으로서, 모자라거나 남지 않습니다. 그래서 이 나고 죽는 것이 생사해탈이라는 것을 확실하게 깨닫는 것이 깨달음입니다. 생멸이고 적멸입니다. 진여문眞如門이고 생멸문生滅門입니다.

이것을 깨달으려면 신심信心이 있어야 합니다. '아! 그렇구나.' 하고 한마음으로 모아져야지, '과연 그럴까?'라고 하면 안 됩니다. 요즘 도를 닦는다, 수행을 한다고 하는데 기술만 익혀서는 안 되고, 이 마음에 신심이 있어야 합니다. 뿌리 없이 그냥 막대기 하나 세워 놓고 과일 붙이고 나뭇잎 붙인다고 나무가 되는 것이 아닙니다. 뿌리에서부터 줄기가 자라고 꽃이 피었을 때 진짜 열매가 열리는 것입니다.

그러니까 깨달음이라는 것은 신심信心이 전부입니다. 신심이 처음이고 마지막입니다. '누가 허리를 이렇게 세우고 참선한다더라.' '누가 무슨 경 읽는다더라.'라고 해서, 허리 세워서 앉아 보고 경 몇 번 읽어 본다고 되는 것이 아닙니다. 확고한 신심에서부터 출발해야 합니다.

그러면 신심이 무엇이냐? 보통 신심이 아니라 불가사의 신심입니다. 생로병사가 바로 생사해탈이라는 것을 믿는 것인데, 그게 쉽지 않습니다. 신심에 대한 몇 가지를 살펴보겠습니다.

『화엄경』「여래출현품」에 "부처님의 지혜가 중생의 몸 안에 구족해 있다."라고 했습니다. 이것을 믿는 것입니다. 우리 몸은 아픈 곳이 많고, 피곤하면 자야 됩니다. 또 우리 생각은 항상 근심걱정하고 원망하고 미워합니다. 그런 생각과 그런 몸에 여래의 지혜가 구족하게 다 있다고 했으면 이것을 믿어야 도를 이루는 것입니다. 그런 것을 믿지 않고 누가 하니까 따라 한다고 되는 것이 아닙니다. 종이 위에 나무 그려 놓는다고 살아 있는 나무가 되지 않는 것과 같습니다.

『법화경』「법사품」에서는 "경전이 여래전신如來全身"이라고 했습니다. 그래서 탑을 세울 때는 사리를 모실 필요가 없고 경전을 봉안하면 된다고 했습니다. 왜냐하면 여래의 전신이기 때문입니다. 경은 종이에다 글자를 쓴 것입니다. 종이, 먹, 글자를 빼놓으면 경전이 아닙니다. 그런데 이 경이 여래의 전신입니다. 신심 없이 보면 그냥 종이에다가 글자를 인쇄해 놓은 것일 뿐입니다. 경전이 바로 여래의 온전한 몸이라는 것을 믿는 것이 신심입니다.

그리고 「보현행원품」에서는 여래를 칭찬하는 대목이 있는데, "시방삼세 모든 부처님 세계의 아주 작은 티끌 하나에도 모든 세계의 숫자로 셀 수 없이 많은 부처님이 계신다."라고 했습니다. 그러한 부처님을 믿는 것이 신심입니다. 그 신심으로 깨달음의 도에 들어가는 것이 입도入道입니다. 그러면 거기서 '아, 내가 이 도를 더 깊이 이루어야겠다.'라는 원력으로 계속 정진하게 됩니다. 그러면 정말 믿는 내용대로 알게 됩니다. 이것을 증도證道라고 합니다.

그러면 거기서 계속 또 정진을 하게 되는데, 중도 후에 이루어 나가는 것을 성도成道라고 합니다. 신심으로 입도하고, 중도하고, 성도해서 도를 이룹니다. 이것이 전부 신심의 연장입니다. 신심 다음에 원력願力이라고 하는데, 원력이 바로 신심입니다. 신심이 없으면 원력도 없습니다. 뿌리가 없으면 줄기도 없는 것과 같습니다.

역사 속에서 크게 신심의 모범을 보인 분이 있는데, 바로 자장慈藏 590~658 법사입니다. 『삼국유사』에 자세한 기록이 있습니다. 자장 법사가 '나는 계를 지키는 일생을 살겠다.'라고 원을 세웁니다. 여기서 계戒는 금강계金剛戒입니다. 금강계는 진여의 계·적멸의 계·생사해탈의 계이기 때문에, 거기서 만족하지 못해서 밖으로 구하지 않겠다는 것입니다. 밖으로 구하면 그 계를 파破하는 것입니다. 그것은 신심이 부족한 것입니다. '밖으로 구하지 않고 진여, 적멸로써 만족하고 오로지 그 도를 닦겠다.' 이것이 계를 지키는 서원입니다. 그래서 대승불교는 전부 금강계라고 합니다. 금강은 불생불멸不生不滅 진여자성眞如自性을 말합니다.

자장 법사는 평생 그렇게 사셨습니다. 그렇게 원이 더욱 깊어져서 중국에 가서 문수보살을 만났습니다. 문수보살을 만난다는 것은 중도입니다. 도를 증득한 것입니다. 문수보살이 가르쳐 준 것이 '일체법이 자성이 없다는 것을 알아라. 이와 같이 법성을 알면 바로 비로자나불을 보는 것이다. 비록 만 가지 가르침을 배우지만 이것보다 더 나은 것은 없다[了知一切法 自性無所有 如是解法性 卽見盧舍那 雖學萬敎 未有過此].'입니다.

살고 죽는 하나하나에 자체성自體性이 없습니다. 그래서 일체가 적멸입니다. 살고 죽는 하나하나에 자체성이 있다면 일체가 적멸일 수 없습니다. 이것이 무엇을 의미하느냐? 자장 법사가 도가 높아졌기 때문에 문수보살이 곧 자장의 도입니다. 자장의 도가 따로 있고 문수의 도가 따로 있는 것이 아닙니다. '문수가 곧 자장의 도'라는 말입니다. 이것이 중도입니다.

자장 법사는 귀국해서도 곳곳에서 문수보살을 만났습니다. 마지막에 만나는 것을 여래장엄如來莊嚴으로 장엄한다고 합니다. 이것이 성도입니다. 여래의 장엄으로 스스로를 장엄합니다. 여래가 하신 덕을 내가 닦는 것입니다. 석가여래는 팔상성도, 즉 여덟 가지 과정으로 도를 이루었습니다. 그것처럼 입도, 중도해서 깨달음의 덕을 크게 펴는 것을 성도라고 합니다.

문수는 지혜이고, 지혜는 생멸이 적멸인 줄 아는 것입니다. 요즘 사람들이 스마트폰으로 검색하는 것이 지혜가 아닙니다. 그냥 평생 그것만 들여다봅니다. 새로운 것을 공급하면 언제나 뒤만 따라갑니다. 들여다보는 마음을 한번 깨달아 놓으면 좋을 텐데 생각도 못합니다. 들여다보는 그 마음을 깨달음이 바로 생멸이 적멸임을 깨닫는 것입니다.

문수보살이 또 자장에게 나타났는데 아주 형편없는 거지의 모습으로 강아지 한 마리를 메고 왔습니다. 그러니까 자장이 안 만났습니다. 그러자 문수가 "아상我相이 있는 자가 어찌 나를 만나겠느냐?" 하고 돌아갑니다. 문수보살도 '나'라고 하고, 자장도 '아상'이라고 하고, 두 '나'가 붙었습니다. 그러니까 강아지가 사자로 변하고, 나이 많고 힘없고 돈 없는 노인이 오색방광五色放光을 하고 갔습니다. 이것이 불교의 '일체법이 자성이 있는 바가 없다.'는 것입니다.

강아지가 자성이 있다면 어떻게 사자가 되고, 노인이 자성이 있다면 어떻게 오색방광을 하고 하늘을 날아가겠습니까? 자장은 자장대로 또 위의를 갖췄습니다. 보통 사람 같으면 허겁지겁 맨발로 쫓아갔을 텐데, 옷 입을 것 다 입고 위의를 갖추고 갔습니다. 왜냐하면 문수는 문수대로 위의가 있지만 자장은 또 자장대로 위의가 있기 때문입니다. 위의를 갖추고 문수가 갔다는 방향으로 갔지만 보이지 않습니다. 그래도 그냥 따라갑니다.

이것이 그대로 도를 이루는 과정을 보여 주는 것입니다. 그러면 자장과 남루한 옷차림으로 찾아온 문수가 다르냐? 자장이 도가 높았기 때문에 문수로 나타난 것입니다. 자장 없는 문수는 없습니다. 그러니까 문수 그대로 자장의 도를 이루는 세계라는 말입니다. 그래서 그냥 지금까지 몸을 가지고 살다가 몸을 일시에 버린 것입니다. 생로병사가 바로 생사해탈입니다.

그래서 '몸이 가고 몸이 오는 것이 해탈경계다. 나고 죽는 것이 법계를 장엄한다.'라고 하겠습니다. 이것이 깨달음의 세계입니다. 봄과 꽃이 있는데, 꽃이 피고 꽃이 지는 것은 봄을 장엄하는 것이라는 말입니다. 봄을 떠나서 꽃이 지는 게 아닙니다. 꽃이 피는 것도 봄소식을 전해 주는 것이고, 꽃이 지는 것도 봄소식을 전해 주는 것입니다.

그러니까 몸이 오고 몸이 가는 것이 해탈의 세계이고, 몸이 나고 몸이 죽는 것이 장엄법계입니다. 꽃이 봄을 장엄하듯이, 우리 몸이 나고 죽는 것이 우주법계를 장엄하는 것입니다. 이것이 깨달음의 세계입니다. 근심 걱정하는 것은 아직 깨닫지 못했기 때문입니다.

봄소식을 알고 나면 일체가 봄입니다. 잡초도 봄이요, 꽃도 봄이요, 꽃이 피고 꽃이 지는 것도 다 봄입니다. 그것처럼 우리가 나는 것도 그대로 우리 자신이고, 죽는 것도 자신이고, 늙는 것도 자신입니다. 그것이 깨달음의 세계입니다. 그러니까 이 깨달음을 보면 모든 것이 장엄입니다.

그러려면 어떻게 해야 하느냐? 그 세계를 믿는 데서부터 출발합니다. 이와 같이 한결같이 나아가는 모범을 보인 분이 자장 법사입니다. 처음 출발할 때부터 하나의 신심으로 갑니다. 그래서 엄청난 공덕을 지어 곳곳에 부처님 도량을 세웠습니다.

신심은 우리가 나고 죽는 것이 그대로 생사해탈이라는 것을 믿는 데서부터 출발합니다. 믿고 정진하는 가운데 중도가 됩니다. 또 믿고 정진하는 가운데 그런 도를 다 이루어 성도하게 됩니다.

부처님!
부처님!

한국불교에서 부처님이 '세간에 머무는 것이 허공과 같은데 마음이 청정한 것은 저 허공보다 초월한다[處世間如虛空 心淸淨超於彼].'라고 말합니다. 이 말은 부처님은 이 세상에 머물러 계시되 허공처럼 계신다는 것입니다.

허공은 아무 데도 머무는 데가 없습니다. 허공은 허공에도 머물지 않고, 땅에도 머물지 않고, 사람에도 머물지 않습니다. 허공은 더럽지도 않고, 깨끗하지도 않습니다. 그런데 부처님의 마음이 청정한 것은 그것보다 더합니다. 그래서 "무상존께 예배합니다[稽首禮無上尊]."라고 합니다.

부처님은 허공과 같이 세간에 머무는 분이라서 세간에서 구하는 게 없습니다. 그리고 부처님은 마음에 견해가 없습니다. 견해가 있으면 마음이 청정한 게 아닙니다. 마음의 견해는 분별한다는 말입니다. 부처님은 마음에 분별이나 망견이 없습니다. 분별과 망견이 없는 것을 청정이라고 합니다.

　세상에 있으면서 세상에서 구하는 게 없고, 마음속으로 이거다 저거다 분별하는 일이 없고, 진실과 다르게 허망한 견해를 갖는 일이 없는 것을 심청정心淸淨이라고 합니다. 부처님은 세상에서 구하는 일이 없고, 마음이 청정합니다.

　그러면 어떻게 해서 이렇게 됐는가? 부처님이 부처님일 수 있는 것은 깨달음을 얻었기 때문인데, 그 깨달음이란 것이 무엇이냐? 여실하게 보는 것[如實見]이 깨달음입니다. 부처님이 깨닫고 보니까 세간법은 자성이 없습니다. 일체 만법이 자성이 없으니, 그 자성이라는 것은 항상 있고 마음대로 주재할 수 있는 것[常一主宰]을 말합니다. 그런 게 세상에는 없습니다. 그래서 무성無性입니다. 하늘도 무성이고, 땅도 무성이고, 태어나는 것도 무성이고, 죽는 것도 무성입니다. 보이는 것도 자성이 없고, 보이지 않는 것도 자성이 없습니다.

　그러면 무엇이냐? 연성緣性입니다. 다 인연으로 된 것입니다. 무성 연성은 요즘 말로 하면 이 세상에 있는 모든 것이, 그것은 그것으로 만들어지지 않았다는 것입니다. 예를 들어 손은 손으로 만들어지지 않았습니다. 코는 코로 만들어지지 않았습니다. 책상은 책상으로 만들어진 게 아닙니다. 사람은 사람의 자성이 없고 다른 것이 사람이 된 것입니다.

이것이 무성입니다.

　그렇기 때문에 모든 것은 그것이 그것에 없습니다. 전부 다른 것으로 만들어졌습니다. '법에는 자성이 없고, 다른 것으로 자성을 삼는다[法無自性 依他爲性].'는 것입니다. 그릇이 있는데 그릇에 그릇이 없고 흙이 있습니다. 그릇에 자성이 없으니까 흙으로 자성을 삼는 것입니다. 이것이 무성 연성입니다. 자성이 없기 때문에 구할 게 없습니다. 자성이 없이 다 인연으로 되었기 때문에 인연이 바뀌면 항상 바뀝니다.

　이것이 있어서 저것이 있기 때문에, 저것은 이것이 바뀌면 바뀝니다. 그래서 무상하다는 것입니다. 항상함이 없습니다. 삶은 삶 속에 삶이 없고, 죽음은 죽음이 아닌 것으로 이루어져, 죽음은 죽음 속에 죽음이 없습니다. 부처님은 이것을 깨달아서 생사해탈하셨습니다. 그것이 그것에 없고, 그것은 그것 아닌 것으로 이루어졌습니다.

　또 예를 들어 집이 있는데 집에 집이 없습니다. 벽이나 포장이나 지붕 등 이런 것밖에 없습니다. 이게 무성이고, 여러 가지가 인연으로 모여서 된 연성입니다. 연성이니까 완전히 없는 것도 아니고, 무성이니까 완전히 있는 것도 아니라는 것을 깨달은 것입니다. 무성이니까 취할 것도 없고, 연성이니까 버릴 것도 없습니다. 이 세상에 구할 것이 없습니다.

　어떤 것을 구하든 거기에 자성이 없기 때문에 무상하고 허망합니다. 그렇다고 아무것도 없는 것은 아닙니다. 다 인연으로 이루어져 있습니다. 인연은 끝이 없습니다. 이것이 흩어져서 저것이 되고, 저것이 흩어져서 이것이 되니까 끝이 없습니다. 단절은 없고 오직 변화만 있을 뿐입니다. 이것이 연성입니다.

그러니까 버릴 것도 없습니다. 이것을 여실하게 보니까 분별分別 망견妄見이 있을 수 없습니다. 무성이고 연성임을 여실하게 보니까 삶과 죽음을 다르게 볼 수 없습니다. 삶 속에 삶이 없고 죽음 속에 죽음이 없다는 것이 무성입니다. 삶도 인연으로 이루어졌고 죽음도 인연으로 이루어졌으니까, 삶을 취하고 죽음을 버릴 일도 없고 죽음을 취하고 삶을 버릴 일도 없습니다.

그냥 인연으로 변화하는 것뿐인데 무엇을 취하고 무엇을 버릴 것인가? 이런 이야기를 하면 모르는 것도 같고, 아는 것도 같습니다. 모든 것은 그것에 그것이 없다고 했습니다. 왜냐하면 그것이 그것 아닌 것으로 이루어졌기 때문입니다. 전부 다른 것으로 이루어졌습니다.

이 세상에 그 어떤 것도 무성이기 때문에 구할 것이 없습니다. 다 인연으로 끝없이 변화하기 때문에 버릴 것이 없습니다. 이것을 좋다고 분별하고 저것을 나쁘다고 분별하는 것을 전도몽상顚倒夢想이라고 합니다. 구하고 버리는 것은 전부 분별이고 망견입니다.

경봉鏡峰 1892~1982 큰스님이 사석에서 젊은 사람들이 자기 소견을 말하면 "익은 밥 먹고 선소리하지 마라."고 하셨습니다. 설었다는 것은 익지 않은 생짜배기 날것이라는 말입니다. '이것이다 저것이다, 좋다 나쁘다' 하는 것은 전부 분별 망견입니다.

깨달음은 다른 견해를 짓는 것이 아닙니다. 이렇게 자성이 없고 연성이라는 것을 여실하게 깨닫는 것입니다. 부처님은 인연법因緣法을 깨달았습니다. 부처님이 평생 말씀하는 것은 인연법, 그 한 단어입니다. 무슨 설법을 하든지 불교에서 말하는 것은 인연법뿐입니다.

그리고 부처님은 해탈의 길을 가르치신 분입니다. 그러면 해탈의 길은 무엇이냐? 인연법 밖에 해탈의 길이 있는 게 아닙니다. 여실행如實行이 해탈이고 여실견如實見이 깨달음입니다. 여실하게 본 그대로 실행을 하면, 그것이 해탈이고 깨달음입니다. 왜냐하면 여실하게 본 그대로 여실하게 행동하니까 그 여실법如實法과 내가 다르지 않기 때문입니다. 그것이 해탈입니다. 인연법 그대로 실천하는 것이 수행修行입니다. 수행이 해탈입니다. 본 그대로 여실하게 생활하면 그게 해탈이라는 말입니다.

부처님이 이렇게 되기까지는 팔상성도八相成道, 즉 여덟 가지 과정이 있었습니다. 도솔래의상兜率來儀相, 비람강생상毘籃降生相, 사문유관상四門遊觀相, 유성출가상踰城出家相, 설산수도상雪山修道相, 수하항마상樹下降魔相, 녹원전법상鹿苑傳法相, 쌍림열반상雙林涅槃相이 팔상八相입니다. 팔상으로 해탈의 길을 가신 것입니다. 이 팔상이 다 해탈의 모습입니다.

그런데 도솔천에서 내려오고 왕궁에 태어나신 것은 복덕상福德相입니다. 도솔천에도 복 있는 사람이 태어나고, 왕궁에도 복 있는 사람이 태어납니다. 그러니 깨달음의 밑바탕에는 복이 없으면 안 된다는 것을 보여 주는 것입니다. 빈곤과 질병에 허덕이면 장애가 많아서 깨닫기 힘듭니다. 그러니 복을 지어야 깨달음으로 가는 터전이 생기는 것입니다. 그런데 복으로만 만족하면 안 됩니다. 복을 짓되 복에 만족하면 깨달음을 얻을 수 없습니다.

복에 만족하지 않고, 왕자로서 머무르지 않고, 세간사를 돌아보니까 생로병사가 있었습니다. 그러니까 '이 생로병사, 죽음을 앞에 둔 인간이 왕이 된들 무슨 소용이 있으며, 부자로 산들 무슨 소용이 있는가?' 이것이 부처님의 문제입니다. 중생들은 재물과 권력과 명예를 구하는데, 내가 죽어 버리면 그런 것들이 무슨 소용이냐는 말입니다. 그러니까 '죽음 문제를 해결하는 길을 찾아야겠다.'라고 결심하신 것입니다.

그런데 아버지 정반왕은 우선 사는 것이 중요하니까 한사코 말립니다. 부처님도 성도하시기 전 모든 것이 원만하지는 않았습니다. 깨달음을 얻기 위해서 아내도 버리고, 자식도 버리고, 아버지도 버리고, 왕궁도 버리고, 모든 것을 버렸습니다. 자기가 원하는 것 하나를 얻기 위해 다 버리고, 설산에 가서는 옷도 벗어 버리고, 머리도 깎았습니다. 그 당시 머리를 깎고 옷을 벗는다는 것은 신분을 다 버린다는 의미입니다. 부처님은 이렇게 해서 도를 이루었습니다.

그런데 요즘 사람들은 많이 가졌으면서도 더 가지려고 합니다. 부처님이 왕도 하고 해탈도 하신 것이 아닙니다. '유성출가, 설산수도'라는 것이 굉장한 의미가 있습니다. 하나를 이루기 위해서는 소소한 다른 것을 아끼면 안 됩니다. 설산에 가서 수도를 하는데, 수도라는 게 무엇이냐? 다른 사람으로부터 무엇을 얻어서는 안 되고, 자기 마음으로 돌아가야 한다는 것을 깨달은 것이 설산수도상입니다.

마음으로 돌아가는데, 마음에 또 중대한 문제가 있습니다. 마음에는 허망한 줄 알면서도 허망함을 구하는 마구니가 있습니다. 별것이 아니라는 것을 알면서도 구하는 것이 마구니입니다. 가령 '화단에 들어가지 마시오.'라고 해 놓아도 들어갑니다. 몰라서 들어가는 게 아니라 알면서도 들어갑니다. 그런 마구니가 있습니다. 허망한 줄 알면서 그것을 구하고 집착하는 그 마음을 완전히 없애기까지, 굉장한 노력이 필요합니다. 그것이 청정심淸淨心입니다.

잡념이 사라지니까 연기법이 보입니다. 이것이 항마성도입니다. 항마해서 도를 이루었습니다. 항마라는 것은 마음의 잡념을 없애는 것입니다. 무상한 줄 알면서 구하는 마음의 잡념을 완전히 항복시키는 것입니다. 그러면 도는 저절로 이루어집니다. 팔상성도에서는 항마가 중요하니까 수하항마상만 있고 성도는 없습니다. 그러니까 깨달음이란 허망한 생각을 없애는 것이지, 다른 것이 없습니다.

구름만 없으면 산이 저절로 드러나듯이, 마음에 망견만 사라지면 여실견은 저절로 드러납니다. 자성이 없고 인연성임을 보는 지혜가 드러납니다. 그것을 다른 데서는 해탈지견解脫知見이라고 합니다. 자기가 본 대로 해탈로 가신 것입니다. 본 대로 실행하는 것이 해탈입니다. 그리고 돌아가시는 것도 무성 연성입니다. 삶에 자성이 없으니까 인연 따라 변합니다. 자기 몸의 마지막 순간을 보이는 것이 열반입니다. 열반상이 중요합니다.

이러한 부처님의 생애를 보면 간단합니다. 이 세상은 무성이고 연성이어서 자성이 없고, 인연 따라서 끊임없이 변합니다. 자체가 무성이고 연성이기 때문에 시작도 없고 끝도 없습니다. '시작이다, 종말이다.' 하는 것은 분별이고 망견입니다. 처음은 처음 아닌 것으로 이루어져서 처음은 처음이 아니고, 또 마지막은 마지막 아닌 것으로 이루어져서 마지막이 마지막이 아닙니다. 그러니까 무엇을 버리고 무엇을 취할 것이 없습니다.

그러니까 내가 태어난 처음이 처음이 아니고, 그 이전에 처음이 있습니다. 처음은 또 처음이 있고, 마지막은 또 마지막이 있습니다. 끊임없이 인연 따라 변화합니다. 그러니까 죽으면 슬퍼하는 것은 여실견 여실행이 아닙니다. 삶에 집착하는 것은 여실견 여실행이 아니기 때문입니다.

그래서 가장 중요한 것은 깨달음입니다. 깨달음은 우리 자신이 무성 연성임을 바로 보는 것입니다. 마음은 마음 아닌 것으로 이루어졌고, 몸은 몸 아닌 것으로 이루어졌습니다. 이것이 전부 무성 연성입니다. 그러니까 몸 그대로 마음이고, 마음 그대로 몸입니다.

몸도 마음도 자성이 없이 인연성이기 때문에 마음만 불생불멸이 아닙니다. 몸 그대로 불생불멸입니다. 자성이 없기 때문입니다. 자성이 없어서 몸 전체가 나는 것이 아니고 죽는 것이 아닙니다. 저 하늘 역시 나는 것도 아니고 죽는 것도 아니고 그냥 연성일 뿐입니다. 인연에 의해서 하늘로 보일 뿐입니다.

비유하자면 까만 비닐 조각은 얇고 힘이 없지만 서로 잘 엮으면 질긴 밧줄이 됩니다. 이것이 연성입니다. 그런데 밧줄에 밧줄이 없고, 비닐 조각뿐입니다. 비닐 조각은 인연으로 밧줄이 되었습니다. 그런데 밧줄이 없는 게 아니라 있지만, 동시에 자성이 없어서 있는 것이 아닙니다. 이것이 무성 연성입니다. 그래서 밧줄을 사용하기만 하지 거기에 집착할 것이 없습니다.

그런데 망견을 가지고 밧줄에 온갖 생각을 붙여서 '신통한 재주를 부리는 구렁이다.'라고 볼 수도 있습니다. 그래서 저 구렁이를 잘못 건드리면 큰일난다고 빌고 절하고 난리를 부립니다. 이것이 전부 망견입니다. 밧줄은 인연으로 된 것이고 그것을 사용하면 그뿐인데, 이것을 신비하고 과장되게 보면 거기에 희망을 갖고, 온갖 생각을 붙입니다.

인생도 이와 같습니다. 인생도 숨을 못 쉬면 안 됩니다. 사람의 몸에서 공기와 체온과 의식이 빠져나가면 허망한 것이 인생입니다. 공기와 체온과 의식이 잘 유지되는 순간만 사람입니다. 옛날 어른들이 "노세. 노세. 젊어서 노세. 늙고 병들면 못 노나니. 인생 일장춘몽인데 아니 노지는 못하리라.' 하고 노래를 불렀습니다. 놀다가 숨 떨어지면 어떻게 할지에 대해서는 말이 없습니다. 1960년대의 젊은 사람들은 '인생은 무엇인가? 청춘은 즐거워. 마시고 또 마시고 춤을 춥시다.'라는 노래를 불렀습니다. 청춘은 청춘 아닌 것으로 이루어졌고 인생은 인생 아닌 것으로 이루어졌는데, 그것은 까맣게 모르고 청춘을 즐기기만 한다면 무엇이 해결되겠습니까?

그래서 부처님을 생각하고 '내가 과연 무엇인가?' 하고 자기를 돌아보면, 돌아오는 순간에 자기를 보게 됩니다. 자기가 무성 연성인 것을 보게 됩니다. 이것을 반야보리般若菩提라고 합니다. 그 반야보리로 자기를 볼 때 천지보다 먼저라서 그 시작이 없고, 천지보다 뒤에까지 있어서 그 끝이 없습니다. 이것이 나입니다.

그 세계에 사신 분이 부처님이고, 우리는 그런 부처님을 따르는 불자입니다. 그래서 부처님의 가르침을 한번 생각만 해도 그 공덕이 한량없습니다. 부처님의 가르침을 한번 마음에 새기기만 해도 우리도 성불할 수 있는 종자를 심는 것입니다. 부처님이 팔상성도로 도를 이루었듯이,

하나의 도를 이루기 위해서는 여러 가지 인연이 모여야 합니다. 하나의 열매가 열리려면 많은 노력이 필요한 것과 같습니다. 부처님을 생각만 해도 우리는 바로 그렇게 될 수 있습니다.

언젠가 초파일 제등행렬을 하는데, 진행자가 '오늘은'이라고 선창하니까 '좋은 날'이라고 화답하고, '부처님' 하니까 '오신 날'이라고 화답하였습니다. 부처님이 언제 오시느냐? 부처님을 생각할 때 오십니다. 우리가 부처님을 생각하면 항상 부처님 오신 날입니다. 오시기만 하느냐? 이것을 살짝 바꾸면 '오늘은 좋은 날 부처님 뵙는 날'입니다.

부처님을 뵙기만 하면 무엇합니까? 그래서 또 한마디 붙여 봤습니다. '오늘은 좋은 날 부처님 닮는 날'입니다. 부처님을 꼭 닮으면 성불합니다. 그러니까 부처님 오신 날이 일 년 중 하루가 아니라 우리가 부처님을 생각하는 날은 다 부처님 오신 날입니다. 부처님을 생각할 때 그날은 좋은 날입니다.

오늘은 좋은 날, 부처님 오신 날!
오늘은 좋은 날, 부처님 뵙는 날!
오늘은 좋은 날, 부처님 닮는 날!

생로병사 생사해탈

싯달타는 생로병사生老病死를 걱정했고, 석가모니는 생사해탈生死解脫을 했습니다. '싯달타'는 생로병사를 문제 삼은 분이고, '석가모니'는 생사해탈을 이루신 분입니다. 생로병사란 태어나서 죽는 것, 즉 생멸을 의미합니다. 생멸은 도대체 무엇인가? 우리는 생멸을 잘 모르고 그냥 생활을 합니다. 생활은 무엇인가?

첫째, 감생感生입니다. 감생은 느끼는 대로 사는 것입니다. 입고 먹고 자는 의식주를 위해 살아가는 것을 감생이라고 합니다. 추우면 입고 더우면 벗고, 목마르면 물을 마시고 배고프면 밥을 먹고, 피곤하면 잠을 자는 것입니다. 다른 말로 생존적 삶이라고 합니다. 살아남으려고 느끼는 대로 사는 생존적 생활입니다.

둘째, 욕생欲生입니다. 욕생이란 욕망을 위해서 사는 것입니다. 지금 현재 입고 먹을 것을 구하는 게 아니라, 미래에 더 많은 것을 소유하고자 합니다. 생존적 삶이 아니라 소유적 삶입니다. 무엇을 소유하려고 하느냐? 간단히 말하면 재財·권權·명名입니다. 재물, 권력, 명예를 소유하려고 합니다.

지금 현재 먹을 게 있지만 계속 더 소유하려고 합니다. 마음대로 뜻을 펴는 것을 권력이라고 하는데, 내 마음대로 더 하고 싶어합니다. 명예는 자기 존재를 세상에 드러내고 싶어하고 명성을 가지고자 하는 것입니다. 재물과 권력과 명예를 소유하기 위해서 생활하는 것이 욕생입니다.

그 욕망 속에는 무엇을 이루고 계속 더 가지려고 하는 성취적 욕망이 있고, 즐겁게 살고자 하는 쾌락적인 욕망이 있습니다. 그런데 즐기면서 살려는 사람이 있는 반면, 평생 한 번 즐겨 보지도 못하고 죽을 때까지 계속 이루고 가지려는 사람들이 있습니다.

돈이 아무리 많아도 쓸 줄 모르고 모으기만 합니다. 그러니 돈이 아무리 많아도 고생만 합니다. 욕망이 계속 성취적 욕망에 멈춰 있기 때문에 쾌락적 욕망으로 못 넘어갑니다. 돈을 벌 줄만 알고 그 돈을 전혀 못 쓰고 죽습니다.

그리고 자족적自足的 욕망이 있습니다. 노는 것도 한두 번이지, 재미가 없어지고 놀고 나면 허탈합니다. 여행을 가도 가서 볼 때는 흥분이 되어도 돌아오면 역시 마찬가지입니다. 외국 갔다가 인천공항에 내리는 순간 또 앞으로 뭘 해야 하나 따분하고, 따분하니까 또 다음을 준비합니다. 쾌락이 마음에 깊은 만족을 주지 못하는 증거입니다.

내 스스로 만족을 찾는 사람들의 삶이 굉장히 깊은 삶입니다. 내가 스스로 노력해서 자기만족을 얻고 의미를 만들어 가는 사람들입니다. 이런 사람들이 많아야 바람직한 사회가 됩니다. 봉사활동이나 기부 같은 것도 자기만족을 추구하는 행위입니다. 봉사와 기부를 통해 얻는 자기만의 기쁨과 만족이 있습니다. 이런 것은 쾌락이나 성취와는 전혀 다릅니다.

또한 공부를 깊이 하면 공부를 하는 만족이 있습니다. 『논어』, 『노자』, 『도덕경』 같은 고전만 깊이 공부해도 거기서 느끼는 엄청난 기쁨이 있습니다. 그런 인문학이나 철학을 공부하면 어떤 이익이 있느냐? 아무도 모르는 자기만의 만족이 있고, 자기만 확실히 보는 세계가 있습니다. 반면 세속적 욕망에 물든 사람들은 하나하나 눈에 보이는 효과만 따라다닙니다. 그래야 만족을 얻기 때문입니다.

옛날에 선비들이 공부하면서 "고인도 나를 못 보고, 나도 고인을 못 본다. 고인은 못 보아도 예전 길이 앞에 있네. 예전 길이 앞에 있으니 아니 가고 어이 하리."라고 소감을 적어 놓은 글이 있습니다. 인생에 자기 갈 길이 보이는 것입니다. 이런 것이 자기만족입니다. 자기만족을 얻으려면 자기 스스로 하는 일이 있어야 합니다. 그것이 삶입니다.

그런데 이런 것들이 전부 욕망의 삶, 욕생입니다. 싯달타는 인간은 왜 늙고 병들고 죽는가를 고민했습니다. 재財·권權·명名, 쾌락快樂, 자기만족自己滿足 등에는 관심이 없습니다. 왜냐하면 죽음이 언제 찾아올지 모르는데 무엇을 구하고 소유한다는 것은 아무 의미가 없기 때문입니다. 그래서 노老·병病·사死를 고민했습니다. 이 문제를 깨닫고 사는 것을 각생覺生이라고 합니다.

셋째, 각생은 곧 보살菩薩의 삶입니다. 보살은 보리살타菩提薩陀의 준말입니다. 보리는 각覺이고, 살타는 생生입니다. 깨달으려고 살고, 깨닫고 사는 것입니다. 언제 죽을지 모르는 인간이 소유만 하려고 살고, 또는 먹고 입고 자는 것만 하려고 삽니다. 그래서 죽음의 문제를 고민하다가 싯달타가 엄청난 사고(?)를 칩니다. 결혼을 했는데 남편 노릇을 버렸습니다. 석가모니 부처님이 정말 대단하지만 인간적으로 보면 문제투성이일 수도 있습니다. 남편 노릇, 아버지 노릇, 자식 노릇, 왕 노릇까지 다 버렸습니다. 이렇게 문제 많은 사람 별로 없습니다.

무엇을 위해서 버렸는가? 생사에서 해탈[生死解脫]하고자 하는 일념 하나로 모든 것을 다 버렸습니다. 그래서 결국 생사해탈을 했는데, 어떤 방법으로 했는지가 중요합니다. 굉장히 중요한 문제인데 답을 아는 사람이 별로 없습니다. 부처님은 생사해탈을 하기 위해서 여러 가지 방법을 시도했습니다. 그러다가 깨달음이라는 방법으로 생사해탈을 했습니다.

그러면 깨달음이라는 것은 무엇이냐? 마음으로 보는 것을 깨달음이라고 합니다. 마음으로 어떻게 보느냐? 경전에서는 깨달음을 다른 말로 생지生智, 즉 지혜가 나왔다고 하고, 생안生眼, 즉 눈이 생겼다고 합니다. 그 눈은 생사의 실상을 보는 눈입니다. 여태까지 생사의 형상을 보고 살아왔는데, 생사의 실상을 보게 된 것입니다. 그 생사의 실상을 보는 눈과 지혜가 생김으로써 생사가 곧 생사가 아니라는 것을 알게 됩니다.

생로병사에서 생사가 없는 진실한 내용을 지혜의 눈으로 보는 것이 깨달음의 내용입니다. 생사가 생멸이고, 생사가 없는 것을 적멸寂滅이라고 합니다. 부처님이 깨달으신 것은 이 생로병사하는 생멸이 생로병사가 없는 적멸이라는 것을 보신 것입니다. 어떻게 보셨느냐? 깨달음을 얻어서 보셨습니다. 생지와 생안, 진실을 보는 지혜와 진실을 보는 눈으로 보셨다는 것입니다. 생로병사에서 생사가 없는 적멸을 지혜의 눈으로 보고, 생멸이 곧 적멸이라는 것을 깨닫고 생사해탈하신 것입니다.

이처럼 부처님은 생로병사가 바로 해탈열반이라는 것을 알아서 생사해탈하신 것입니다. 생멸이 곧 적멸이고, 적멸은 해탈열반입니다. 그러니까 생멸이 적멸이라는 것을 마음의 눈으로 확실하게 보고 생멸의 모든 굴레에서 벗어나는 것이 해탈입니다. 이것이 부처님이 깨달으신 것이고, 부처님이 생사해탈하신 방법입니다. 생명을 연장하려고 한 것도 아니고, 더 많은 것을 소유하려고 한 것도 아니었습니다. 그런 것들로는 생사해탈을 할 수 없습니다. 생멸이 적멸임을 마음의 눈으로 봤을 때 생사해탈이 됩니다.

비유하자면 물과 얼음이 있는데 얼음만 보지 그것이 물이라는 것을 못 보다가 어느 순간 '얼음이 바로 물이다!'라는 것을 아는 것과 같습니다. '얼음이 바로 물이다!' 이것이 바로 '생멸이 적멸이다.'입니다. 그러니까 깨닫기 전에는 생로병사가 윤회요 고통이었는데, 깨달은 후에는 생로병사가 해탈이요 즐거움입니다.

이 즐거움을 적멸락寂滅樂이라고 하고 열반락涅槃樂이라고도 합니다. 생사 없는 세계를 깨달으면 거기에서 즐거움이 나오는 것입니다. 생멸 속에 계속 나고 죽고 나고 죽고를 반복하면 고통이 따릅니다. 그것을 생멸고生滅苦라고 합니다. 이 생멸고에서 적멸락을 얻어 부처님이 되신 것입니다.

그러면 어떤 방법으로 깨닫느냐? 『연화면경蓮花面經』에 "일체행一切行이 무상無常하다."라고 했습니다. 일체행이란 색色·수受·상想·행行·식識 오온五蘊을 말하는데, 이 오온이 과거·현재·미래 삼세를 통과하는 것입니다. 이것을 제행諸行이라고도 합니다. 모든 존재는 시간 속에 흘러가면서 바뀌기 때문에 일체행은 무상합니다.

행이라는 것은 움직여서 행이 아니라, 시간을 겪으면서 시간 속에서 변합니다. 이것이 무상입니다. 깬 눈으로 살면 소유하는 것이 의미가 없고, 성취하는 것이 의미가 없습니다. 시간 속에서 다 없어져 버립니다. 이것이 깬 사람의 의식입니다. 아무리 좋은 것도 세월이 지나가면 다 없어지니까 그 무엇을 소유하면서 산다는 게 부질없습니다.

"일체법은 무아無我"라고 했습니다. 모든 것은 자체가 없습니다. 이 아我라는 것은 상일성常一性과 주재성主宰性을 의미합니다. 모든 것에는 항상성恒常性과 주재성이 없습니다. 왜냐하면 여러 가지가 임시로 모인 집합성集合性이기 때문입니다. 그래서 제행諸行은 무상無常이고, 제법諸法은 무아無我입니다. 그리고 적멸은 그대로 열반입니다. 열반은 불생불멸입니다. 그 불생불멸을 느끼면서 즐거움을 얻는 것이 적멸락寂滅樂입니다.

그러면 이 불생불멸, 적멸락을 누가 느끼느냐? 느끼는 것을 불성佛性이라고 합니다. 생멸이 없음을 깨달으면 깨닫는 즐거움이 있습니다. 그것이 적멸락이고 열반락입니다. 그래서 이 셋을 법인法印이라고 했습니다. 이 세 가지가 바로 불교의 복도장[福印]입니다. '모든 것은 무상하다, 모든 것은 자체상이 없다, 모든 것은 열반적정이다.' 이 세 가지 도장이 삼법인三法印입니다. 깨닫고 보면 무상도 적정 적멸이고, 무아도 적멸이고, 다 적멸 하나뿐입니다. 알고 보면 구름도 물이고 얼음도 물이고, 물 하나뿐인 것과 같습니다.

그러니까 부처님이 생멸에서 적멸을 얻고 난 다음에는 밥을 먹어도 생사해탈이고, 잠을 자도 생사해탈이고, 죽어도 생사해탈이고, 가도 생사해탈이고, 적멸 하나뿐입니다. 왜냐하면 생멸에 자체성自體性이 없기 때문입니다. 우리가 많이 외우는 게송 중에 다음 『열반경』 사구게四句偈가 있습니다.

諸行無常 제행무상
是生滅法 시생멸법
生滅滅已 생멸멸이
寂滅爲樂 적멸위락

모든 무상한 것은
곧 생멸법이니
생멸이 다 없어지면
적멸이 즐거움이 된다.

모든 무상한 것은 생멸법입니다. 생멸이 다 없어진다는 것은 생멸을 좇아가는 미혹한 마음이 사라졌다는 말입니다. 생멸이 없는 줄을 모르고 생멸의 형상만 좇아가는 미혹과 탐욕이 다 없어지면, 그것이 깨달음입니다. 생멸이 다 없어지면 물 하나뿐인데, 얼음을 좇아가고 구름을 좇아가는 것이 미혹한 탐욕입니다. 그래서 형상만 보고 좇아가면서 일어나는 미혹과 탐욕의 생멸심이 없어지면 적멸이 즐거움이 됩니다. 이것이 부처님이 평생 닦은 도를 간략히 요약한 것입니다.

생멸이 다 끝나면, 적멸이 즐거움이 된다면, 일체가 적멸락입니다. 태어나는 것도 적멸락, 죽는 것도 적멸락, 오는 것도 적멸락, 가는 것도 적멸락, 적멸락 하나뿐입니다. 그러니까 우리가 대적멸 속에 있는데 스스로 적멸임을 모를 뿐입니다. 왜냐하면 형상만 보기 때문입니다. 이것이 미혹입니다. 형상에 집착하니까 마음이 생멸합니다. 이 미혹과 집착은 생멸이 적멸임을 깨달았을 때 사라집니다.

사성제四聖諦는 고苦·집集·멸滅·도道인데, 열반을 얻으면 멸滅 하나뿐입니다. 삼법인三法印은 열반적정涅槃寂靜 하나뿐입니다. 본래 생멸이 적멸인데, 그 생멸의 형상을 좇아가서 계속 생사윤회를 하다가 생멸이 적멸임을 마음으로 보고 생사에서 해탈하니까 거기에는 적멸락이 있습니다. 생사고를 걱정하던 싯달타가 생멸이 적멸임을 깨닫고 적멸락을 얻었습니다. 그래서 석가모니입니다.

저도 게송을 하나 지어 보았습니다.

   生而不生 생이불생
   滅而不滅 멸이불멸
   生滅無性 생멸무성
   本自寂滅 본자적멸

생겼어도 생긴 것이 아니고

없어졌어도 없어진 것이 아니다.
생멸이 자성이 없어서
본래 스스로 적멸이다.

雖然如是 수연여시
本自寂滅 본자적멸
是箇甚麽 시개심마
看之看之 간지간지

비록 그러하기는 하나
본래 스스로 적멸한 것
이것이 무엇이냐?
보고 보아라!

　자체성이 없기 때문에 물이 얼음이 되지만 얼음이 물 밖의 것이 아닙니다. 물이 얼었다고 해서 물이 달라진 것이 아니고, 얼음 자체가 있는 것은 아닙니다. 그것을 불생不生이라고 합니다. 또 얼음이 얼어도 물이고 녹아도 물입니다. 이것이 생멸이 적멸인 것입니다.
　간단합니다. 얼어도 물이고 녹아도 물입니다. 얼음이 생겼다고 해서 물이 생긴 게 아니고, 얼음이 녹았다고 해서 얼음이 없어진 게 아닙니다.

그냥 물일 뿐입니다. 생겨도 생긴 게 아니고 없어져도 없어진 게 아니니 생멸 자체가 자체성이 없습니다. 그래서 본래 스스로 적멸입니다. 이것이 부처님이 깨달으신 세계입니다.

그렇지만 본래 스스로 적멸한 이것이 무엇이냐? 말만 들어서는 해결되지 않고, 본래 스스로 적멸한 것을 내 눈으로 직접 봐야 합니다. 이것이 공부이고 수행입니다. 부처님이 다 가르쳐 주셨는데, 우리가 보지 못하고 이루지 못하는 것입니다. 부처님은 아무도 가르쳐 주지 않았는데도 처음 하셨기 때문에 위대하시다고 하는 것입니다.

모든 사람이 의식주만 걱정하고, 재산·권력·명예만 탐하는데, 부처님은 그 모든 것을 버리고 생멸이 적멸임을 깨달으셨습니다. 하늘을 메우는 법을 알아냈다든지, 땅을 만드는 법을 알아냈다든지 하는 것이 아닙니다. 깨달음을 마음으로 여실하게 본 것입니다. 본래 생멸이 적멸이기 때문에 그것을 본 것입니다. 그것이 생사해탈입니다.

그러면 우리가 부처님처럼 되기 위해서는 어떻게 해야 합니까?

첫째, 믿어야 합니다. 믿는다는 것은 수순隨順, 즉 마음으로 따르는 것입니다. 생멸이 적멸임을 믿고, 생사가 본래 생사가 아님을 믿어야 합니다. 그런데 우리는 미혹해서 모릅니다. 눈 가려지면 콩깍지가 씌었다고 해서 다른 사람들은 다 보는데 나만 보지 못하는 것처럼, 미혹과 탐욕이 생겨서 자꾸 밖으로 구하려고 합니다. 그런데 제행은 무상해서 구해 보았자다 없어지는 것인데 구합니다. 구하면 없어지고 구하면 없어지는 것을 끊임없이 반복합니다. 참 답답한 일입니다. 만나면 헤어지는데 또 만나고, 만나면 헤어지는데 또 만납니다. 구하면 없어지는데 또 구합니다.

그런데 깨어 있는 사람은 그렇지 않습니다. 그것을 각생覺生이라고 합니다. 그래요. 그래서 이제는 도를 닦습니다. 도는 어떻게 닦느냐? 모든 물질을 지혜를 틔우는 데 투자합니다. 모든 소유한 것을 지혜를 닦는 데 쓰는 것을 회향廻向이라고 하는데, 그것이 무주상보시無住相布施입니다.

그래서 생사 없는 지혜를 아는 것이 가장 중요합니다. 『금강경』에서 '삼천대천세계에 칠보를 보시하는 것보다 『금강경』 한 구절을 익히는 것이 더 중요하다.'고 합니다. 깨달음의 지혜를 구하는 것보다 더 중요한 것은 없습니다. 그것을 믿고 마음으로 따르면서 자꾸 닦으면 마음의 눈으로 보게 됩니다. 그것이 깨달음입니다. 그러면 생멸고가 적멸락이 됩니다. 생로병사를 하나도 바꾸지 않고 그대로 생사해탈이 되는 것입니다. 털끝 하나도 움직이지 않고 생사해탈이 되는 것입니다.

"생로병사가 무엇이냐?"

"아야! 아야!"

"생사해탈이 무엇이냐?"

"아야! 아야!""

심행心行과 심성心性

심행心行과 심성心性

불교는 인도에서 성립되었지만 인도에서는 그 학문이 계속 발전하지 못하고, 동아시아에서 크게 발달한 내용이 있습니다. 중국이나 한국에서 종파가 성립되고 교학이 형성·발달된 것입니다. 그것에 우선 유식불교학唯識佛教學을 들 수 있습니다. 그 다음에 화엄불교학華嚴佛教學이 있습니다. 화엄학도 인도에는 없습니다.

『화엄경』은 인도에서 편찬되었지만 화엄학은 중국불교화엄학과 한국불교화엄학이 있습니다. 특히 신라의 화엄학은 중국의 그것과는 전혀 다르고 독특합니다. 그런데 고려 이후로 잘 전해지지 않다가, 요즘 다시 신라불교화엄학이 세계적으로 주목받게 되었습니다.

그리고 선불교도 인도의 선과는 전혀 다릅니다. 이들은 무엇보다도 마음 도리를 잘 밝히고 있습니다. 그런데 오늘날 인류 문명사나 사상

사적으로 화엄학이나 선학이나 유식학이 잘 알려지지는 않았습니다. 그래서 앞으로 이런 불교학에 관심을 가질 수밖에 없는 인연이 도래하고 있습니다.

심행心行은 마음이 움직이는 것입니다. 불교에서는 '이 우주의 존재는 마음의 움직임뿐이다. 존재가 아니고 생각이다.'라는 이야기를 벌써부터 해 왔는데, 세계 사상사적으로는 이제 여기까지 왔습니다. 이 세상에는 어떤 고정불변한 존재가 있는 것이 아니고, 생각이 있을 뿐입니다.

옛날에는 우주의 근원이 불이냐, 물이냐, 빛이냐 등을 가지고 계속 골몰했는데, 요즘은 생각일 뿐이라는 데까지 왔습니다. 그런데 불교에서는 일찍이 '일체법이 오직 식識뿐이다.'라고 했습니다. 그러니까 이 세상이 존재가 아니라 생각임을 깨닫는 것이 깨달음입니다.

예를 들어 찻잔을 보고 '이것이 물질적 존재이다. 이것은 찻잔이다.'라고 생각이 머무는 곳이 심행처心行處입니다. 이것 자체는 있다고 정의할 수 없고, 없다고 정의할 수 없습니다. 이 세상에는 무엇이 존재하는 게 아니라 생각이 있을 뿐입니다. 그래서 자기 생각을 해결하는 것이 인생 문제의 해결입니다. 그 생각을 깨달아서 생각에 자재하는 것이 인생 문제 해결입니다.

그래서 심행처가 중요합니다. '내 마음이 어떻게 움직이고 있느냐?' 하는 마음의 움직임뿐이기 때문입니다. 죽음이 존재하는 게 아니라 '죽는

다.'는 생각이 있는 것입니다. 행복이 존재하는 게 아니라 '행복하다.'는 생각이 있는 것입니다. 우리가 미처 깨닫지 못한 것뿐입니다. 그것이 유식무경唯識無境, 즉 오직 인식이 있을 뿐 경계는 없는 유식불교학입니다. 오직 인식이 있을 뿐이고, 경계 존재는 인식의 그림자입니다.

연못가에는 나뿐인데, 연못 안에 내가 또 보입니다. 그것은 나의 그림자입니다. 이것 또한 내가 찻잔이라고 생각할 뿐이지, 찻잔인 것도 아니고 찻잔이 아닌 것도 아닙니다. 정의할 것이 없습니다. 이것을 화엄에서는 여러 가지로 설명합니다. 선禪에서는 정의할 수 없는데 자재自在를 합니다. 설명을 생략하고 정의할 수 없는데, 자유자재하는 것을 가르치는 것이 바로 선입니다.

유식무경이라는 유식에서는 식을 전5식前五識, 제6의식第六意識, 제7말라식第七末那識 그리고 제8아뢰야식第八阿賴耶識의 8식으로 설명합니다. 먼저 전오식은 안眼・이耳・비鼻・설舌・신身 다섯 가지에서 나오는 인식입니다. 이 전오식은 세상만 보는 것[觀世]입니다. 비・설・신 세 가지는 합해서 관세를 합니다. 즉 코와 혀와 몸은 합해서 부딪쳐야 합니다. 또 눈과 귀는 떨어져서 관세를 합니다. 합삼이이관진세合三離二觀塵世라, 세 가지는 합하고 둘은 떨어져서 티끌세상을 봅니다. 아무튼 이 다섯 가지는 순전히 밖으로만 보는 관세식觀世識입니다.

다음 제6식第六識은 동신발어독위최動身發語獨爲最라고, 항상 몸을 움직이는 식입니다. 말도 하게 하고, 보게도 하고, 기억하게도 합니다. 몸을 움직이는 것은 전부 제6식에서 담당합니다.

그다음 제7식第七識은 아집식我執識입니다. 자기가 보고 듣고 행동한 것을 전부 나라고 집착합니다. 이것 때문에 자기가 경험한 것은 다 옳다고 믿습니다. 나는 유일무이한 존재이지만, 다른 사람은 여러 사람 중에 하나이기 때문입니다. 이렇게 나를 생각하는 기준과 다른 사람을 생각하는 기준이 다른 것이 아집입니다. 어디든지 가서 인연 따라서 자기를 집착하는데, 그 생각하는 기준은 다 잘못된 것입니다[隨緣執我量爲非]. 왜냐하면 나를 기준으로 하기 때문입니다.

그리고 제8식第八識은 장식藏識으로, 자기가 들었던 것, 보았던 것, 행동했던 것, 경험했던 것을 전부 모아서 저장합니다. 그래서 어릴 때 경험했던 것을 다 기억하는 것입니다. 갈 때는 다른 것은 다 먼저 가 버리는데 제팔 아뢰야식만 제일 늦게 갑니다. 그리고 어디 태어날 때는 그것이 제일 먼저 태어납니다. 그래서 이 집장식集藏識은 거후래선작주공去後來先作主公이라, 갈 때는 뒤에 가고 올 때는 먼저 와서 항상 주인공이 됩니다. 이것이 심행心行입니다.

이 세상에는 심행뿐입니다. 제행이 무상하니 모든 행이 심행뿐입니다. '저기 물이 흐른다.'라고 할 때, 물이 흐르는 게 아니고 내가 물이 흐른다고 보는 것입니다. 이것을 아는 것이 깨달음입니다. 내가 늙은 게 아니라 내가 늙었다고 보는 것이고, 죽는 게 아니라 죽는다고 보는 것입니다. 그래서 자기 심행대로 나타납니다. 화가가 그림을 그리면 그림을 그리는 대로 나타나는 것과 같습니다.

『화엄경』「여래출현품」에 "이러이러하게 생각하고 분별함으로써 이러이러하게 한량없이 나타난다[以如是如是 思惟分別 如是如是 無量顯現]."고 했습니다. 존재하는 데서 생각하는 것은 미혹한 것입니다. 깨달음은 생각하는 대로 보이는 것이지 있는 대로 보는 게 아닙니다. 그래서 "모든 것은 마음에 달려 있고[一切唯心造], 마음이 곧 법[心外無法]"입니다. 일체가 오직 마음이요 마음 밖에는 존재가 없습니다.

1978년 6월에 운조 홍법雲照弘法 1930~1978 큰스님께서 돌아가셔서 49재를 모셨습니다. 그때 49재 법문을 석암昔巖 1911~1987 큰스님께서 하셨습니다. 석암 큰스님께서 법상에 올라가셔서 "홍법 스님! 홍법 스님!" 두 번 부르셨습니다. 그리고 다음 사례를 말씀하셨습니다.

어떤 스님이 도의 스님한테 물었습니다.
"사람은 왜 태어납니까?"
"지금 네 묻는 마음에서 태어났다."
"그러면 생사가 왜 있습니까?"
"네 묻는 마음에서 생사가 일어난다."

"생사가 어디서 옵니까?"

"생사를 묻는 곳에서 일어난다."

"생사가 어디서 일어납니까?"

"그 묻는 생각에서 일어난다."

그 한 생각, 그것뿐입니다. 그것이 심행처입니다. 생사가 법으로 존재하는 것이 아니고, 생각에서 일어난다는 것입니다. 그리고 「중도가證道歌」의 "당처를 여의지 않고 항상 담연하니 찾으려고 하면 볼 수 없다는 것을 알 것이다[不離當處常湛然 覓卽知君不可見]."라는 게송을 읊고 법상에서 내려가셨습니다.

당처란 걸어다니면 걸어다니는 그곳이 당처이고, 밥을 먹으면 밥을 먹는 그곳이 당처입니다. 일상생활을 하면 일상생활을 하는 그곳이 바로 해당되는 곳이라는 말입니다. 그래서 가나 오나 당처를 여의지 않고 항상 그대로 있습니다. 생사 없는 그 세계가, 보고 듣고 움직이고 활동하는 당처는 항상 그대로 있습니다. 그런데 찾아보려면 없습니다.

그러니까 한 생각, 심행뿐이라는 것입니다. '인류가 생각을 어떻게 깨닫고, 깨달은 뒤에 어떻게 사느냐.'까지는 아직 모릅니다. 근대철학이 가장 발달한 곳이 유럽인데, 유럽철학이 거기까지 왔습니다. 그런데 불교는 이미 그뿐만 아니라 '생각을 깨달으려면 어떻게 해야 하고, 생각을 깨달은 분은 어떻게 살았느냐?'를 고민합니다. 불교도가 세계 문명사에 이바지해야 할 의무가 있습니다.

『능엄경楞嚴經』에 "청정해서 본래 그대로인데, 어찌 홀연히 산하대지가 생겼는가[清淨本然 云何忽生山河大地]?"라는 질문이 있습니다. 그 뒤를 읽어 보면 우리 생각으로부터 산하대지가 나왔다고 설명하고 있습니다. 『원각경圓覺經』에서는 "허망한 들뜬 마음이 쓸데없는 생각이 많다[虛妄浮心 多諸巧見]."라고 했습니다.

산하대지가 있는 것도 아니고, 산하대지가 없는 것도 아닙니다. '왜 산하대지가 생겼습니까?' 하는 그 생각이 있을 뿐입니다. 그 생각이 산하대지입니다. 생각을 떠나서 산하대지가 따로 있는 것이 아닙니다. 그것을 가르치고 있는 것이 불교입니다. '밉다.' 하면 미운 것이 있는 게 아니고 미운 생각이 있는 것입니다. 그 '있다.'라는 것이 생각이 흘러가는 곳, 심행처입니다. 심행처가 있을 뿐이지, 불변의 존재가 고정적으로 있는 게 아닙니다.

그러면 그 고정적 존재가 없는 세계가 무엇인가? 거기에 가는 방법도 모르고, 간 사람은 어떻게 사는지 아직 모릅니다. 여기까지가 가사의세계可思議世界, 즉 생각할 수 있는 세계입니다. 보고, 움직이고, 나라고 집착하고, 경험한 것을 전부 모아서 또 새롭게 시작하는 것이 중생이 생각할 수 있는 가사의세계입니다. 더 깊이 들어가면 부사의세계不思議世界가 있습니다. 부사의세계는 심성心性의 세계인데, 심행처가 따라갈 수 없습니다.

심心을 물이라고 했을 때, 심행은 구름·파도·빗방울·얼음 등으로 비유합니다. 빗방울에도 물이 있고, 구름에도 물이 있고, 얼음에도 물이 있고, 파도에도 물이 있지만, 심행처는 그 모양만 따라가기 때문에 물 자체를 알 수 없습니다. 그러니까 물은 빗방울 모양이나 구름 모양과는 상관없습니다. 물 자체는 보지 못하고 모양만 보는 것이 심행처이기 때문에 모르는 것입니다.

물은 빗방울이 아니지만 빗방울을 떠나 있는 게 아닙니다. 불리당처不離當處입니다. 그런데 그 떨어지는 방울방울 모양은 물과 상관이 없습니다. 물 자체는 빗방울로 생각할 수 없고, 얼음으로 생각할 수도 없고, 구름으로 생각할 수도 없고, 부사의세계입니다. 그러니까 빗방울이다, 구름이다, 얼음이다 하는 것은 가사의세계입니다.

깨달음은 부사의세계를 직접 체험하는 것입니다. 그러면 부사의세계를 어떻게 가르치느냐? 신라 화엄에서는 증분證分과 교분敎分을 이야기합니다. 물의 세계를 바로 깨달은 자기 체험 세계를 증분이라고 합니다. 자기가 깨달은 증명된 세계입니다. 그런데 이것을 다른 사람들에게 알릴 때는 알리는 세계가 있습니다. 그것을 교분敎分이라고 합니다. 가르치려면 다른 사람이 알 수 있도록 설명을 해야 합니다. 증분은 내가 깨달은 것이고, 교분은 다른 사람에게 그것을 설명하는 것입니다. 그러니까 일체 언어가 다 교분이고, 교분은 증분에서 나옵니다.

석가모니 부처님이 깨달음을 얻으신 것은 증분입니다. 부처님이 생사 없는 해탈세계를 스스로 증명한 내용입니다. 그리고 이것을 다른 사람에게 알려서 그들도 깨치게 하려면 많은 교설敎說이 필요합니다. 이것이 교분입니다. 거기는 비유도 필요하고, 순서도 필요하고, 논리나 체계가 필요합니다. 화엄학에서도 마찬가지로 설명하는 것은 다 교분입니다.

우리는 이 몸만을 자기라고 생각하고, 자기 생각이 완전한 것으로 집착합니다. 이것이 아집我執입니다. 그런데 신라 화엄에서는 어떻게 부사의세계를 설명했느냐? 내 몸이라는 것은 "온 허공법계가 나의 몸이요, 마음이다[虛空法界爲身心]."라고 했습니다. 이 몸이 형성된 것이 처음이 아니라 억만 년 전부터 원인이 있었습니다. 또 한두 가지가 아니라 모든 것이 있음으로써 몸이 있는 것입니다.

이 몸이 사라지는 게 마지막이 아니라 이 몸 이후에도 억만 년 존재하게 됩니다. 이 몸 생길 때가 절대로 처음이 아니고, 이 몸 사라질 때가 절대로 마지막이 아닙니다. 그런데 아집으로 나를 보면 몸이 생길 때가 처음이고, 몸이 사라질 때가 마지막입니다. 그래서 아집으로 생각하는 것은 전부 잘못된 생각입니다. 만약 '나라야 어찌되든 말든 나만 좋으면 된다.'라고 생각한다면, 이것이 아집입니다. 나라가 잘되는 게 우선이지 어느 지역에서 대통령이 나오느냐가 문제가 아닌데, 아집 때문에 지역패권을 쥐려고 애씁니다.

 허공과 내 몸이 다른 것이 아닌데, 아집으로 보니까 이 몸만 보는 것입니다. 그런데 행주좌와염상속行住坐臥念相續이라, 가고 서고 앉고 눕고 하는데 찰나찰나에 계속 이어집니다. 이 몸이 고정불변한 게 아니라 어제 것이 사라지고, 오늘 것이 사라지고, 내일 것이 사라지며 상속해서 존재합니다. 상속하는 존재이지 고정된 존재가 아닌데, 생각으로는 어릴 때의 나나 지금의 나나 똑같다고 보는 것입니다. 이것이 아집적 인식입니다.

 그런데 어릴 때 나였던 그 아이는 지금 어디 있을까? 내 안에 있을까? 사라졌을까? 어릴 때 모습이 있지만 지금은 아닙니다. 내 안에서 아무리 찾아봐도 없습니다. 그렇다고 사라지지는 않았습니다. 왜냐하면 상속을 하기 때문입니다. 한 살 때 모습이 사라지고 두 살 때 모습으로 이어지고, 두 살 때 모습이 사라지고 세 살 때 모습으로 이어져 갑니다. 이 세상의 모든 존재는 상속입니다. 다른 것이 사라져서 이 몸이 되었고, 다른 것이 또 생깁니다.

 그래서 허공도 아니고 허공 아닌 것도 아니고, 끝이 없습니다. 이런 것을 무진원통법無盡圓通法이라고 합니다. 다함이 없이 두루 통합니다. 국한되어 있는 것이 아니라 다함없이 끊임없이 다 통합니다. 무진원통법이 나입니다.

우리는 아집으로 인해서 무진원통법을 나라고 보지 못하고, 이 감각이 있는 몸만을 나라고 봅니다. 그런 심행이 있을 뿐이지 존재는 없습니다. 그래서 가사의세계는 심행이고, 부사의세계는 무진원통법입니다. 이 세계를 화엄에서는 무장애법계無障碍法界라고 합니다. 보인다고 불어나는 것이 아니고, 안 보인다고 줄어드는 것이 아닙니다. 생긴다고 달라지는 것이 아니고, 안 생긴다고 달라지는 것이 아닙니다.

무장애법계를 아는 것이 바로 깨달음입니다. 무장애법계를 알고 무진원통법을 알면, 나고 죽는 생사에 대한 걱정이 없습니다. 그래서 생사 없는 무진원통법, 생사 없는 무장애법계 속에서 늘 죽고 사는 것을 걱정합니다. 이것을 전도몽상顚倒夢想이라고 합니다.

전도몽상은 멀쩡한 땅에 머리 박고 고함지르는 것입니다. 무장애법계는 모든 존재가 원융圓融한 법성法性이기 때문입니다. 법성이 원융하므로 하나의 티끌이 하나의 티끌로만 존재하는 게 아니라 무진법계로 다 존재합니다. 미진이 시방이고 시방이 미진입니다. 이것이 원융이고 원통입니다.

불교가 이렇게 좋은데 이것을 또 세계에 알리지 못한 책임도 있습니다. 그런데 이제는 수명이 길어지면서 알게 되어 있습니다. 2030년이 되면 130세까지 사는 것은 문제도 아니라고 합니다. 왜냐하면 어느 한

부분 탈이 나면 인공장기로 바꿔 끼우면 된답니다. 살다 살다가 이제 나는 그만 살아야겠다고 결심하면 갈아 끼우는 것을 멈추면 그만입니다. 출산을 조절했듯이 자기 생존을 자기 의지대로 조절하는 시대가 온다고 합니다. 이것은 불교학에서 이야기하는 것이 아니고 미래학에서 말하는 내용입니다.

앞으로는 돈을 주면 우리 몸을 냉동시켜서 오래 살 수 있다고 합니다. 어떤 사람이 눈 속에 25일 동안 갇혀 있었다고 합니다. 죽은 줄 알고 장례식을 치르려고 하는데 깨어났습니다. 어떻게 25일 동안 아무것도 먹지 않았는데 살 수 있었느냐? 냉동됐기 때문입니다. 그래서 동면을 연구하기 시작했습니다. 지구에서 화성까지 가는 데 200년이 걸려서 인류가 가는 것이 불가능했는데 동면에 들어가서 가면 가능하고 합니다. 200년 동안 동면해 있으면 몸은 20년 정도만 늙는다고 합니다. 그만큼 신체기능이 덜 소모되는 것입니다.

그런데 문제는 동면한 1년이나 동면 아닌 10년이나 전부 생각이라는 것입니다. 이런 것이 전부 가사의세계입니다. 부사의세계가 해결되지 않으면 화성에 가도 한 생각이 그대로 남아 있고, 지구에 있어도 한 생각, 130년을 살아도 한 생각입니다. 130년이 존재하는 게 아니라 130년이라는 생각만 있을 뿐입니다.

그래서 이런 문제를 해결한 것이 역대 선지식의 세계입니다. 다들 살고 죽는 것을 걱정했는데, 그분들에게 살고 죽는 것은 꿈과 같은 것이고, 무장애법계 무진원통법 부사의세계라는 것입니다.

그러니까 자기 생각대로 생존을 연장하고 단축하기도 하지만 그것 자체가 하나의 생각일 뿐입니다. 그 생각의 본질을 자기가 체험하기 전에는 영원히 생각에서 생각으로 돌아다니는 것입니다. 생각이 해결되지 않았다는 것입니다. 한 생각을 넘어선 것이 부사의세계이고 부사의세계에 들어가면 가사의세계와 부사의세계에 관계없이 무장애법계가 펼쳐집니다. 장애가 없어서 원통圓通입니다. 누가 만든 게 아니라 본래 그런 것인데, 생각의 세계에 묻혀 있을 뿐입니다.

그러면 어떻게 해야 하느냐? 마음을 잘 닦아서 무장애법계에 들어가면 됩니다. 이것이 도에 드는 '입도入道'입니다. 깨달음은 전혀 어려운 게 아닌데, 우리가 그것을 믿지 못하고 하지 않아서 그렇습니다.

예를 들면 전깃불을 켤 때 스위치를 올리면 전기가 들어옵니다. 이것이 간단한 것 같지만, 여기 전기가 와 있다고 믿어야 전기를 켭니다. 전기가 와 있지 않다고 생각하면 안 켭니다. 전기가 와 있는데 전기가 와 있지 않다고 믿고 켜지 않으면 없는 것입니다. 우리 몸 자체가 무장애법계이고 우리 생각 자체가 무장애법계인데, 그것을 믿고 찾지 않으면 모르는 것입니다. 전기가 오지 않아서 어둡게 사는 것이 아니라, 전기가 와 있다는 것을 못 믿고 켜지 않아서 어두운 것과 같습니다.

"어떤 것이 가사의세계可思議世界입니까?"

"아야, 아야!"

"어떤 것이 부사의세계不思議世界입니까?"

"아야, 아야!"

"어떤 것이 무장애법계無障礙法界입니까?"

"아야, 아야!"

의식과 불성

『법화경』「신해품信解品」에 다음과 같은 이야기가 있습니다.

어떤 사람이 대부장자大富長者의 아들로 태어났습니다. 대부는 재산이 엄청 많은 사람이고, 장자는 지역에서 대단한 세력을 가진 사람을 뜻합니다. 그런데 이 아들이 어릴 때 아버지와 헤어져 오랫동안 타국을 돌아다니다가 아주 빈곤한 사람이 되었습니다. 항상 먹는 것 걱정하고, 입는 것 걱정하고, 잠자는 것 걱정하며 가난하게 살았습니다. 대부장자인 아버지를 떠나지 않았으면 전혀 그런 걱정 없이 잘 살았을 텐데, 혼자서 늘 빈곤한 생활을 했습니다.

그런데 오랜 세월 빈곤하게 떠돌이 생활을 했기 때문에 자기가 누구의 아들인지 까맣게 잊었습니다. 그러던 어느 날 우연히 밥을 얻어먹으려고 자기 집에 갔습니다. 본인은 잊었지만 아버지는 아들을 알아봅니다.

본래 부자지만 두 사람의 생활습관이 전혀 다릅니다. 대부장자는 대부장자의 생활습관이 있고, 아버지를 떠나 빈곤하게 살았던 사람은 그 사람대로 생활습관이 있습니다. 생활습관으로 보면 전혀 달라서 부자父子가 부자가 아닙니다.

아들을 알아본 아버지는 이 방법 저 방법으로 아들을 가까이합니다. 아버지의 방법으로 가까이하는 게 아니라, 아들의 방법으로 가까이합니다. 아들이 원하는 대로 해 줍니다. 일을 하고 품삯 받는 게 아들의 바람입니다. 그래서 일을 시킵니다. 품삯을 더 원하면 많이 주고, 더 편안하게 해 주면서 몇 년이 흐릅니다. 그래서 그 집에 익숙해지게 한 후에 "너는 내 아들이다. 이 모든 것을 네가 상속받아라." 하고 이야기합니다.

여기서 중요한 포인트가 무엇이냐? 그 대부장자의 아들은 태어났을 때도 대부장자의 아들이고, 아버지와 헤어져 타국을 돌아다니면서 빈곤 생활을 해도 대부장자의 아들입니다. 빈곤한 삶을 살고, 걸식 행위를 해도 아들이 바뀐 것이 아닙니다. 그러니까 걸인과 장자의 아들이 다르지 않습니다. 얻어먹는다고 장자의 아들이 바뀌는 것이 아닙니다. 자기 집에 돌아와서 빈곤한 생활습관 다 버리고 가업을 다 물려받아도 장자의 아들입니다.

그런데 그 아들이 태어나서 가업을 물려받기까지 세 단계가 있습니다. 대부장자의 아들로 태어난 것이 1단계, 돌아다니면서 빈곤한 생활을 한 것이 2단계, 본래 자리로 돌아가서 가업을 이어받은 것이 3단계입니다. 첫 번째 단계를 불성佛性이라 하고, 두 번째 단계를 의식意識이라고 합니다. 의식은 밑바닥에 무명無明이 따르고, 무명의식은 반드시 업력業力이 따릅니다. 그래서 육도윤회六道輪廻합니다. 육도윤회가 아버지를 떠나 빈곤하게 생활하는 것입니다. 수행을 잘 해서 불성을 깨달으면 그것을 정각正覺이라고 합니다.

태어났을 때도 아들이고, 얻어먹으러 돌아다녀도 아들이고, 다시 자기 집으로 돌아가서 가업을 물려받아도 아들입니다. 태어난 아들 다르고, 얻어먹는 아들 다르고, 집에 돌아온 아들 다른 것이 아닙니다. 똑같은 아들인데 때로는 돌아다니면서 고생도 하고, 때로는 집에 돌아가서 가업을 물려받는 대부장자가 되는 것입니다.

그러니까 불성佛性은 처음부터 불성이고, 중생이 온갖 육도윤회를 하고 사고팔고四苦八苦를 겪고 고생을 해도 불성이고, 또 나중에 수행을 해서 깨달아 성불해도 불성입니다. 이것이 불법佛法입니다. 이것이 불가사의 불법이고, 이것이 최상정각最上正覺이고, 이것이 육도윤회六道輪廻이고, 청정불성淸淨佛性입니다. 이것을 확실히 아는 과정을 수행修行이라고 합니다.

얻어먹는 것도 아들입니다. 집안에 있는 것도 아들이고, 다시 돌아온 것도 아들입니다. 아들은 하나도 변한 게 없어도 집안에 태어난 아들,

얻어먹으러 돌아다니는 아들, 다시 돌아온 아들이 다 다릅니다. 하나도 다른 게 없으면서 다르고, 또 다르면서 다른 게 없습니다.

그런데 그 청정불성을 미혹해서 무명업식無明業識을 일으키면 업력業力이 쌓이는데, 업력은 자꾸 밖으로 구하는 특징이 있습니다. 눈으로 보면 눈으로 본 것을 구하고, 귀로 들으면 귀로 들은 것을 구하고, 손으로 만지면 손으로 만진 것을 구합니다. 이것을 '탐하고 집착해서 경계를 취한다.'고 하는 것입니다. 경계를 취하지 않으면 고통은 없습니다. 모든 고통은 밖의 것을 취하는 데서 생깁니다.

밖의 것을 구하면 좋을 줄 알지만, 취한 기쁨은 잠시이고, 취해서 나쁜 짓 한 것만 내 몸에 남습니다. 그래서 즐거움 구하다가 괴로움에 빠지고, 즐거움 구하다가 괴로움에 빠지는 것입니다. 파리가 즐거움 구하러 왔다 갔다 하다가 잘못 맞아 죽습니다. 사람도 똑같습니다. 전부 즐거운 것 구하기 위해서 괴로움을 얻는 것입니다. 그러므로 즐거운 것을 구하지 아니하면 괴로움은 없습니다.

구하는 것을 물고기에 비유하면 낚싯밥입니다. 그 물고기가 낚싯밥을 안 물면 횟감 될 일 없는데, 낚싯밥 무는 순간 자기가 횟감 되는 줄을 모릅니다. 지금 우리 인간의 삶도 물고기보다 더 어리석으면 어리석지 덜 어리석지는 않습니다.

그러니까 옛날 사람들도 구하다가 괴로웠고, 지금 사람들도 구하다가 괴롭고, 미래의 사람들도 구하다가 괴롭습니다. 이것이 미혹한 업식業識이고, 업력業力입니다. 구하는 가운데 좋은 것을 구하면 조금 낫고, 나쁜 것을 구하면 조금 덜한 것뿐입니다. 이것을 선악善惡이라고 합니다. 구하는 것도 선업을 구하면 좀 낫고, 악업을 구하면 더 괴롭다는 차이지, 구하는 것은 마찬가지입니다. 선업을 구해도 계속 구하는 것은 그 대부장자의 아들이 집으로 돌아가지도 못하는 것과 같습니다. 밖으로만 돌아다니는 것이기 때문입니다.

우리도 가만히 보면 전부 구하는 것입니다. 어떤 때는 좋은 것을 구하고, 어떤 때는 나쁜 것 구합니다. 어떻든 구하면 깨닫지 못합니다. 그러니까 밖으로 떠돌이 생활을 해서는 상속을 받을 수 없습니다. 자기 본래 집으로 돌아가야 합니다. 수행을 해서 정념正念을 닦아야 본래 집으로 돌아갑니다. 망념妄念을 가지고는 성불할 수 없습니다.

정념正念은 밖으로 구하는 마음을 다 비우고 안으로 밝아지는 것입니다. 밖으로 구하는 것은 무엇을 구하든 없어집니다. 그 대신에 구한다고 잘못 지은 악업만 남습니다. 돈 버느라 애썼는데 돈은 없어지고 지은 죄만 남습니다. 세력을 얻느라고 애썼는데 세력은 없어지고 그동안 했던 나쁜 짓만 남습니다. 이것이 인간의 역사입니다.

자기 내면적인 지혜를 얻어야 정각이지, 밖으로 구하는 것은 무엇이든 다 망념입니다. 이것을 전도몽상顚倒夢想이라고 합니다. 그런데 만약 밖으로 구한다면 좋은 것을 구해야 합니다. 선업을 구해야 장자의 아들처럼 집으로 돌아갈 가능성이 있습니다. 선업을 구한다는 것이 무엇이냐? 빈곤한 아이가 감옥에 갇힌다든지 하면 집으로 돌아갈 수 없습니다. 적어도 감옥 같은 데는 들어가지 말아야 합니다. 깨닫지는 못하더라도 삼악도에는 가지 말라는 뜻입니다. 그러기 위해서는 선업을 닦는 것이 중요합니다.

우리 조상님들을 보면 대단히 훌륭한 분들이 많습니다. 정당하지 못한 일을 보면 목숨을 버려서라도 그것을 지키는 분들이 있습니다. 그것이 선업을 닦는 행위입니다. 당장은 괴로워도 만대에 정직한 것입니다. 일생에 편의를 구하고 만대에 안 좋은 소리를 듣느냐, 일생에 고통을 당하고 만대에 좋은 소리를 듣느냐는 선택의 문제입니다. 일생은 눈 깜짝할 사이에 지나갑니다.

"이 몸이 죽어 가서 무엇이 될꼬 하니 봉래산 제일봉에 낙락장송 되었다가 백설이 만건곤할 때 독야청청하리라."라는 시조가 있습니다. 독야청청하려면 설사 자기가 죽임을 당하더라도 부당한 것에는 동조하지 않아야 합니다. 한평생 괴롭지만, 영원히 인정을 받습니다. 일생의 고통을 택해 만세의 영예를 누릴 것인지, 일생의 편의를 택해 만세의 악명을 얻을 것인지 선택해야 합니다.

그런데 한평생 잘 살자고 만세에 악명을 떨치는 경우가 많습니다. 좋은 일을 하면 언젠가는 반드시 제대로 된 평가를 받습니다. 그러니까 지금 사람들이 몰라준다고 걱정하지 말고 무조건 좋은 일만 하십시오. 반드시 뒤에서 평가를 해 줍니다. 예를 들어 세조재위 1455~1468 대에 고통받았던 사람이 숙종재위 1674~1720 대에 오면 복권이 되고 새롭게 평가되었습니다.

그러나 구하는 것은 똑같습니다. 그것이 의식意識이 가는 길입니다. 의식은 구하지 않고는 못 삽니다. 구하는 대상이 사람에 따라서, 시대에 따라서 다르기는 합니다. "저기 저기 저 달 속에 계수나무 박혔으니 옥도끼로 찍어 내어 금도끼로 다듬어서 초가삼간 집을 짓고 양친부모 모셔다가 천년만년 살고지고."라는 유명한 전래동요가 있습니다.

대궐을 짓지 않고 초가삼간을 짓습니다. 달에 대궐을 짓고 살자는 것이 아닙니다. 정신이 이만큼 높습니다. 대궐은 짓다가 죽고, 관리하다 죽고, 청소하다 죽습니다. 어떤 사람들은 이것을 몰라서 식구는 두 사람뿐인데 아파트는 80평으로 각자 40평씩 관리하고 서로 만나지도 못하고 산답니다. 이게 생각이 잘못된 것입니다.

무명의식無明意識은 환경에 따라 구하다 보면 잘못되는 수가 있으니 정신 바짝 차려야 합니다. 달나라에 초가삼간 집을 짓고 양친부모 모셔다가 사는 것이 최고의 행복임을 노래해 왔습니다. 초가삼간에 행복이 있고, 양친부모에 행복이 있는데 요즈음은 그것을 모르게 되었습니다. 초가삼간의 행복을 잊어버리고, 양친부모를 모신 행복을 잊어버렸습니다.

그 다음에 나오는 이야기가 달나라는 너무 머니까 가까운 데로 가고, 양친부모보다는 마음에 두는 사람하고 살자로 바뀝니다. "저 푸른 초원 위에 그림 같은 집을 짓고 사랑하는 우리 님과 한 백년 살고 싶어." 이렇게 구하는 내용이 조금 지혜로우면 조금 더 지혜로운 것을 구하고, 조금 혼탁하면 혼탁한 것을 구합니다. 부모도 없이 멋진 집을 지어서 사랑하는 님과 함께 산다고 합니다. 그런데 이 사람이 생각하는 님은 자기 행복만 지켜 주고, 자기 행복만 도와주는 님을 바라는 모양인데 그런 님은 없습니다.

어떤 정신분석가가 인간은 다 의식 속에서 자기 이익을 구하면서 산다는 내용의 시를 지었습니다.

내가 당신 뜻대로 살 수도 없는 일
당신이 내 뜻대로 살 수도 없는 일
어쩌다 서로를 이해한다면 그것은 아름다운 일
그렇지 못하면 어쩔 수 없는 일
당신은 당신, 나는 나

이것이 인간의 의식 속에 흐르는 고독입니다. 그러니까 님은 없습니다. 님을 찾아 삼만 리 가 본다 해도 고통스러운 결과가 올 것이 뻔한데, 자기 욕심에 가려서 구하다 죽습니다. 서로를 이해한다고 해도 그것은 '어쩌다' 입니다. 백 년 동안 한 1~2년 서로를 이해한다면 그것은 아름다운 일이고, 그렇지 못하면 어쩔 수 없는 일입니다. 결국에는 당신은 당신, 나는 나입니다.

어떤 제국주의도 그 침략국을 완전히 정복한 나라가 없고, 아무리 강한 개인도 다른 개인을 완전히 지배한 일은 없습니다. 시어머니가 아무리 억세도 며느리를 완전히 정복하지는 못합니다. 아버지가 아무리 완고해도 아들을 완전히 누르지는 못합니다. 사람은 받들어 섬길 때 아름다운 것이지, 무작정 힘으로 누르는 것은 안 됩니다. 그러니까 힘 있다고 누르려고 하면 잘못된 어리석은 길로 빠지는 것입니다. 받들어 섬기면 항상 아름답습니다. 이것이 구하는 인연입니다.

어떻게 구하느냐? '그림 같은 집을 짓고' 그런 것을 구했는데, 사랑하는 우리 님과 한 백 년 사는 인생이 아닙니다. 그래서 결과는 '아무도 없는 쓸쓸한 나의 아파트'입니다. 이것이 꿈의 역사이고 인생입니다. 요즘은 양친부모도 아니고, 님도 아니고, 자기 행복입니다. 너나 나나 행복입니다.

무엇이 행복이냐? 행복하려면 어떻게 해야 하나? 행복에 대한 관심이 높습니다. 행복의 반대말은 우울입니다. 요즘 자살하는 사람들이 많은데, 왜 자살을 하느냐? 우울해서 그렇습니다. 행복을 바랐는데 우울하기 때문에 자살하는 것입니다. 우리가 바라는 것은 행복입니다. 그런데 어떤 것이 행복인가?

우리는 행복한 짓을 안 하면서 행복을 바랍니다. 떠돌이 아들이 집에 돌아가기를 바라면서 오히려 고향집에서 더 멀리 달아나는 것과 같습니다. "어떻게 하면 행복합니까?"라는 질문이나 "행복이 무엇입니까?"라는 질문에, 옛날 어른들은 건강하고 화목하고 근면하고 부지런한 것이 행복이라고 대답했습니다. 이 몸을 건강하게 관리하면 그 건강이 행복한 것이고, 거기에 화목이 들어갑니다.

화목은 사람과 사람 사이에 잘 지내는 것입니다. 인화人和가 없이는 행복할 수 없습니다. 그런데 인화를 못하면서 행복을 구합니다. 그러니까 자기가 이 세상 떠날 때도 마음 놓고 연락할 사람이 없습니다. '이 사람은 나의 연락을 기쁘게 받을 것이다.'라는 자신감이 없습니다.

왜 우울한가? 다른 것이 아니라 곁에 사람이 없어서 우울합니다. 나와 깊은 마음을 나눌 수 있는 사람이 곁에 있으면 우울하지 않습니다. 옆에 사람이 없다는 것이 큰 문제입니다. 그다음에 근면하고 부지런하면 행복하다고 합니다. 건강하고 화목하고 근면하면 행복하지 않을 수 없습니다. 행복이 무엇이라고 단정짓지는 않았지만 자연히 거기서 느낄 수 있습니다.

그런데 요즘은 행복을 연구해 보니까 유쾌하고 만족하는 것[快足]이 행복이라고 합니다. 유쾌하다는 것은 즐거운 것입니다. 만족한다는 것은 불만이 전혀 없고 거기서 큰 의미를 느끼는 것입니다. 그러면 즐겁기는 한데 의미를 못 느낄 수도 있고, 의미는 느끼는데 즐겁지 않을 수 있습니다.

예를 들면 남자들이 친구들을 만나서 술 마시는 것은 즐겁지만 거기서 의미는 못 느낍니다. 반면 부모님을 모시고 다니면 의미는 있는데 즐겁지는 않습니다. 이 두 가지를 다 만족하면 그게 행복이라고 하는데, 그게 쉽지 않습니다. 그래서 행복은 바라지 말고 오로지 하기만 하면 행복이 오는데, 우리는 행복을 많이 바라면서도 하기는 안 합니다. 그러니까 자꾸 서쪽으로 가면서 동쪽으로 가기를 바라는 것과 같습니다. 우리 의식이 그만큼 따라가지 못해서 그렇습니다.

건강하고 화목하고 근면한 것이 안 되니까 요즘은 소비消費가 행복입니다. 명품을 들고 다니면 그게 행복이고, 좋은 집에 살면 그게 행복인 것처럼 되었습니다. 요즘 소비는 과거처럼 먹고살기 위한 소비가 아니라 행복을 위한 소비가 많습니다. 아파트 광고할 때 "당신이 사는 곳이 당신의 신분입니다."라고 합니다. 서울만 하더라도 강북에 살면 별 볼일 없고, 아파트값 비싼 강남에 살면 그것을 행복이라고 봅니다. 그러니까 '소비가 나의 행복이다. 소비가 나의 신분이다.' 이렇게 바뀌어 간다는 것입니다.

대한민국은 평등사회입니다. 무엇이 평등사회냐? '몇 평에 사느냐?'가 '평'이고, '아이가 학교에서 몇 등 하느냐?'가 '등'이라고 합니다. 무한소비, 무한소유에서 행복을 찾는데, 이렇게 해서는 유쾌하고 만족하기 힘듭니다. 따라서 이제부터는 방법을 바꿔야 합니다. 소유와 소비를 통해서 행복을 얻으려고 하지 마십시오.

마음을 비우고 작은 것에서 만족할 줄 알고, 항상 부지런하고 늘 다른 존재를 인정하고 화목을 이루면 우울증이 안 생깁니다. 우울하지 않으면 행복입니다. 행복이란 다른 게 아니고 우울한 마음이 없으면 행복입니다. 우울한 마음을 가지지 않으려면 부지런해야 합니다. 다른 사람들을 다 인정하면 그것이 행복인데, 서로 인정하지 못합니다. 그러려면 노력을 엄청나게 해야 합니다.

조선시대 가장 훌륭한 임금 두 분을 들면, 세종대왕재위 1418~1450과 정조대왕재위 1776~1800입니다. 그런데 세종대왕 뒤에도 혼란이 있었고, 정조대왕 뒤에는 국운이 완전히 기울어서 회복하지 못했습니다. 결국 100년 뒤에는 일제강점기도 거치고, 현재까지 미군이 주둔하고 있습니다.

지금은 어려운 시대입니다. 그래서 앞으로 국가의 격을 더 높여야 합니다. 돈 좀 벌었다고 소비로 나의 정체성을 찾으려 하니 정신이 없는 것입니다. 그러니까 앞으로 100년 동안은 적어도 정조대왕 시대와 같은 문화 수준으로 올리겠다는 목표를 가져야 합니다. 정조 이후 세도정치로 갔다가 일제강점기를 거치고, 한국전쟁 이후에는 미군이 계속 주둔하고 있는 나라에서, 나 잘났다고 소비로써 행복을 찾는다고 할 처지가 되겠느냐는 말입니다.

그러면 우리가 앞으로 해야 할 일이 무엇이냐? 첫째, 서로가 서로를 인정해야 합니다. 한국전쟁 이후에 산업화와 민주화가 있었는데, 산업화는 뭐니 뭐니 해도 영남이 중심이었습니다. 산업화한다고 공장을 대부분 영남 쪽으로 몰아서 영남이 요새 더 덥습니다. 아스팔트니 공장이니 많이 들어서면서 더워졌습니다. 밭이 많고 논이 많고 숲이 많으면 덜 덥습니다.

반면 민주화는 호남이 중심입니다. 영남의 산업화와 호남의 민주화가 오늘날까지 역사를 끌어왔는데, 호남과 영남이 서로를 인정하지 않습니다. 이것을 고쳐야 합니다. 민주화가 없고 산업화가 없으면 격이 더 떨어집니다. 그러니까 호남에서는 영남의 산업화를 인정하고, 영남은 호남의 민주화를 인정해서 서로 존중해야 합니다.

이것이 동서화해입니다. 동서가 화해하고 그 다음에 남북이 평화통일이 되어야 합니다. 동서화해, 평화통일, 문화국가, 국격상승 이렇게 해서 백 년 동안 계속 노력해야 할 판인데, 정신없이 자꾸 소비나 하려고 합니다. '소비가 나의 정체성이다, 소비가 나의 행복이다.' 이런 것은 안 됩니다.

그렇게 밖으로는 더 좋은 일을 하고, 안으로는 나의 불성을 찾는 수행을 해야 합니다. 그래서 국민으로서 의무와 권리를 다하고, 또 안으로 나의 불성을 찾는 것이 불자가 가야 할 길입니다.

"어떤 것이 의식意識입니까?"
"아야! 아야!"
"어떤 것이 불성佛性입니까?"
"아야! 아야!"
"어떤 것이 정각正覺입니까?"
"아야! 아야!"

내가
나를 보는 이야기

우리 인간의 삶을 보면 언제나 희망과 속박이 있습니다. 동아시아만 보더라도 유교는 자손에 희망을 걸었습니다. 자자손손 만대영화를 누리는 것이 유교의 희망입니다. 그래서 자식을 잘 낳고 길러서 그 자식이 계속 잘되는 것이 자기가 오래 사는 것입니다.

도교의 희망은 그게 아닙니다. 일신장생—身長生, 즉 자기 한 몸이 오래오래 사는 것입니다. 신선이 되어 몇백 년, 몇천 년 장생불사하는 것이 도교의 희망입니다.

그래서 유교와 도교는 결혼관에서도 차이가 납니다. 유교에서는 아이를 낳기 위해서 결혼하는 것입니다. 그런데 도교에서는 아이를 낳는 것이 목적이 아니라 결혼을 함으로써 더 좋은 몸을 이루기 위해서 결혼하는 것입니다. 이것을 부부양생술이라고 합니다. 양기를 최대한 생육시켜서 여인의 몸을 통해서 자기의 양생을 도모합니다. 그런데 불교는 일신一身의 장생도 아니고, 끊임없이 이어지는 자손도 아닙니다. 모든 것에서 해탈하는 것이 제일 중요합니다.

요즘은 행복이 희망입니다. 자손, 장생, 해탈, 다 아닙니다. 예나 지금이나 사람들이 벗어나지 못하는 게 무엇이냐?『맹자』에서는 인간이 식색食色에 얽매인다고 했습니다. 희망은 여러 가지가 있지만, 알고 보면 음식남녀飮食男女에 매이는 게 인간입니다. 음식과 남녀에 얽매여 벗어나지 못합니다.

고려시대 보조普照 1158~1210 스님이 지은 「초심문初心文」에서는 식색食色 대신 재색財色이라는 말을 썼습니다. 재물과 색에 매인다고 했습니다. 식색이나 재색이나 음식남녀입니다. 먹고 남녀가 어울리고, 거기서 벗어나지 못합니다. 경봉鏡峰 1892~1982 큰스님은 이것을 "물질 아니면 사람, 사람 아니면 물질에 매인다."라고 하셨습니다. 다 똑같은 이야기입니다. 사람이라고 하면 남녀이고, 물질이라고 하면 재물입니다. 속박束縛입니다.

요즘은 이를 달리 '사랑과 돈'이라고 표현합니다. 전부 사랑에 매이고, 돈에 매입니다. 인간의 역사가 전부 돈 아니면 사랑입니다. 그래서 무슨 일을 하든 밑바탕에 들어가 보면 전부 그것을 구하고 있습니다.

사랑과 돈을 구하기 위해서 일을 하고, 전쟁까지도 일으킵니다. 어떤 사회부 기자가 대담하는 것을 들었는데, 강력사건의 97% 이상이 사랑이나 돈 때문에 일어난다고 했습니다.

그러면 과연 그게 전부 각각 다르냐? 자손을 위한 것, 오래 살기 위한 것, 해탈을 위한 것, 행복을 위한 것, 돈을 위한 것, 사랑을 위한 것이 전부 다르냐? 여기에는 하나 딱 통하는 게 있습니다. 그것은 나입니다. 어떤 문제도 다 내 문제입니다.

자식도 내 자식이니까 오래오래 번영하기를 원하는 것입니다. 오래 사는 것도 나니까 오래 살기를 원합니다. 해탈도 나니까 해탈하려 하고, 행복도 나니까 하려고 하고, 사랑도 내 사랑이니까 구하는 것이고, 돈도 내 돈이니까 벌려고 애쓰는 것입니다.

그런데 사랑에 대해서는 유행가도 많고 이야기를 많이 하는데, 돈에 대해서는 구체적으로 말하지 않는 것 같습니다. 돈에 대해서는 사랑만큼 모릅니다. 이 돈에 많은 괴로움이 있다는 것을 낱낱이 모르고 있습니다. 사람이 돈을 만들었는데 사람이 돈에 속습니다. 이 돈에 속아서 일생을 허무하게 보내는 사람들이 너무 많습니다. 이것이 굉장히 큰 문제입니다.

제가 어릴 때, 화폐개혁이 있었습니다. 그때 돈의 가치가 10분의 1로 줄었습니다. 천 원이 백 원으로 된 것입니다. 그 당시 돈을 집에다가 쌓아 놓는 경우가 흔했는데, 얼마 이상 안 바꿔 준다고 땅을 치고 우는 사람을 많이 봤습니다. 그 시절 장정의 하루 품삯이 500원, 쌀 60kg이 1,500원이었습니다. 최고 노동력을 가진 남자 일꾼이 사흘 일을 해야 쌀을 살 수 있었던 것입니다. 요즘은 인부를 사흘 쓰려면 최소 30만원은 될 것입니다. 오늘날 돈 10만 원이면 30년 후에 얼마나 가치가 있을까? 그러니까 돈만 믿고 살다가는 큰일 납니다. 그냥 그대로 가지고 있어도 세월 지나가면 헛것 되는 수가 있습니다.

몇 년 전에 미국의 재무장관이 북경을 갔습니다. 북경대학에서 토론을 하는데 한 대학생이 "미국 달러를 믿을 수 있느냐?"고 질문했습니다. 이것은 굉장한 질문입니다. 돈이라는 것은 그 나라입니다. 미국을 어떻게 평가하느냐에 따라서 미국 돈의 가치가 달라집니다. 당시 미국 달러를 제일 많이 보유하고 있는 나라가 중국이었습니다. 그때가 금융위기가 터진 이후라서 불안했을 것입니다. 그래서 그런 질문을 했습니다. 그런데 재무장관이 "믿을 수 없다."라고 대답했습니다. 이것이 현실입니다.

미국달러는 60~70년간 세계의 표본적인 돈이었습니다. 왜냐하면 2차대전 때 미국이 유럽으로부터 금을 많이 확보해서 금으로 달러를 보장한다고 해서 신용도가 올라갔습니다. 그런데 2000년 이후로는 달러 가치가 영 불안합니다. 이것이 돈입니다. 일본도 마찬가지입니다. 그 대단한 금융기관장들이 죄송하다고 사과했습니다. 이것이 돈의 흐름입니다. 돈 믿고 살다가는 돈 때문에 큰일 납니다.

그러면 어떻게 살아야 하느냐? 내가 노력해서 자기 근로소득으로 살아가는 것이 가장 건강합니다. 돈이 돈을 벌어 주는 것은 자기 노력은 없어서 불로소득이라 항상 불안합니다. 그런데 사람들은 불로소득을 꿈꾸고 살아갑니다. '나는 돈을 많이 벌어서 그 돈의 이익을 가지고 편안히 살겠다.'고 하는 것은 큰일 나는 생각입니다. '돈이 돈 번다.'는 말이 있는데, 바로 불로소득입니다. 자기가 노력해서 그 노력의 이익을 가지고 살아가는 삶의 방식이 가장 기본이고, 건강한 것입니다.

사랑을 믿을 게 못 된다는 것은 다시 말할 필요도 없습니다. 그러니까 무엇이든지 그 근본은 나입니다. 나를 위해서 사랑도 하고, 나를 위해서 돈을 벌고, 또 나를 위해서 행복을 희망합니다. 문제는 이 나라는 것을 깊이 돌아보지 않으면 항상 되풀이된다는 것입니다. 끊임없이 되풀이되는 것이 윤회입니다.

그러면 도대체 나라는 것은 무엇이냐?

먼저 '생사신의 나[生死身我]' 입니다. 태어나고 죽고 하는 몸을 가지고 있는 나입니다. 태어나고 점점 죽어 갑니다. 늙음은 태어남과 죽음의 중간입니다. 늙는다는 것은 죽음과 가까이 있습니다. 그래서 노사老死라고 합니다. 실제로 몸은 언제 죽을지 모르는데 사랑과 돈을 바랍니다.

이것이 인생입니다.

　노인복지관 관계자들의 이야기를 들어보면 90세 먹은 노인도 연애하려고 한답니다. 60세는 말할 것도 없습니다. 그런데 일반적으로 60세가 넘으면 노령으로 봅니다. 그런데 자기가 바라는 것은 여전히 사랑과 돈에 매여 있습니다. 참 딱한 일입니다. 늙어 가고 죽어 가는 이것이 생사신입니다. 생사신이 바로 나입니다.

　'생사신의 나'는 경전에서 세 가지로 설명합니다. 아신我身·아소我所와 아식我識입니다. 안眼·이耳·비鼻·설舌·신身·의意에서 인식이 나옵니다. 눈에서는 시각의 인식이 나오고, 귀에서는 청각의 인식이 나옵니다. 그래서 안·이·비·설·신·의 육근총상六根總相을 아신이라고 합니다. 아소는 육근 하나하나의 대상입니다. 눈으로 보는 시각의 대상, 귀로 듣는 청각의 대상 등입니다. 그래서 색色·성聲·향香·미味·촉觸·법法의 육진六塵 육경六境을 아소라고 합니다. 이것을 합하여 경전에서는 '아我와 아소我所'라고 합니다. 나라고 하는 안·이·비·설·신·의 육근이 있고, 나의 대상이 되는 색·성·향·미·촉·법의 아소가 있습니다.

　육근과 육경이 만났을 때 인식이 나옵니다. 이것을 촉경발식觸境發識이라고 합니다. 육근이 경계에 접촉하면 식識이 발동합니다. 그래야 그것이 무엇인지 감각으로 느낍니다. 발식을 하지 않으면 느끼지 못합니다.

이러한 근根·경境·식識이 생사신입니다. 태어났다 죽는 몸입니다.

그런데 이 눈이 도대체 어디서 왔는가? 귀가 어디서 왔는가? 몸이 어디서 왔는가? 찾아보면 온 곳이 없습니다. 모든 인연에 의해서 온 것입니다. 그리고 이 식識이 어디에 있느냐? 인식이라는 것이 있기는 있는데 모양이 없고, 이름뿐입니다. 그래서 명색신名色身입니다.

이처럼 물질도 자체가 있는 게 아니고 인식도 자체가 없고 전부 인연에 의해서 된 것입니다. 자성自性이 없습니다. 자성 없는 그 자체를 법성法性이라고 하는데, 찾아보면 없는데 또 없지 않습니다. 그것을 법성신法性身이라고 합니다. 『천수경』에도 법성신法性身이라는 말이 있습니다.

가만히 보면 움직이는데 자성이 없습니다. 있기는 있는데 자성이 없습니다. 있는 것에도 자성이 없지만, 없는 것에도 자성이 없습니다. 없는 것에는 없는 성품이 없고[無無無性], 있는 것에는 있는 성품이 없습니다[有無有性]. 이것이 법성입니다.

이 법성은 무엇으로 어떻게 나타나는가? 하나하나 보면 자체성이 없고 다른 여러 가지가 모여서 나타납니다. 그것을 인연화합因緣和合이라고 합니다. 인因은 씨앗이라는 뜻입니다. 열매가 어디서 나왔느냐? 씨앗이 없으면 열매도 없습니다. 연緣은 옷을 꿰맨다는 뜻입니다. 여러 가지 조각이 이어져서 옷이 됩니다. 옷소매, 옷깃 등이 조각조각 이어져서 옷이 되는 것입니다. 저고리면 저고리 자체가 있는 게 아니라 여러 가지 조각으로 이루어졌습니다. 옷 자체가 없고 여러 가지 다른 조각으로 이루어져 있습니다.

그래서 이 자성은 유무有無를 초월해서 유무로 항상 나타납니다. 그래서 이 세상에 모든 인연으로 나타나는 것을 설명할 때 연기緣起라고 합니다. 법계의 모든 존재가 인연으로 나타났다고 합니다. 그런데 자성으로 보면 하나도 일어나는 것이 없습니다. 그러니까 파도가 일어났는데 파도는 자체가 없는 것입니다. 물이 있고 바람이 있어서 물이 바람을 만나 파도를 일으켰지만, 물 자체를 보면 하나도 일어난 게 없다는 것입니다.

우리가 태어났어도 그 법성으로 보면 하나도 난 게 없습니다. 이런 것을 공부하는 학문이 불교학입니다. 그러니 불교학을 공부하려면 머리가 나쁘면 못합니다. 아무리 나이가 많아도 돈에 매이고 사랑에 매이면 이 공부는 안 됩니다. 머리가 좋다는 말은 석가모니처럼 어릴 때부터 인생무상을 알아서, 그 순간에 돈과 사랑에는 관심이 없어져 버리는 것입니다. 그러다가 이런 것을 깨닫는 것입니다.

몸은 자성이 없어 연기緣起이고 성기性起입니다. 일어난 것은 전부 인연으로 일어났고, 본성으로 볼 때는 하나도 일어난 것이 없습니다. 그래서 『천수경』에 '원아조동법성신願我早同法性身'이라고 했습니다. 빨리 법성신과 하나가 되기를 원합니다. 생사신에 의혹이 없는 법성신입니다. 생사의 나에서 법성신의 나[法性身我]를 아는 것이 깨달음입니다.

그러면 법성신의 나를 알면 어떻게 되느냐? 그렇게 되면 일영성─靈性, 하나의 신령스러운 성품뿐입니다. 중국 화엄종 제5조 규봉종밀圭峰宗密 780~841 스님이 지은 『원인론原人論』에 '일진영성─眞靈性'이라는 말이 있습니다. 인간이란 일진영성, 즉 하나의 참된 영성뿐입니다. 그런데 그것을 모르고 허망하고 무상한 생사신에 매여서 사랑을 구하고, 돈을 구하고, 행복을 구하고, 자식에게 매달리고, 오래 사는 데 매달립니다.

해탈도 구하는 마음이 사라진 것이 해탈이지만, 해탈을 구하는 것이 있는 동안에는 매이는 것입니다. 그게 인간입니다. 그래서 법성신을 깨달으면 그때는 일영성으로 돌아갑니다. 하나의 신령스러운 본성뿐입니다. 지구가 억만 번 생겼다 없어져도 일영성은 변함이 없습니다. 인연 따라 일어나고 인연 따라 사라집니다. 그런데 법성으로 보면 아무리 많은 것이 일어나도 본성은 일어난 것이 없습니다.

그래서 같은 화엄학을 해도 연기를 중심으로 하면 법계연기法界緣起의 화엄학이고, 법성은 일어난 것이 없다는 무기無起를 중심으로 하면 법성성기法性性起의 화엄학이라고 합니다. 중국의 화엄학은 법계연기 중심이고 우리나라 의상義相 625~702 스님의 화엄학은 법성성기 중심입니다. 그런데 종밀 스님은 중국화엄조사이지만 사상적으로는 의상의 법성설을 따르고도 있습니다.

이처럼 우리가 나라고 생각하는 것은 생사신이나, 법성신으로 들어가면 일영성 하나뿐입니다. 다른 말로 하면 일영심성一靈心性입니다. 하나밖에 없습니다. 하나라는 것은 전체, 그것밖에 없는 것입니다. 전체 참된 성품 그것밖에 없습니다. 그것은 어떤 것이냐? 불생불멸입니다.

유有에는 유의 본성이 없고, 무無에는 무의 본성이 없는 것이 일영심성이니 생멸이 있을 수 없습니다. 유에 유성有性이 없고 무에 무성無性이 없어서 그것이 일진영성이고, 일영심성입니다. 불생불멸 부증불감입니다. 늘어나는 것도 줄어드는 것도 아닙니다. 말하자면 '일영성의 나[一靈性我]'입니다. 일영성이 나입니다.

우리가 지금 부딪치고 있는 것은 '생사신의 나'인데, 나에 대한 인식이 자꾸 깊어지는 게 수행입니다. 그러니까 지금 나를 전혀 모르고 살아가는 것입니다. 예를 들면 해를 물속에서 찾는 것과 같습니다. 물속에 해가 있는 줄 알고 물을 다 퍼내면 해가 없습니다. 오직 물 때문에 해가 비친 것이지 해가 그 속에 있었던 것은 아닙니다. 우리가 나를 모르고 살아가는 것도 그와 같은 것입니다.

그런데 일영성아는 '만천만지滿天滿地 선천후지先天後地'라, 하늘에도 가득하고 땅에도 가득하고, 하늘보다도 먼저 있었고 땅보다도 뒤에까지 있습니다. 그러면 그것만 있느냐? 아닙니다. 일영성아라는 것은 평지표풍平地飄風입니다. 바람은 방향이 있는 것이 대부분인데, 방향 없이 땅바닥에서 바로 올라오는 바람이 있습니다. 회오리바람은 서쪽에서 불어오는 바람도 아니고 동쪽에서 불어오는 바람도 아닙니다. 방향풍이 아니고 땅에서 바로 솟아오르는 바람입니다. 그런 일을 하는 것이 일영성입니다. 가만히 죽어 있는 게 아니라 때로는 회오리바람이 일어나고 또 맑은 푸른 하늘에서 번개를 칩니다. 이것이 일영성입니다.

이런 것이 나인데, 전혀 꿈에도 모르고 점점 죽어 가고 있습니다. 어제의 나와 오늘의 나가 다릅니다. 어제 것은 죽고 오늘 것은 살아온 것입니다. 오늘 것은 죽고 내일 것은 다시 태어납니다. 그런데 행복을 바라고 사랑과 돈에 매입니다. 그러다 죽을 때는 "내가 이렇게 죽으려고 살았나!" 하고 웁니다. 울어 봐도 때는 늦습니다.

석가모니가 위대하다는 것은 늙기 전에 인생이 얼마나 허망하고 무상한지를 알았다는 것입니다. 머리 좋다는 것은 다른 것이 아니라 인생을 볼 줄 알았다는 뜻입니다. 이 생사신이라는 것은 항상하지 못한 무상함이 있고, 진실하지 못한 허망함이 있습니다. 그래서 내 몸의 무상하고 허망함을 깊이 아는 순간에 도道를 구하게 되어 있습니다.

도 이야기를 아무리 해 봐야 내 몸의 무상함과 허망함을 느끼지 못하면 소용없습니다. 그냥 취미 삼아서 도를 한번 배워 볼까 하면 안 됩니다. 도가 좋다니까 더 행복하기 위해서, 더 잘 살기 위해서 도도 한번 구해 볼까 하는 마음입니다. 이것은 오로지 구하는 쪽으로만 사는 것입니다.

내가 나를 볼 때 첫째는 생사신의 나, 둘째는 법성신의 나, 셋째는 하나의 신령스러운 심성인 일영성의 나가 있습니다. 이 일영성의 나를 깨달아서 일영성의 나를 살아가는 것이 해탈이고 해탈의 참된 행복입니다.

"어떤 것이 생사신生死身입니까?"
"아야! 아야!"
"어떤 것이 법성신法性身입니까?"
"아야! 아야!"
"어떤 것이 일영성一靈性입니까?"
"아야! 아야!"

한 가지 질문을 하겠습니다.
"얼마나 아프셨습니까?"

중생의
영각성靈覺性

우리 중생은 항상 움직입니다. 그 움직이는 것이 심행心行입니다. 산을 보면 산인 줄 알고, 물을 보면 물인 줄 알고, 나무를 보면 나무인 줄 알고, 어두운 것을 보면 어두운 줄 알고, 밝은 것을 보면 밝은 줄 알고, 넓은 데 가서는 넓은 것 보고, 좁은 데 가서는 좁은 것 보고, 항상 움직입니다. 경전을 펴 놓으면 경전 보고, 또 밥상에서는 밥을 먹습니다. 이것이 심행처心行處입니다.

내 마음이 지금 움직여서 머무는 곳이 심행처입니다. 보고 듣고 냄새 맡는 이런 감각도 심행이고, 생각하고 판단하는 것도 심행입니다. 이것이 전부 다릅니다. 이렇게 생각이 다른 것을 문화라고 합니다. 혁명이라는 것은 문화를 바꾸는 것입니다. 생각을 바꾸는 것입니다.

1970년대까지만 하더라도 밥을 먹을 때, 충청도에서는 "건건이가 있어야 밥을 먹지."라고 했습니다. 그 반찬이라는 건건이는 밥을 먹기 위한 수단입니다. 맨밥을 먹을 수 없으니까 밥 먹기 위해서 반찬을 만드는 것입니다. 밥이 주식이고 밥을 먹기 위해 반찬을 준비했습니다.

　그런데 요즘은 그게 아닙니다. 반찬을 먹기 위해서 밥을 먹습니다. 여러 가지 요리가 많이 있고 그 요리를 먹는 수단으로 밥을 먹습니다. 이것이 식탁의 혁명입니다. 우리 밥상에 혁명이 온 것입니다. 밥을 먹기 위한 반찬의 시대에서 요리를 먹기 위해서 밥을 먹는 시대로 바뀌었습니다.

　그리고 생산과 소비가 완전히 바뀌었습니다. 그전에는 생산을 하기 위해서 소비를 했습니다. 일을 하기 위해서 밥을 먹었습니다. 오늘 내가 쉬는 것도 내일 일을 하기 위해서 쉬었습니다. 소비도 일을 하기 위해서 하는 것이지 다른 게 아니었습니다.

　그런데 젊은 층으로 내려갈수록 소비를 위해서 생산을 하는 쪽으로 바뀌었습니다. 좋은 것을 먹기 위해서 돈을 법니다. 돈을 벌기 위해서 먹는 것이 아닙니다. 과거에는 항상 돈 벌기 위해서 먹고 돈 벌기 위해서 일을 했지만, 요즘 젊은이들은 쓰기 위해서 법니다. 그래서 유명하다는 음식점이나 커피전문점에 가 보면 미어터집니다.

　결혼관도 완전히 바뀌었습니다. 예전에는 결혼을 하는 이유가 후손을 낳아 가문의 대를 잇고 제사를 지내려고[奉祭祀] 결혼을 했습니다. 그리고 접빈객接賓客, 찾아오는 손님 대접해야 하니까 결혼을 했습니다. 그런데 요즘 젊은 사람들은 그렇지 않습니다. 혼자 사는 것보다 둘이 사는 것이 삶의 질이 더 높다고 생각하니까, 더 나은 삶을 위해서 결혼합니다. 아이를 낳고 가문을 위해서 결혼하지 않습니다. 이것이 혁명입니다. 오늘날은 행복경제지, 성장경제가 아닙니다.

요즈음 행복이란 다른 말로 하면 소비입니다. 거창한 말로 행복이지 딱 들어가 보면 소비입니다. 소비경제지 생산경제가 아닙니다. 옛날 사람들은 소비할 줄 모르고 생산만 했습니다. 반면 젊은 사람들은 소비만 합니다. 가치관이 완전히 바뀌었습니다. 소비가 나의 품격을 결정합니다. 내가 어떤 밥을 먹느냐, 어떤 옷을 입느냐, 어떤 가방을 드느냐에 따라서 자신의 품격이 결정되고 그것이 자기 자신이라고 생각합니다.

30억 재산을 가진 85살 노인이 있습니다. 부인이 병이 났는데도 돈이 아까워서 가사도우미를 못 쓰게 했습니다. 그러면 그분이 잘못한 것이냐? 그분은 옛날부터 그렇게 해야만 살아남을 수 있었습니다. 가족들이 협력해서 하면 되는데 가사도우미를 왜 쓰느냐는 것입니다. 그러니까 며느리들이 그분을 도저히 이해를 못합니다. 젊은 사람들은 소비를 위해서 생산하는 것이 몸에 배었기 때문입니다. 노인들은 생산을 위해서 소비하는 게 몸에 배어서 먹고 입고 자면 그만이지, 그 이상은 소비할 줄 모릅니다.

이 세상은 변하는 것입니다. 젊은 사람들이 왜 비싼 커피를 마시고, 명품 가방을 들고, 해외여행을 하느냐? 의식이 바뀌었기 때문입니다. '생산만 하다가 죽으면 무슨 의미가 있는가?'라고 생각이 바뀐 것입니다. 이것이 중생의 심행처입니다. 이것이 문화이고, 유행이고, 사조思潮입니다. 사조가 점점 모이면 문화가 되는데, 문화는 생각입니다.

얼마 전에 신문을 보다가 깜짝 놀랐습니다. 중동 국가에서 37살 남자가 큰 범죄를 저질러서 사형을 집행했답니다. 의사가 사형집행을 확인하고 시신을 가족에게 인계했습니다. 이튿날 관을 열어 보니 이 사람이 살아 있었습니다. 가족들은 좋다고 병원에 데려가서 치료를 했습니다. 그런데 나라에서는 치료가 끝나면 사형을 재집행하려 하고, 사형제도를 반대하는 인권단체에서는 '한번 집행했으면 그만이지 왜 또 하느냐?'라고 팽팽히 맞서고 있답니다.

만약 저에게 이 문제를 판단하라고 한다면 나는 어떻게 해야 할까 고민해 보았습니다. 국가에서는 당연히 그 사람을 사형대에 올려서 집행하는 것이 문제가 아니고 집행 결과가 문제입니다. 한 번 해서 안 되면 두 번 세 번 결과가 나올 때까지 해야 합니다. 그런데 인권을 중시하는 입장에서는 이 일은 국가의 실수입니다. 이미 사형을 집행하고 검안도

했고 가족에게 인계를 했으면 그것으로 손을 떼야 한다고 주장할 수도 있습니다.

이 문제는 정해진 법이 없고, 많은 사람들이 어떻게 생각하느냐에 따라서 결정됩니다. '한번 했으면 국가에서는 할 만큼 다 했다. 더 이상 하지 마라.'는 것은 인권 논리입니다. '아니다. 이 사람은 사형선고를 받았기 때문에 확정될 때까지 계속해야 한다.'는 것은 법리 논리입니다. 그래서 인권 논리와 법리 논리가 충돌할 때 어느 쪽을 선택할 것인가? 이것은 그 당시 사람들의 가치관이 많은 쪽으로 가는 것입니다.

조선시대 어느 양반 집안에서 있었던 일입니다. 아주 유명한 양반 집안인데, 며느리에게 "시아버지와 네 남편이 연못에 빠졌다. 단 한 사람만 구할 수 있다면 너는 누구를 구하겠느냐?"라고 물었습니다. 아주 고약한 질문입니다.

이런 질문은 그 당시 생각을 알아보는 척도가 됩니다. 그 당시 양반 집안 며느리들은 대부분 시아버지를 먼저 구한다고 대답했습니다. 그러면 남편이 죽으면 어떻게 하느냐? 시아버지를 구하고 자신은 남편을 따라서 죽겠다는 것입니다. 그러면 시아버지를 구했으니 효부孝婦가 되고, 남편을 따라 죽었으니 열녀烈女가 됩니다. 한순간에 열녀와 효부를 다 얻는데 그것을 왜 마다하겠습니까? 이것이 불과 백 년 전의 가치관입니다. 그래서 거리마다 열녀문이요, 거리마다 효자문이었습니다.

그런데 지금은 생각이 바뀌었습니다. 제가 젊은 여성들을 교육할 기회가 있어서 "만약 남편과 시아버지가 함께 물에 빠져서 단 한 사람만 구할 수 있다면 누구를 구하겠습니까?"라는 질문을 해 봤습니다. 고민할 것도 없이 남편을 구한다고 했습니다. "그러면 시아버지가 죽어서 욕할 텐데 어떻게 합니까?" 하니 외국 나가서 살면 아무 문제 없다고 합니다. 이런 사고思考는 계속해서 변합니다. 그것이 심행처입니다.

가을에는 가을을 느끼고 겨울에는 겨울을 느끼고, 저녁에는 꿈을 꾸고 낮에는 생각이 일어납니다. 오늘 저녁에 무슨 꿈을 꿀지 모릅니다. 내 맘대로 꿈을 꾸는 게 아닙니다. 하루 종일 무슨 생각이 일어날지 모릅니다. 생각도 내 맘대로 통제할 수 있는 게 아닙니다. 이렇게 움직이는 것이 심행처입니다.

그러면 이런 생각이나 감각들이 어디서 나오는가? 인간은 감각과 생각으로 삽니다. 보통 '살았다.'라는 것은 세 가지가 있습니다. 첫째, 심장이 뛰어야 삽니다. 둘째, 숨을 쉬어야 삽니다. 숨을 못 쉬면 죽었다고 합니다. 셋째, 의식이 있어야 살았다고 합니다. 숨과 맥박과 의식, 이 세 가지가 생명입니다.

생각이 바뀌는 것이 혁명인데, 그러면 생각은 어디서 오느냐? 어떻게 느끼느냐에 따라서 생각이 나옵니다. 감각과 생각으로 사는데, 가끔 자기 감각과 생각을 믿지 못할 때가 있습니다. '내가 잘못 본 건가?' '내가 잘못 생각하는 건가?' 이런 상태가 오래 지속되면 '멍 때린다.' 하고, 멘탈 붕괴, '멘붕'이라고도 합니다. 이 상태가 심해지면 두려움이 생기는데, '공황恐惶'입니다. 그러니까 자기가 어떻게 생각할지 모를 뿐만 아니라 자기가 생각할 결과가 두려워서 결정을 하지 못하는 것이 공황상태입니다. 사회가 급변하면 자기 생각을 믿지 못할 때가 있습니다.

 인간은 자기 감각을 믿고 자기 생각을 믿어야 삽니다. 그래야 행동할 수 있고, 숨도 쉬고, 밥도 먹습니다. 자기 감각을 믿지 못해 정신이 쇠약한 사람은 코앞에 밥이 있어도 못 먹습니다. 밥에 혹시 쥐약이 들어 있을지도 모른다고 의심해서 못 먹습니다. 밖에 나가면 혹시 죽을지도 모른다고 생각해서 꼼짝도 못합니다. 이것이 공황입니다. 이런 것도 전부 심행처입니다.

 꿈을 꾸는 것도 마음이 움직이는 것이고, 자기 생각에 두려움을 갖는 것도 마음이 움직이는 것입니다. 또 자기 생각을 지나치게 믿어서 다른 사람 말은 일체 듣지 않고 독선과 독단으로 평생 사는 사람도 있습니다. 왜냐하면 그렇게 했던 것이 자기에게 유리했던 경우가 많았기 때문입니다.

 인간은 자기 감각과 자기 생각으로 살아가는데, 그게 흔들릴 때 문제가 생깁니다. 문제가 생겼을 때 조용히 안정을 하면 두려움이 사라집니다. 그러면 다시 또 자기 생각을 믿고 살아갈 수 있습니다.

그러면 그 생각이 도대체 어디서 오느냐? 뿌리가 없습니다. 흔히 생각과 감각을 마음이라고 합니다. 마음은 몸이 태어날 때 생겨서 몸이 죽을 때 없어진다고 믿는 사람들이 많습니다. 마음이 몸에 있는 줄 압니다. 젊은 사람들 중에 특히 많습니다. '몸이 없으면 마음이 없다.'라는 것은 아주 어리석은 생각입니다. 아무리 몸을 조사해 봐도 마음이 없습니다. 그러면 마음이 없느냐? 없지 않습니다.

이 마음이라는 것은 몸에 있는 것도 아니고 허공에 있는 것도 아닌데, 아주 신령스럽게 밝습니다. 신령스럽게 밝은 것이 영靈입니다. 그런데 이 마음은 아는 특징이 있습니다. 그게 각覺입니다. 이 마음은 변하지 않는 특징이 있는데, 그게 성性입니다. 그래서 이 마음이라는 본체는 영명靈明이고, 본각本覺이고, 진성眞性입니다. 영각성靈覺性입니다.

이 영각성의 작용이 심행처입니다. 심행처와 영각성이 다른 게 아닙니다. 영각성의 작용이 일어나서 보기도 하고 듣기도 하는 감각이 일어나고, 좋다 나쁘다는 판단이 일어납니다. 이것이 생각입니다. 이 감각과 생각은 영각성의 작용인 것입니다.

그런데 우리는 작용만 좇아가서 그것에 얽매이고 매달립니다. 그 영명성, 진성성, 본각성은 배워서 아는 것이 아니라 본래 아는 것입니다. 이런 것을 모르고 사니까 미혹하다는 것입니다. 작용만 좇아가고 근본을 모릅니다. 그 근본을 아는 것을 깨달음이라고 합니다.

깨달음은 자기 마음을 자기가 아는 것입니다. 자기 본심을 자기가 알고, 내 영각성을 내가 보는 것입니다. 이 식심견성識心見性이 깨달음입니다. 자기 본성을 아는 게 식심이고, 자기 영성靈性을 보는 게 견성입니다. 그 성性이 본체이고, 심행처가 작용입니다. 그래서 일체가 영성 하나뿐입니다. 그러니까 보는 것도 영성이고, 듣는 것도 영성이고, 내가 죽는 것을 아는 것도 영성이고, 사는 것을 아는 것도 영성이고, 미운 것을 아는 것도 영성이고, 좋은 것을 아는 것도 영성입니다.

영성 하나뿐인데 내가 거기에다가 어리석은 판단을 해서 빠져 버리는 것입니다. 이 세상에 나쁜 것은 없습니다. 나쁘다고 느끼는 영성만 있을 뿐입니다. 이것이 색공묘법色空妙法이라, 색은 공하고 그 공함을 아는 묘법만 있습니다. "저 사람, 참 매력 없이 생겼다."라고 할 때 매력 없이 생긴 것은 없고, 매력 없이 생겼다고 하는 느낌만 있는 것입니다. 그것이 영성입니다. 그것을 마음으로 아는 것이 식심이고, 그것을 보는 게 견성입니다.

『전등록傳燈錄』에 나오는 내용인데, 큰스님들이 자주 하는 법문입니다.

이견왕異見王이 바라제婆羅提 존자에게 가서 물었습니다.

"어떤 것이 부처입니까[何者是佛]?"

"성을 본 것이 부처입니다[見性是佛]."

"성은 지금 어디에 있습니까[性在何處]?"

"성은 작용하는 데 있습니다[性在作用]."

"어떻게 작용하기에 나는 보지 못합니까[是何作用 我今不見]?"

"지금 작용하고 있는데, 스스로 보지를 못합니다[今現作用 王自不見]."

"만약 작용한다면 그것은 어떻게 나타납니까[若當用時 幾處出現]?"

"그것이 나타날 때는 여덟 가지 길이 있습니다[若出現時 當有其八]."

"그 여덟 가지의 길을 내게 말해 주시오[其八出現 當爲我說]."

"태 속에서는 몸이요, 세상에 나와서는 사람입니다[在胎曰身 處世曰人]."

"눈으로는 본다 하고, 귀로는 듣는다 하고[在眼曰見 在耳曰聞],"

"코로는 냄새를 맡고, 입으로는 말을 하며[在鼻辨香 在舌談論],"

"손으로는 움켜잡고, 발로는 돌아다닙니다[在手執捉 在足運奔]."

부처라고 하는 것은 식심견성, 즉 자기 마음을 자기가 본 사람을 말합니다. 견성이 부처입니다. 그 견성은 작용에 있습니다. 여기에서는 여덟 가지의 작용을 이야기합니다. 이것이 전부 영성작용이라는 것입니다. 손이 붙잡는 것이 아니라 영성이 움직이는 것입니다. 그래서 손은 자체가 없고, 영성 하나뿐입니다. 눈앞에 바로 영성을 보는 것입니다. 영축산이 영축산이 아니라 나의 영성입니다. 영축산을 보는 것이 나의 영성이고, 영축산 자체는 없습니다. 색은 공이고 오직 영성만 있습니다.

그런데 밖으로 좇아가서 좋다고 판단하면 웃고, 나쁘다고 판단하면 웁니다. 이것이 생사윤회입니다. 생사가 전부 영성작용인데 그것을 모르고 자기 판단으로 하나는 취하고 하나는 버립니다. 이것을 중생업식衆生業識이라고 합니다. 자기가 본래 주인공인데 스스로 나그네 짓을 하는 것입니다. 나그네 짓을 한다고 해서 주인공이 달라지지는 않습니다. 멀쩡한 집 주인이 타향살이 하는 것이 중생입니다.

그러면 어떻게 해야 하느냐? 반문返聞, 선견旋見하고, 반조返照해야 합니다. 반문은 밖으로 듣는 걸 돌이켜 듣는 것입니다. 선견은 돌이켜 보는 것입니다. 반조는 자기 영성을 본다는 말입니다. 애견愛見을 하는 게 아니라 견성을 합니다. 자기의 본래 영명, 본각, 진성을 보는 것을 견성이라고 합니다. 견성하는 것을 깨달음이라고 합니다.

『화엄경』에서 '해인海印'을 말합니다. 종이에 도장을 찍으면 도장 문양이 보이는 것처럼, 바닷속에 여러 가지 달과 해와 산천초목이 비쳐진 내용을 '도장 인印' 자로 표현한 것입니다. 바다에는 해도 있고, 달도 있고, 산도 있고, 사람도 있고, 티끌도 있고 다 있습니다. 그런데 바닷속에 들어가서 보면 없습니다. 오직 비쳐졌을 뿐입니다. 보이기는 보이는데 그 자체가 없습니다. 오직 물밖에 없습니다. 이것은 수체조용水體照用이라, 물의 본체는 영성이고, 비쳐지는 것은 물의 작용이라는 말입니다.

무엇이 비쳐도 물의 작용일 뿐이지, 그 안에 어떤 것도 없습니다. 그래서 생로병사나 온갖 중생이 있어도 그것은 영성작용입니다. 그러니까 나에게 죽는 것도 보이고 좋은 것도 보이지만, 보이는 것은 없는 것이고 보는 영성만 있습니다. 이것을 아는 게 식심견성입니다. 밖으로 구하는 것은 생사윤회인데, 구해도 구해도 마지막에는 허망하고 괴로울 뿐입니다.

그러므로 구해도 구해도 끝없이 구하는 것은 그만하고 이제 내 영성을 깨달아야겠다고 마음먹는 것이 발심發心입니다. 발심이 수행으로 이어집니다. 수행은 밖으로 구하는 것이 아니고 자기 성性을 보는 것입니다. 밖으로 구하지 않고 다만 마음을 향해서 구할 때 깨달음을 얻을 수 있는 것입니다.

이 세상에 어떤 것을 만들어도 만든 것은 다 없어집니다. 만들고 또 만들고, 영원히 만들다가 죽는 게 우리 인생입니다. 만드는 데서 깨달음으로 돌아가는 게 수행입니다. 이 세상에 어떤 법률도, 건축도, 제도도 만들어 놓으면 사라집니다. 왜냐하면 생각이 변하고 감각이 변하기 때문입니다.

변하지 않는 것은 오직 영성 하나뿐입니다. 갖가지 크고 작은 게 영성과 다름이 없습니다. 영성은 총상總相이고 크고 작은 것은 별상別相이기 때문입니다. 총상과 별상이 둘이 아닙니다.

생각해 보십시오. 물속에 태산도 비쳐지고 초목도 비쳐지는데, 초목도 태산도 물입니다. 그러니까 태산의 물이나 초목의 물이나 다를 바가 없습니다. 일미진중함시방一微塵中含十方이 되는 것입니다. 자기 영성으로 보아야 보입니다. 영성으로 볼 때는 태산도 영성작용이고, 미진도 영성작용입니다. 허공 영성이나 미진 영성이나 태양 영성이 전부 영성 총상일 뿐입니다. 이게 불교철학이고 불교수행입니다.

　부연하면 물속에 해도 비치고 산도 비치고 티끌도 비치는데, 티끌도 물이고 해도 물이고 산도 물입니다. 그래서 물은 총상입니다. 그러니까 공연히 내가 만들어 놓은 함정에 내가 빠져서 "내가 못 살겠다." 하지 마십시오. 그것은 내 생각으로 그렇게 판단한 것입니다. 못 살겠다는 생각은 무상해서 아무 의미가 없고, 오직 못 살겠다고 생각하는 영성만 있을 뿐입니다. 모든 비쳐진 해인상海印相을 딱 볼 때, 비쳐진 내용이 물 하나뿐임을 분명히 보는 것이 식심견성이고 영성으로 돌아가는 것입니다.

마음과 인생

제가 50여 년 전에 통도사에 와서 마음 쓰는 것[用心]과 마음 찾는[覓心] 법을 배웠습니다. 마음 쓰는 것과 마음 찾는다는 것이 무슨 이야기인가? 그때는 통도사에 일이 굉장히 많았습니다. 하지만 그 일에 대해서 불평불만이 전혀 없었습니다. 대중울력이라고 해서 노스님이든 젊은 스님이든 모든 대중이 함께 울력을 합니다.

또 대중공양大衆供養이라는 게 있습니다. 음식을 똑같이 나누어 먹는 것이 대중공양입니다. 또 대중보시大衆布施라는 것이 있습니다. 어떤 큰일을 치르고 난 후에 일을 진행하며 맡았던 역할 소임에 따라서 약간의 보시금을 지급하는 제도입니다. 대중보시는 대중공양과는 다르게 애를 많이 쓴 사람은 조금 더 주고, 별로 일을 안 한 사람은 조금 덜 줍니다.

그 당시에는 좋은 줄 몰랐는데, 이 울력·공양·보시가 굉장히 좋은 제도입니다. 공양을 똑같이 하니까 아무 불평이 없습니다. 인평불어人平不語라고 인간세상에 역할과 대가가 공평하면 말이 나지 않습니다. 말이 많다는 것은 공평하지 않다는 것입니다. 똑같이 일하고, 똑같이 먹고, 역할에 따라서 일을 많이 한 사람은 좀 더 주는 것이 보시입니다.

이것이 나중에 생각해 보니 화경용심和敬用心입니다. 마음을 쓰되 화합과 공경으로 마음을 쓰는 것입니다. 화경용심을 하면 행복합니다. 많이 가지면 행복하고 능력이 있으면 행복하다고들 하는데, 그것은 행복의 여건이고, 진짜 행복한 것은 마음에 달려 있습니다. 마음을 항상 화합하고 공경하게 쓰면 그 사람은 불행할 수 없습니다.

한번은 극락암에 올라가서 경봉鏡峰 1892~1982 노스님께 질문을 드렸습니다. 보통 질문을 할 때 "어떤 책에 어떤 말이 있는데, 그게 무슨 뜻입니까?" 하고 책의 내용을 질문하면, 그 내용에 대하여 설명해 줍니다. 그런데 경봉 노스님은 그렇게 하지 않으셨습니다. 질문한 내용에 대해서는 전혀 설명하지 않고, 항상 "지금 나에게 질문하는 그놈이 무엇이냐?" 하고 다시 되돌려서 질문하셨습니다. 거기에 모든 답이 다 있는 것입니다.

이것은 마음을 찾는 방법인데, 조견자심照見自心입니다. 자기 마음을 스스로 비추어 보게 하는 것입니다. 줄여서 조심照心이라고도 합니다. 자기 마음을 조견해 보는 것이 수행입니다.

그러니까 마음 쓰는 용심에 범부용심凡夫用心과 수도용심修道用心이 있습니다. 범부용심은 보는 대로 좇아가는 것입니다. 사람을 보면 사람을 좇아가고 물건을 보면 물건을 좇아갑니다. 반면 수도용심은 그 물건과 사람을 보는 마음을 돌이켜 보는 것입니다. 이렇게 하는 마음을 직지인심直指人心이라고 합니다. 질문을 하면 답을 주는 것이 아니라 질문하는 그 마음을 바로 가리키는 것입니다. "아, 저것 좋습니다." 하면 좋은 것이 왜 좋은지 설명하는 것이 아니라 "좋다."고 하는 그 마음을 바로 찾게 하는 것이 직지인심입니다.

제가 통도사에서 배운 것이 바로 사람의 마음을 가리키는 그 가르침을 받았습니다. 그리고 화합과 공경으로 마음을 쓰는 법을 배웠습니다. 화합과 공경으로 마음을 쓰면 그곳이 극락세계입니다. 화합과 공경이 깨지면 불화가 생기고 서로 무시하고 공격합니다. 그곳이 지옥입니다.

모든 것이 마음이라는 거울에 비친 모습인데, 그 모든 것을 비추는 마음은 버리고, 비추어진 그림자만 좇아가는 것이 범부의 삶입니다. 내가 하늘을 보면 하늘이라는 것이 내 마음에 비추어집니다. 그런데 내 마음에 비추어진 그림자인 하늘에 집착해서 그 마음을 비춘 자기 본래 마음을 잃어버립니다. 이것을 대경미심對境迷心이라고 합니다. 상대를 대해서 자기 마음을 잃어버리는 것입니다. 그래서 그 하늘을 보는 마음을 보라는 것이 불교에서 가르치는 가풍입니다.

그런데 석가모니라는 분이 무엇이 그렇게 위대하냐? 부처님이 위대하시다고 세존世尊이라고 부르는 점을 다시금 돌이켜 보아야 하겠습니다. 부처님은 무엇보다도 세상이 허망하고 인생이 무상하다는 것을 아신 것입니다. 범부는 세상이 허망한 줄 모르니까 세상에 계속 집착하고, 인생이 무상한 줄 모르니까 인생에 계속 집착합니다. 무상한 인생에 끊임없이 집착하는 것이 참으로 무서운 고통입니다.

한번은 병원에 갔다가 우리 절 신도님을 만났습니다. 평소에 절에서 이야기할 때는 "우리 집 양반이 얼마 못 살겠으니 마음에 준비를 해야겠습니다."라고 하더니, 병원에서 남편한테는 "당신이 빨리 일어나서 이 일도 하고 저 일도 해야지."라고 말하는 것이었습니다. 그러니까 부부간에도 속말 안 하고 듣기 좋은 말만 합니다.

그분이 왜 그랬을까요? 내일 갈지 모레 갈지 모르는 목숨인데, 오래 살고 싶은 집착이 워낙 강하니까 모든 것 정리하고 이제 그만 세상을 떠나라고 하면 원수가 되고 맙니다. 무상한데 영원하도록 자꾸 집착하고, 허망한데 제일인 것처럼 집착하는 게 보통 범부의 용심입니다. 석가모니는 세상은 허망한 것이고, 인생은 무상한 것임을 알고 집착하는 마음을 접었습니다.

『금강경』에서 "모든 존재하는 현상은 다 허망한 것이다[凡所有相 皆是虛妄]."라고 했습니다. 『열반경』에 "모든 현상은 한시도 고정됨이 없이 변한다. 이것은 나고 죽는 생멸법이다[諸行無常 是生滅法]."라고 했습니다. 인생이 흘러가는 것이 제행입니다. 제행이 무상한데 이것은 나고 죽는 법칙입니다.

이처럼 첫째로 인생이 무상하고 세상이 허망한 것을 아신 것이 위대하다는 것입니다. 둘째로 자기 마음을 스스로 알아서 자기 본성을 본 것이 위대합니다. 셋째로 깨달아 고통 없는 것을 홀로 즐기지 않고 일체 중생을 향해서 끊임없이 그 마음을 쓰셨습니다. 대자대비, 신통력 등이 바로 무진용심無盡用心입니다. 범부 중생과 함께 자기 마음을 쓴 것입니다. 이 세 가지가 정말 위대합니다.

다시 생각해 보아도 세상이 허망하고 인생이 무상함을 알았다는 것은 정말 대단한 것입니다. 우리는 늘 세상에 매달리고 인생에 집착하다가 걱정과 근심 속에 인생이 늙어 갑니다. 걱정과 근심 속에 자꾸 허망한 세상에 집착하고 무상한 인생에 집착합니다. 인생무상을 알고 세상 허망한 줄을 알면 근심걱정이 없습니다.

얼마 전에 신문에 한 주부의 이야기가 실렸습니다. 친정에서 김치를 맛있게 담가 보내왔는데 시집 식구들이 그 김치를 다 먹어 버렸답니다. 그 주부는 화가 나서 그 일이 문제가 되어 이혼까지 했답니다. 용심用心을 잘해야 합니다. 그 김치 한 통을 누구 먹으라고 보낸 것인지 헤아려야 합니다. 친정에서 사돈댁 먹으라고 힘들게 담가 보냈겠습니까? 당연히 자기 딸을 위해서 보냈을 것입니다. 그런데 그것을 왜 당신들이 마음대로 가져다 먹느냐는 말입니다. 이것이 문제입니다.

그래서 행복이니 위대한 진리니 다 필요 없습니다. 마음을 쓸 때 화합和合되게 쓰고, 공경恭敬스럽게 쓰면 거기에 행복이 있습니다. 화합과 공경을 잃으면 건강을 잃습니다. 옛날 사람들은 "행복해라."는 말 대신에 "건강해라. 화합해라. 부지런해라."고 했습니다. 어떻게 하면 건강이 오는가? 자기 마음에 늘 화합이 있고 공경이 있으면 건강을 잃지 않습니다.

그리고 화합과 공경이 있으면 화목하지 않을 수 없습니다. 또 항상 부지런하면 행복하지 않을 수 없습니다. 그래서 화경용심만 하면 잘 살게 되어 있고, 늘 행복하게 되어 있습니다.

건강을 잃고 불화가 생기고 근심걱정이 생기는 이유는 내 마음속에 화합과 공경이 없어졌기 때문입니다. 이것이 항상 문제가 되는 것입니다. 그래서 절에서 대중울력을 하고, 대중공양을 합니다. 똑같이 나누어 먹으면 거기에 건강이 있고 행복이 있습니다.

중세사회는 귀족들만 좋은 음식을 먹었습니다. 귀족들은 좋은 음식을 맘껏 먹지만 하천한 사람들은 음식을 구경하기도 힘들었습니다. 그런 사회는 행복할 수 없습니다. 음식은 하는 것도 중요하지만 나누어 먹는 것이 더 중요합니다. 만드는 것은 기술이고, 나누어 먹는 것은 문화입니다.

도를 닦는다는 것은 자기 마음을 찾는 것인데, 마음을 왜 찾느냐? 들고 보고 냄새 맡고 맛보고 몸으로 느끼고 생각하고 이런 것들이 있는데, 보고 듣고 생각하는 것은 영역이 아주 넓습니다. 이것을 견문각지見聞覺知라고 합니다. 냄새 맡는 후각, 혀로 맛보는 미각, 몸으로 느끼는 촉각 등은 세속적인 감각이라고 합니다. 앞의 견문은 세속과 세속을 초월한 것까지 다 통합니다. 그래서 견문각지見聞覺知라고 할 때 냄새 맡고 몸으로 느끼는 것은 수준이 낮다고 하나로 말합니다.

우리가 고약한 냄새를 맡는다든지 지독한 맛을 본다든지 어떤 심한 감각의 통증을 몸으로 느꼈을 때, 보고 듣고 생각할 수 있는 힘이 멈추는 것이 기절입니다. 그런데 이런 것들이 전부 어디서 나오느냐? 자기의 본심작용입니다. 진여眞如의 작용이 견문각지하는 감각입니다. 그 견문각지라는 감각은 학습한 마음이 아니고 본래 마음입니다. 그 본래 마음이 환경에 따라 식별하는 마음이라서 식별심識別心이라고도 합니다.

마음에는 본래심本來心과 식별심이 있습니다. 본래심에서 무언가가 나타나면 식별을 합니다. 그런데 범부들은 그 식별되어진 내용을 따라가다 보니 항상 본래심을 잃어버립니다. 부처님이나 불교의 도인들은 그 식별되는 것을 따라가지 않고 멈춥니다. 그것을 면벽面壁이라고 합니다.

무엇을 보더라도 거기에 따라가지 않고 벽을 보듯이 합니다. 보는 데 따라가지 않으니까 보는 것 자체가 벽입니다. 바다를 보더라도 바다를 따라가지 않으니까 바다가 벽입니다. 그래서 산이나 바다나 사람이나 물건의 그 여러 가지 형상이 쉽게 자기 마음속에 들어오지 못합니다. 보는 것에 자기 생각으로 '좋다, 나쁘다.' 분별을 일으켜서 그것을 밀어낸다든지 끌어당긴다든지 하지 않으니까 그냥 벽입니다. 이것이 면벽이고, 면벽가풍面壁家風입니다.

달마 스님이 면벽수행을 했다고 하는데, 벽만 바라보고 평생 앉아 있은 것이 아닙니다. 하늘을 봐도 하늘을 따라가지 않고, 사람을 봐도 사람을 따라가지 않고, 물건을 봐도 물건을 따라가지 않으니까 면벽입니다. 그래서 어떻게 되느냐? 조건자심, 자기 마음을 돌이켜 봅니다.

경봉 노스님이 법문하실 때마다 수백의 청중을 쭉 둘러보셨습니다. 그러면서 "내 마음이 이쪽 사람에게 있나, 저쪽 사람에게 있나, 가운데 사람에게 있나? 가까운 사람에게 있겠나, 먼 데 사람에게 있겠나?" 하고 말씀하셨습니다. 수백 명이 한눈에 다 들어옵니다. 그러니까 마음이라는 것은 큰 바다와 같습니다. 바다는 넓으니까 별, 해, 달 그림자가 다 비칩니다. 하지만 그 바닷속에는 달도 없고, 별도 없고, 해도 없고, 산도 없습니다. 물 때문에 다 비춰진 것입니다.

알고 보면 달이 비친 것도 바닷물이고, 해가 비친 것도 바닷물이고, 산이 비친 것도 바닷물이고, 그냥 바닷물 하나만 있을 뿐입니다. 거기에는 해도 없고 달도 없고 산도 없는데, 물 때문에 온갖 것들이 다 비칩니다. 이것을 해인海印이라고 합니다. 종이에 도장이 찍히는 것처럼, 바다에는 아무것도 없지만 바닷물에 모든 것이 다 비친다는 것입니다.

마음은 바다와 같고, 눈에 비치는 여러 가지는 바다에 비치는 그림자와 같습니다. 그래서 그것을 해인海印이라고 합니다. 이 몸도 해인입니다. 마음에 몸이 없지만 이 마음속에 몸이 그대로 비칩니다. 이 몸도 마음에 비친 그림자입니다. 마음을 다른 말로 지영智影, 즉 지혜의 그림자라고 합니다. 몸도 마음 지혜에 비추어진 그림자이기 때문에 신지영身智影입니다. 몸도 지혜의 그림자인 것입니다. 국토지영國土智影, 국토도 지혜에 비추어진 그림자입니다. 천지만물, 우주만상 전부 지혜에 비추어진 그림자입니다.

그러니까 저 하늘을 보는 것도 내 마음에 비추어진 그림자이니까 내 마음이고 하늘이 없습니다. 왜냐하면 부처님이 깨달으신 것이 인연법인데, 인연법이라는 것 자체가 다 없는 것이기 때문입니다. 하늘에는 하늘 자체가 없고, 몸에는 몸 자체가 없고, 땅에는 땅 자체가 없습니다.

허망하고 무상하고 자체가 없다는 것은 그것에 그것이 없습니다. 여러 가지가 모여서 된 것이니까 그 하나하나 모인 것을 다 빼면 땅도 없고, 몸도 없습니다. 이것이 무상하고 허망한 것입니다. 그러니까 천지만물에는 천지만물이 다 없다는 것을 부처님이 깨달으셨습니다. 그래서 천지만물에 마음을 두지 않습니다. 집착하지 않고 지혜롭게 쓸 뿐입니다.

사람에게 사람이 없고, 죽음에 죽음이 없고, 삶에 삶이 없는 것이 제법무자성諸法無自性입니다. 자동차를 해체하면 자동차가 없고, 집의 자재를 다 뜯어내면 집이 없습니다. 그러니까 삶에도 삶이 없는데, 그것을 집착하니까 어리석다는 것입니다. 죽음은 숨을 쉬지 않고 맥이 뛰지 않는 것이지, 죽음에 죽음이 없습니다. 그러니까 일체유심조一切唯心造입니다.

'저것은 하늘이다.' 하고 비추어서 아는 것이지 하늘은 없습니다. 사람이라고 내가 알 뿐이지 사람은 없습니다. 부처님이 깨달으신 이것이 식심견성識心見性입니다. 내가 '저놈이 나쁜 놈이다.'라고 생각하고 알 뿐이지 나쁜 놈에게 나쁜 놈이 없습니다. 반대로 좋은 놈에게 좋은 놈이 없습니다.

요즘 사람들에게 이혼할 때 이유를 물어보면 그 사람의 바닥을 보고 나서 이혼했다고들 합니다. 그런데 바닥에는 바닥이 없습니다. 그 사람이 그렇게 생각하도록 여러 가지가 모여서 된 것입니다. 그 모이는 것이 인연입니다.

본래 개체는 없고 모여서 이루어진 형체입니다. 그러니까 이 세상에 집착하고 매달릴 것은 하나도 없습니다. 자재롭게 쓰는 활용 대상이지 집착 대상이 아닙니다. 죽음이 오면 죽음을 그냥 쓰고, 삶이 오면 삶을 그냥 쓰는 것이 무진용심無盡用心입니다. 끊임없이 용심을 하는 것입니다.

죽음에 죽음이 없고, 늙음에 늙음이 없습니다. 늙음은 혐오스러운 게 아니고 그냥 즐기면 됩니다. 늙음도 젊음도 다 내 마음바다에 비추어진 해인삼매海印三昧입니다. 마음에 비추어진 것을 경상鏡像이라고 합니다. 거울에 무엇이 비추어지든 그것은 거울일 뿐입니다. 거울 안에는 아무것도 없고 만질 수도 없습니다.

내가 무엇을 느껴도 내 마음일 뿐이지 느끼는 자체는 없습니다. 내가 인생을 느껴도 인생에 인생은 없고, 내가 죽음을 느껴도 죽음에 죽음은 없습니다. 이게 인연법입니다. 이처럼 자성이 없다는 것은 어마어마한 이야기입니다.

그래서 행복도 불행도 없습니다. 내 마음이 행복하다거나 불행하다고 느낄 뿐입니다. 느끼는 그놈을 돌아보면 끝납니다. 느끼는 대상을 좇아가면 일이 많고 영원히 돌고 돕니다. 대상을 좇아가면 윤회를 하고, 느끼는 마음으로 돌아가면 해탈합니다. 이 보고 듣는 데서 벗어나게 됩니다. 이것이 불교입니다.

또 무엇을 보더라도 목상木像과 같습니다. 나무로 사람도 조각하고 동물도 조각하지만, 무엇을 조각하든 나무일 뿐입니다. 사람을 조각했다고 해서 그게 사람은 아닙니다. 그런데 사람 조각상을 잘못 보면 사람만 보고 나무를 보지 못합니다. 거울 앞에 서면 거울에 비친 그림자만 보고 거울은 보지 못합니다. 우리 마음이 거울과 같고 나무와 같습니다.

우리가 꿈을 꾸면 꿈에 많은 형상을 봅니다. 그 보는 형상 하나하나가 전부 꿈일 뿐입니다. 꿈에 본 것은 이 세상에 없는 것입니다. 꿈에 보는 경계나 대상은 전부가 몽상夢想일 뿐입니다. 그런데 사람들은 좋은 꿈인지 나쁜 꿈인지 해석해 달라고 합니다. 꿈일 뿐인데 무엇을 해석합니까?

인생 자체가 꿈과 같은 것입니다. 『금강경』에 '여몽환포영如夢幻泡影'이라고 했습니다. 꿈에서 깨고 나면 본래 다 없는 것입니다. 인생도 인생에 인생이 없는데, '행복하다·불행하다', '잘났다·못났다' 하는 것을 전도몽상顚倒夢想이라고 합니다. 다 뒤바뀐 꿈꾸는 생각입니다.

그래서 잘났다고 느껴지면 잘났다는 마음을 돌아봐서 그 잘났다는 마음을 알아야 합니다. 식심입니다. 그것을 바로 보는 게 견성입니다. 그러면 잘나고 못난 데서 해탈합니다. 식심견성識心見性하면 즉시해탈即時解脫이라, 마음을 알고 본성을 보면 바로 그때 해탈해 버립니다. 즉시해탈即時解脫하면 무진용심無盡用心이라, 즉시 해탈하면 끊임없이 용심합니다.

거울에 그림자가 비치면 그냥 볼 뿐입니다. 사람으로 태어났으면 그냥 사람으로 살면 됩니다. 그냥 활용만 있을 뿐이지, 가는 사람 잡지 말고 오는 사람 막지도 마십시오. 그것이 무진용심입니다.

무엇을 보더라도 '이것이 무엇인가?', 누가 인생을 물어도 '인생을 묻는 이것이 무엇인가?', 행복을 물어도 '행복을 묻는 이것이 무엇인가?', 사람에 대해 물어도 '사람이 어떻게 사는 것이 잘 사는 것인가?' 참구參究하십시오. 느끼는 대상을 좇아가면 끝없이 윤회하고, 느끼는 자체를 찾으면 바로 해탈합니다.

설법집을 펴내면서

지난 2011년 사제師弟 우진友眞 스님이
영축총림 통도사 서축암西鷲庵 감원監院으로 있으면서
은법사恩法師이시자 이 시대의 선지식善知識이신
성암惺庵 종범宗梵 스님을 모시고
매월 정기법회를 봉행하기 시작하였습니다.

서축암 정기법회는 이후 25회에 걸쳐 진행되었고,
이 설법집은 여기에서 설하신 스님의 감로법문을 엮은 것입니다.
이 소중한 스님의 법음法音이
모든 분들이 부처님과 가까워지고 조사祖師 스님들과 친해져서
귀의처歸依處가 되고 해탈처解脫處가 되는
법연法緣이 되기를 발원發願합니다.

그동안 외호外護해 주신 본말사本末寺 모든 스님들과
산중의 어른 스님들께 감사의 인사를 올립니다.
아울러 이 설법집이 세상에 나올 수 있도록
물심양면으로 애써 주신 모든 불자님들께도
제자를 대표하여 거듭 감사드립니다.

불기 2561(2017)년 5월 길일吉日
제자 선지善智 삼가 올립니다.

성암 종범(惺庵 宗梵) 스님은

충남 공주에서 태어나 통도사에서 벽안 스님을 은사로 출가하였다.
통도사승가대학 강주를 역임한 후 중앙승가대학교 교수로 재직하였으며,
2000년부터 8년간에 걸쳐 중앙승가대학교 제3대, 제4대 총장을 역임하였다.

종범 스님 설법집 [I]
서축암

오직 한 생각

초판 1쇄 발행 : 2017년 6월 2일
초판 14쇄 발행 : 2023년 4월 15일

발행인 : 권병돈
발행처 : 도서출판 한생각
       경남 양산시 하북면 통도사로 108
       서축암_ 전화 : 055)381-7290
자문 : 선지 스님(통천사 주지)
편집 : 우진 스님(서축암 감원)
      승원 스님(중앙승가대학교 교수)
      김상영(중앙승가대학교 교수)
디자인 : 담앤북스
사진 : ⓒ 박근재

| ISBN 979-11-961076-0-4 (04220)

정가 18,000원

※ 이 책에 수록된 설법의 영상은 통도사 서축암 홈페이지 seochugam.org 또는
   서축암 어플리케이션을 통해 보실 수 있습니다.